Zwiesprache mit Tieren

Arthur Myers

Zwiesprache mit Tieren

Wenn Tiere zu uns sprechen – Animal Communicators berichten

KOSMOS

Aus dem Amerikanischen übersetzt von Dr. Wolfgang Hensel, Bornheim-Rösberg.

Titel der Originalausgabe: Communicating with Animals. The Spiritual Connection Between People and Animals.
Erschienen bei Contemporary Books, An imprint of NTC/Contemporary Publishing Company, Illinois, USA.

Mit 41 Schwarzweißfotos.

Umschlaggestaltung von Atelier Reichert, Stuttgart, unter Verwendung einer Tieraufnahme von John Foxx Images, New York, und eines Autorenfotos von Virginia Cutler.

Die Deutsche Bibliothek – CIP-Einheitsaufnahme
Ein Titelsatz für diese Publikation ist bei
Der Deutschen Bibliothek erhältlich

ISBN 3-440-07726-8
Lektorat: Ute Rather, Tübingen
Printed in Czech Republic / Imprimé en République tchèque
Satz und Layout: TypoDesign, Radebeul
Druck und Binden: Těšínská Tiskárna, a. s., Český Těšín

Inhalt

Für Bob Leroy und Velsa Watterson –
zwei Mitarbeiter von Miracle

Vorwort

Manche Thesen dieses Buches dürften schwer zu akzeptieren sein. Als Skeptiker kann ich diese Einschätzung gut verstehen. Allerdings läßt sich mein skeptisches Denken wohl eher als positiv und nicht als negativ beschreiben. Ich versuche, nach allen Seiten offen zu bleiben und weiterhin meine Forschungen zu betreiben.
Als ich das erste Mal von einer Kommunikation zwischen Mensch und Tier hörte, hielt ich sie für grundsätzlich möglich – allerdings nur, wenn man über eine Art mystische Gabe verfügt. Bei meinen Nachforschungen für dieses Buch hörte ich jedoch immer wieder, daß jeder Mensch dazu fähig sei, vorausgesetzt, er arbeitet an sich und glaubt fest daran.
Vor einigen Jahren habe ich mehrere Bücher über Geister und Gespenster geschrieben. Nachdem ich ein paar Dutzend Fälle untersucht hatte, war ich fast sicher, es müsse Geister geben – Geister von Menschen, die jenen Übergang vollzogen haben, den wir Tod nennen – und daß es um uns herum, vielleicht sogar in uns, andere Dimensionen gibt, die wir mit unseren fünf Sinnen nicht wahrnehmen können. Dennoch existieren sie und sind uns zugänglich.
Manchmal glaube ich, das wertvollste Lob hat mir ein Professor des Massachusetts Institute of Technology (MIT) gespendet, der Freunde von mir besuchte. In ihrem Regal standen einige meiner Geisterbücher, und der Professor erwähnte, selbst eines davon zu besitzen. Meine Freunde waren überrascht, daß sich ein MIT-Professor mit einem solch ungewöhnlichen Thema befaßte. Darauf antwortete er: „Überall im MIT gibt es seine Bücher. Er schreibt Bücher über Geister für Menschen, die nicht an Geister glauben."
Vermutlich gefiel ihm, daß ich nach Zeugen suchte und mit Menschen sprach, die nachweislich übersinnlich waren – soweit sich

dies nachweisen läßt –, und damit eine umfassende Sammlung von einschlägigen Daten zusammengestellt hatte.
Ich begann meine Karriere als Zeitungsreporter und habe Preise für meine Arbeiten erhalten. Als Reporter betrachte ich mich noch immer, obwohl meine heutigen Themen weitaus extravaganter als zu Beginn meiner Karriere sind.
Von Wilhelm Ockham, einem englischen Philosophen des 13. Jahrhunderts, stammt die Methode, Erklärungen für ein komplexes Phänomen zu finden: Er bevorzugte die einfachste und einleuchtendste Lösung. Über Jahrhunderte hinweg nennt man diese Theorie Ockhams Klinge.
Meine eigene Version von Ockhams Klinge ist etwas anders. Ich bevorzuge gewöhnlich nicht nur die einfachste und einleuchtendste, sondern auch die interessanteste und originellste Antwort.
Ich hoffe, Ihnen macht das Lesen dieses Buches Spaß.

Können wir mit Tieren reden?

Können Sie mit Tieren reden?
Damit meine ich nicht Sätze wie „Sitz, Hasso“ oder „Komm, wir spielen Ball“ und die passende Reaktion ihres vierbeinigen Freundes. Jeder, der Haustiere hat, weiß, daß diese Art der Kommunikation möglich ist und daß Tiere solche Kommandos verstehen.
Natürlich antworten sie nicht wirklich, obwohl sie manchmal bellen oder miauen oder sich mit Körpersprache verständigen. Sie kratzen an der Tür, wenn sie ins Freie wollen, oder hocken sich vor den Freßnapf, wenn sie Hunger haben.
Aber können wir sie auch hören? Wissen wir, was sie denken und fühlen? Können sie sich auf eine intelligente, wechselseitige Kommunikation mit uns einlassen?
Die Antwort lautet ja.

Dieses Phänomen begegnete mir zum ersten Mal, als ich einen Vortrag der jungen Nancy Regalmuto hörte. Sie ist ein professionelles Medium und auf Tiere, insbesondere Rennpferde, spezialisiert. Unter Pferdefreunden, vor allem bei Betreibern von Rennställen, genießt sie landesweit einen guten Ruf. Rennstallbesitzer sind realistische, praktisch denkende Menschen, die sich nicht leicht täuschen lassen. Wen sie schätzen – und bezahlen –, der muß das, was er verspricht, auch halten. Nancy kann noch haarfeine Risse in Pferdebeinen entdecken, wo ein Röntgengerät versagt. Sie spürt sie intuitiv auf. Sie kommuniziert telepathisch mit den Pferden und erkennt deren emotionale Probleme und die Hintergründe von Verhaltensweisen – beispielsweise, warum ein Pferd nicht gewinnen will.

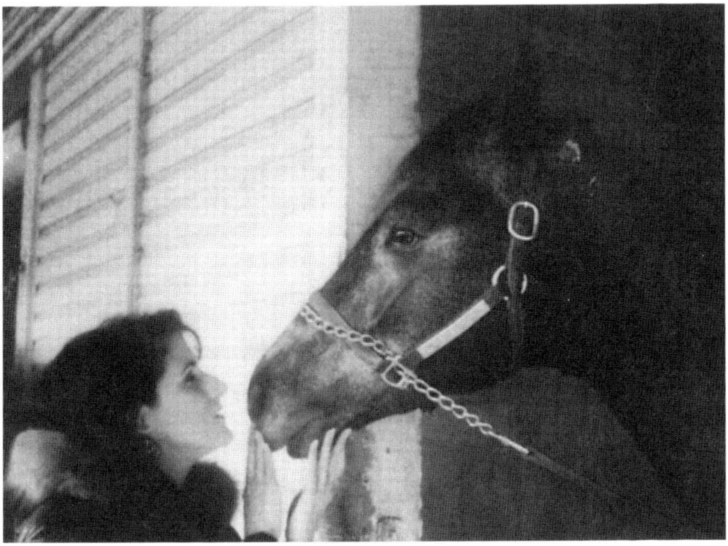

Nancy Regalmuto redet einem Patienten gut zu

In ihrem Vortrag erzählte sie von einem jungen Pferd, das am Anfang einer vielversprechenden Karriere stand. Dann jedoch schien die Stute alles zu unternehmen, um zu verlieren. Vielleicht war das Pferd wütend, vielleicht traurig, sicher war jedoch, es wollte keine Rennen laufen. Nancy ging in den Stall und redete mit dem widerstrebenden Tier. Die Stute erzählte ihr eine traurige Geschichte: Als Fohlen hatte man sie von der Seite der Mutter gerissen und in einen fremden Stall gebracht. An ihre Familie erinnerte nur noch ein alter, verschlissener Futtereimer – wie die blaue Schmusedecke von Linus, der Cartoonfigur aus den „Peanuts".
Solange die Stute diesen tröstenden Eimer noch besaß, „funktionierte" sie und verdiente sich ihr tägliches Heu. Eines Tages wurde jedoch der Stall renoviert. Man warf den alten Eimer fort und ersetzte ihn durch einen glänzenden neuen. Damit wurde die einsame Stute nicht fertig. Sie stand teilnahmslos im Stall und trödelte auf der Rennbahn. Als Nancy den Grund ihrer Trauer erfuhr, erzählte sie die Geschichte dem Eigentümer des Pferdes. Der holte sofort

den alten Eimer zurück. Das Pferd lebte auf und gewann auch wieder Rennen.
Von Tom C'sere aus Southbridge (Massachusetts), der den Vortrag gesponsert hatte, erfuhr ich noch mehr von diesem überraschenden Phänomen. Offensichtlich gab es überall im Land Menschen, die mit Tieren kommunizierten. In den letzten zehn Jahren war eine Bewegung daraus geworden, die ständig mehr Zuspruch fand. Ich begann nachzuforschen und fand heraus, daß es Tausende von Menschen gibt, die sich mit dieser Art der Kommunikation beschäftigen. Außerdem fiel mir eine bestechende Eigenheit dieses Phänomens auf: Es sind ganz gewöhnliche Menschen und keine Spinner, die sich auf mystische, übersinnliche Fähigkeiten berufen.
In der Tat ist jeder von uns dazu in der Lage. Wir haben nur unsere Fähigkeiten im Laufe der Zeit vergessen oder unterdrückt. Aber wir können sie wiedererlangen. Dieses Buch faßt meine Erfahrungen mit diesen meist ganz durchschnittlichen Menschen zusammen, deren Zahl stetig zunimmt. Sie haben ihre Nähe zu den Tieren entdeckt und Fähigkeiten entwickelt, in deren Bewußtsein vorzudringen. Sie haben auch Kontakt zu anderen Wesenheiten der Natur, mit denen wir Menschen diesen Planeten teilen: Bäume, Pflanzen, Felsen und die Erde selbst.
Dies ist Teil der Einheit des Universums, die wir gerade heute wahrzunehmen beginnen, da wir uns dem Anbruch des 21. Jahrhunderts nähern, dem Beginn des Zeitalters des Wassermanns.

Die Misere von Robbie, dem Kakadu

Am 1. April 1995 begann ich mit den Recherchen für dieses Buch. Als erstes befragte ich den 28jährigen Sean Ebnet aus Bellingham (Washington), einen der wenigen Männer, die sich mit dieser Form der Kommunikation beschäftigen. Ihre Zahl nimmt zwar zu, in der Regel sind es jedoch Frauen, die sich aktiv oder passiv mit übersinnlichen und spirituellen Phänomenen befassen. Offensichtlich sind Frauen der Erde und dem Himmel näher. Wo stehen wir Männer in dieser Hinsicht?

Während unseres Interviews erwähnte Sean, daß man rasch feststellt, auch Tiere hätten frühere Leben gelebt und seien sich dessen bewußt. Das schien mir zu starker Tobak. Ich mußte bei dem Datum sofort an einen Aprilscherz denken. Zog er mich auf? In den folgenden Monaten, als ich weitere Animal Communicators befragte, stieß ich jedoch immer wieder auf dieselbe Aussage. Sie alle schienen diese Erfahrung gemacht zu haben. Gleich zu Beginn war ich auf eine der vielen Überraschungen gestoßen, die noch auf mich warteten.

Sean Ebnet ist nicht ganz der normale, durchschnittliche Mensch, den ich mir für meine erste Befragung gewünscht hatte. Er taucht nur wegen des bestechenden Datums, dem 1. April, so früh auf. Seans Mutter, Jaqueline Snyder, ist ein bekanntes Medium. Sie hat auf vielen Kontinenten Vorträge gehalten, gelehrt und Séancen abgehalten.

„Über meine Mutter sollten Sie ein Buch schreiben“, sagte Sean, „wir bekommen sie kaum noch zu sehen. Sie lebt wirklich auf der Überholspur.“

Er habe keine einzigartigen Fähigkeiten geerbt, meinte Sean, gab aber zu, daß das Aufwachsen mit einer übersinnlich veranlagten Mutter auch Vorteile hatte. „Ich will damit nicht sagen, daß sie mich

Sean Ebnet

aktiv beeinflußte", sagte er, „aber irgendwie färbt es schon ab, ständig mit solchen Dingen konfrontiert zu werden. Ich war wohl nicht talentierter als andere Menschen. Ich denke nur, daß meine Bereitschaft größer war, mich damit zu befassen. Jeder Mensch verfügt über übersinnliche Fähigkeiten. Kinder sind besonders offen, mit dem Heranwachsen verlieren sie jedoch meist das Interesse. In der Schule werden wir trainiert, analytisch, mit dem Gehirn zu denken. Als Kinder sind wohl die meisten Menschen visuell orientiert. Sie können telepathisch kommunizieren, ohne dies jedoch zu realisieren. Man ist auf seine eigenen inneren Fähigkeiten und auf ein Zentrum bezogen. Manche Menschen nennen dies Gott."

Schon als Teenager bemerkte Sean, daß er mit Tieren kommunizieren konnte. Er hoffte, irgendwann später darauf zurückgreifen zu können. „Allerdings", so Sean, „hatte ich das Gefühl, eine wissenschaftliche Ausbildung würde meine Glaubwürdigkeit verbessern." Er machte einen Abschluß in Zoologie an der University of Washington und arbeitete eine Zeitlang in Zoos. Eine schwierige Arbeit für jemanden, der die Emotionen und Gedanken von Tieren wahrnehmen kann. „Der emotionelle Zustand von Zootieren kann sehr schlecht sein“, sagte er, „häufig bauen die Tiere starke Wutgefühle auf.“ Daher wechselte er ins Fach des Fisch- und Wildtierbiologen, in dem er heute noch arbeitet. Er wendet sich aber immer wieder der Kommunikation mit Tieren zu. Während seiner Lehrzeit arbeitete er häufig mit Samantha Khury zusammen, einer ausgewiesenen und hochgelobten Spezialistin auf diesem Gebiet. Aus dieser Zeit seines Lebens erzählte mir Sean folgende Geschichte:

Am besten erinnere ich mich an den Fall eines Kakadus, der sich vor drei Jahren in San Diego zutrug.
Damals kamen mir Zweifel, ob ich wirklich das Richtige tat. Ich war an einem Punkt angelangt, wo auf erfolgreiche immer wieder erfolglose Behandlungen folgten. Ich war frustriert. Ich wollte visueller werden: Ich wollte sehen können, was das Tier denkt, erkennen, was in ihm vorgeht. Ich wollte das Universum spüren.
Meine nächste Sitzung hatte ich mit einem Vogel namens Robbie. Robbie hatte sich alle Federn ausgerissen. Er lebte bei Samantha und gehörte einem Mitarbeiter ihres Mannes. Damals war mir seine Situation unklar, aber ich wußte, er sollte zurück zu seinem Besitzer. Samantha schlug vor, ich solle mich mit dem Vogel befassen. Also ging ich in den Raum, wo er lebte, und begann, mit ihm zu arbeiten. Ich wollte Zugang zu seinen Gedanken und Gefühlen finden.
Als erstes hörte ich Wasser. Ich dachte zunächst an den Ozean, denn das Wasser war riesig. Durch die Augen des Vogels sah ich viele Menschen. Robbie saß auf den Schultern eines Mannes mit dunklem Teint; er war aber nicht unbedingt Mexikaner. Es gab viele Mexikaner dort. Dieser Mann hatte dunkles Haar, allerdings keine spanischen Gesichtszüge.
Dann hörte ich ein Geräusch wie von einem Wasserfall. Ich spürte, daß sich Robbie wohl fühlte. Man sieht ein Bild und dann fühlt man die Emotion des Tieres – gute oder schlechte. Für Robbie schien dieses Geräusch sehr wichtig zu sein, und er hatte es lange nicht mehr gehört. Offensichtlich regte er sich darüber auf. Außerdem hatte er mir gezeigt, wie das Haus aussah, in dem er gelebt hatte. Es war mit sehr dunklen

Samantha Khury mit einem großen Freund

Holzpaneelen ausgekleidet. Robbies Käfig stand weitab vom Fenster, und er fühlte sich nicht wohl darin.
Dann sah ich einen Mann hin und her gehen. Es war derselbe, den ich schon am Strand gesehen hatte, mit Robbie auf der Schulter. Irgend etwas war merkwürdig an ihm. Er ging hin und her, ohne Robbie zu beachten. Ich fühlte, wie sehr Robbie diesem Mann ergeben war, wie sehr er ihn liebte. Der Mann lief herum, ging hin und her, gestikulierte – fast verrückt.
Robbie dachte wohl, der Mann würde ihn beachten, wenn auch er sich verrückt verhielte. Also begann er, seine Federn auszureißen. Der Vogel warf seinen Kopf auf und ab und kreischte, um die Aufmerksamkeit des Mannes zu erregen. Aber es funktionierte nicht, der Vogel schien zu sagen: „Er ist es, und er ist es doch nicht." Manche Menschen mögen hier einwenden, daß Tiere Sätze dieser Art nicht bilden können, daß sie zu keiner Sprache fähig sind, aber ich war mir sicher, diesen Satz zu hören – „er ist es, und er ist es doch nicht" –, so deutlich, daß ich ihn aufschrieb.
Ich erzählte Samantha von meiner Sitzung, und sie war sehr zufrieden. Dann berichtete sie mir, was es mit dem Vogel für eine Bewandtnis hatte. Robbie hatte sein gesamtes Lebens mit einem Mann namens Ben verbracht. Ben war ein Filipino, das erklärte seinen dunklen Teint und den fremden Zuschnitt des Gesichtes. Er war kein Spanier, wie ich richtig vermutet hatte, aber auch kein Kaukasier. Ich fragte Samantha nach dem Strand, und sie sagte, daß Robbie und Ben überall zusammen waren. Sie hatten eine sehr enge Beziehung.
Ich fragte nach dem Wasserfall, darüber wußte sie nicht Bescheid. Dann fragte ich nach dem Satz, den ich gehört hatte: „Er ist es, und er ist es doch nicht." Darauf erzählte sie mir, daß Ben geisteskrank war und seinen Vogel zeitweilig weder erkannte noch überhaupt wahrnahm. Für Robbie war dies eine extrem traumatische Situation.
Später am Tag sollte ich Robbie zu Ben zurückbringen. Ben war behandelt worden und wieder zu Hause. Seine Mutter war zu ihm gezogen. Als ich dort ankam, sah ich einen großen Springbrunnen vor dem Haus – das war das Wassergeräusch, das ich gehört hatte. Der Brunnen war seit einiger Zeit kaputt, und das Innere des Hauses, wie erwartet, sehr dunkel. Es stellte sich heraus, daß Bens Mutter den Vogelkäfig vom Fenster

weggestellt hatte, weil sie fürchtete, es wäre zu heiß in der Sonne. Nun stand der Käfig zwar kühl im dunkelsten Teil des Hauses, der Vogel war über die neue Situation aber sehr unglücklich.
Nach dieser Sitzung war ich zuversichtlicher, und meine nächsten Versuche fielen sehr viel befriedigender aus. Alles geht viel leichter, sobald man Zutrauen zu sich hat.

Einige Wochen später redete ich mit Seans Mutter, Jaqueline Snyder, die auf der ganzen Welt Vorträge hält und Konsultationen macht. Von ihr stammen die folgenden Gedanken, die einige allgemeine Thesen meines Buches unterstützen:

Wir leben in einer besonders aufregenden Zeit. Vielleicht befinden wir uns sogar im wichtigsten Jahrzehnt der menschlichen Geschichte. Jeder Mensch hat die Möglichkeit, Hilfe zu finden und zu Einsichten in seine individuelle Psyche zu gelangen. Ich bin vielen Ärzten, Rechtsanwälten und Soldaten begegnet, die spürten, daß etwas vorgeht. Dieses „Etwas" entspricht der Erleuchtung, die ich vor zehn Jahren hatte. Genau dies untersuche ich und viele andere. Es geht darum, Menschen zu helfen, ihre Gefühle zu verstehen. Wir geben ihnen Mittel an die Hand, wie sie zu gefestigten und liebenden Menschen werden können.
Ich spüre dieses Gefühl in allen Kulturen, insbesondere jedoch bei den Indianern. Meine Mutter war eine Cherokee. Indianer tragen die Weisheit der Erde in sich, und ich versuche, dieses Wissen anderen Menschen mitzuteilen.
Meiner Meinung nach hat die negative Grundeinstellung, der wir so lange verhaftet waren, ausgespielt. Das Erwachen hat bereits begonnen und beginnt sich auszubreiten. Wir nähern uns einer kritischen Masse und werden bald den Punkt erreichen, an dem jeder Zugang zu diesen Einsichten hat.

Wie Menschen dazu kommen, mit Tieren zu sprechen

Als ich mitten in der Arbeit an diesem Buch steckte, aß ich mit einer befreundeten Schriftstellerin, Irene Briskin, zu Abend. Sie war sehr beeindruckt von meiner Idee, über die Kommunikation mit Tieren zu schreiben, und erzählte mir, daß auch sie mit ihrer Katze Nitzchka rede.

Nitzchka hatte einer litauischen Filmemacherin gehört, die nach Boston umgezogen war. „Ich erwähnte ihr gegenüber, daß ich keine Katze besaß", sagte Irene, „noch am selben Abend besuchte sie mich und schenkte mir Nitzchka zum Abschied."

Nitzchka bedeutet „Nacht" auf Litauisch. Irene hatte sie vor 17 Jahren als sechs Monate altes Kätzchen bekommen. Die Katze fühlte sich sehr zu Menschen hingezogen. An jenem ersten Abend im neuen Heim miaute sie kläglich nach ihrem alten Frauchen. Aber schon bald gewöhnte sie sich an Irene und ihren Sohn. Irenes Sohn wuchs heran, wurde Psychiater, und als er nach Baltimore umzog, nahm er Nitzchka mit. Immerhin kannte er sie seit seiner Kindheit. „Sie lebt immer noch", sagte Irene, „inzwischen hat sie zwar Arthritis, aber mein Sohn behandelt sie. Sie ist noch ziemlich fit, nur auf Bäume klettern kann sie nicht mehr."

Ich fand diese Geschichte rührend. Wenn Irene wirklich mit ihrer Katze reden könnte, wäre dies eine wunderschöne Geschichte für mein Buch, denn sie hatte niemals gelernt, wie man mit Tieren redet: Sie war „nur" eine einfache Katzenbesitzerin. Ich war so aufgeregt, daß ich sie bat, nicht weiterzureden. Natürlich hatte ich weder ein Tonbandgerät noch Papier und Stift mit ins Restaurant genommen. Am nächsten Tag wollte ich sie anrufen, das Tonband ans Telefon anschließen und jedes Wort ihrer Geschichte aufnehmen. „O.k.", sagte sie und erzählte mir am anderen Tag alles über Nitzchka.

„Nitzchka entwickelte eine Art Sprache", sagte Irene. „Sie erfand eine Intonation. In ihrer ersten Nacht bei mir redete ich viel mit ihr, sie war so verwaist. Ständig klagte und miaute sie. Überall suchte sie nach ihrer Freundin, der Filmemacherin. Dann begann sie, mir zu antworten. Ich fragte sie, und aus der Intonation ihrer Antwort konnte ich den Sinn erschließen."
„Gab es einen telepathischen Kontakt?", fragte ich Irene.
„Nein", gab sie zur Antwort, „ich glaube, Telepathie war nicht im Spiel. Aber sie zeigte ein anderes interessantes Verhalten. Sie saß gerne auf den Treppenstufen vor der Tür und begrüßte vorbeigehende Menschen. Einer von vieren verstand, was sie wollte, hielt an und redete mit ihr. Daraus entwickelte sich meist ein längeres Gespräch. Sie miaute in unterschiedlichen Tonlagen, wobei sie sich nur selten wiederholte. Sie hatte gelernt, den menschlichen Tonfall nachzuahmen."
Sicher eine rührende Geschichte, für mich jedoch eher eine Enttäuschung. Irene hatte nicht verstanden, was ich mit Kommunikation mit Tieren meinte. Ich wollte kein Buch über warmherzige, raffinierte Katzen schreiben, die gelernt hatten, durch vages Miauen etwas auszudrücken. Gerne hätte ich mit Nitzchka verschiedene Formen der Intonation ausprobiert, aber danach stand mir an diesem Morgen nicht der Sinn. Dies war nicht die Kommunikation, die ich erhofft hatte. Ich drückte meine Enttäuschung möglichst einfühlsam aus.
Am Ende unseres Gespräches erwähnte Irene jedoch etwas äußerst Wichtiges. Manchmal, meinte sie, könne sie psychische Erfahrungen mit Tieren austauschen. Die meisten Menschen scheuen sich davor, so etwas auszudrücken. In unserer verstandesbetonten Gesellschaft kann man über solche Dinge kaum nüchtern erzählen.
Mir fiel ein 13jähriges Mädchen ein, das in einem Kapitel eines meiner Bücher über Geister eine Rolle spielte. Obwohl ihre Zwillingsschwester schon als Säugling gestorben war, schienen sie gemeinsam aufzuwachsen. Daher rührten die Poltergeist-Phänomene – Klopfen, Verschwinden und Bewegungen der Spielsachen usw. Ich fragte das Mädchen, ob sie über übersinnliche Fähigkeiten verfüg-

te, doch sie bestritt dies. Erst im weiteren Gespräch bemerkte sie, daß ich dies für eine Gabe hielt, nicht für eine Spinnerei. Kurz darauf gab sie zu, daß sie mit einer Schulfreundin telepathisch kommunizieren konnte.

„Wir senden uns Botschaften", sagte sie, „obwohl wir in der Klasse nicht nebeneinander sitzen, kann ich sie in Gedanken rufen, und sie schaut mich an."

Die meisten Menschen verhalten sich so, wie man es von ihnen erwartet, so werden sie erzogen. Daher war ich angenehm überrascht, als Irene zugab: „Meine Kommunikation mit Tieren geht so weit, daß ich eine Katze dazu bringen kann, sich umzudrehen und zu mir zu kommen. Das gleiche gilt für Vögel. Wenn es mir nicht gelingt, einen Vogel richtig zu erkennen, dann denke ich: ‚Dreh bitte um und komm zurück.' Häufig wendet er dann und folgt meinen Gedanken."

Ich glaube, wir alle sind zur telepathischen Kommunikation fähig. Man sagt, daß für Menschen, die mit der Natur leben, weit entfernt von der Hetze des modernen Lebens, wie die australischen Aborigines, telepathische Kommunikation etwas völlig Normales ist.

Ich denke, mein morgendliches Gespräch mit Irene über Nitzchka war kein Ausflug in die falsche Richtung. Vermutlich verfügen wir alle über die nötigen Fähigkeiten, ohne uns dessen bewußt zu sein. Nitzchka wußte es und las ständig in Irenes und den Gedanken der Passanten auf der Straße.

Clevere Katze. Aber wahrscheinlich sind wir alle clevere Katzen, viel cleverer, als wir zu träumen wagen.

Wie gelingt es Menschen, aktiv in telepathischen Kontakt zu Tieren zu treten? Manche sind sich ihrer telepathischen Fähigkeiten schon seit der Kindheit bewußt. Andere entdecken sie erst nach und nach. Ein faszinierendes Beispiel für den letzten Fall ist Sam Louie, ein junger Mann aus Berkeley (Kalifornien). Sam erzählte mir, daß er sich nebenberuflich mit Tierkommunikation befaßt,

Sam Louie mit seinem Kater Frito Man

jedoch hoffe, dies später zu seinem Beruf machen zu können.
„Was sind sie von Beruf?“, fragte ich ihn.
„Es klingt unwahrscheinlich, aber ich bin Anwalt“, antwortete er. „Ich möchte gerne aus dem Anwaltsberuf aussteigen, aber das wollen alle anderen Anwälte auch.“
„Meinen Sie wirklich, jeder Anwalt möchte aussteigen?“, fragte ich.
„Vielleicht nicht alle, aber sicher ein großer Anteil. Meist entsteht dieser Wunsch schon in der fünften Woche der Ausbildung.“
Ich fragte ihn, wie er seine übersinnlichen Fähigkeiten entdeckt habe, und er lachte.
„Ich war dabei, Geschworene auszuwählen. Von einigen kannte ich schon die Antworten, bevor sie sie ausgesprochen hatten. Jedesmal, wenn eine Jury zusammengestellt wird, fragt sie der Richter, ob sie Opfer eines Verbrechens gewesen sind. Ich versuchte zu erraten, um welches Verbrechen es sich handeln könnte. Einer der Geschworenen sagte: ‚Ich war Opfer einer Schießerei‘, und ich wußte es, noch ehe er antwortete.“
Sam ist Verteidiger, der Fälle bürgerlichen Rechts bearbeitet. Er schien mir ein Idealist zu sein. Als ich ihn fragte, ob er seine neuen Fähigkeiten beruflich nutze, sagte er: „Es gelingt mir zwar während einer Verhandlung, Dinge vorherzusagen, aber ich setze meine psychischen Fähigkeiten nicht während einer Verhandlung ein. Es wäre unfair meinen Gegnern gegenüber.“
Es gibt noch Wunder!
Sam liebt Hunde, und er stellte rasch fest, daß er mit seinem und anderen Hunden kommunizieren kann. Er arbeitet als Freiwilliger in einem Rettungsprogramm für Dobermänner mit und hofft auf eine neue Karriere.
Viele Menschen, die mit Tieren kommunizieren können, beginnen als Tierliebhaber. Sie haben es satt, zu traditionellen Tierärzten zu gehen, und entscheiden sich für unkonventionelle Helfer. Judy Meyer machte eines Tages einen Telefonanruf, der ihr Leben veränderte. Judy ist Bildhauerin und lebt in Tesuque, einer kleinen Stadt in New Mexico bei Santa Fe. Sie liebt Tiere seit ihrer frühesten Kindheit. Sie hat sieben Katzen und einen Malamut, einen Hund aus Alaska.

Mit all ihren Tieren hatte Judy gewisse Probleme. Einer dieser Problemfälle war Chat Gris, ein Kater, den sie seit 13 Jahren besaß. Niemals während dieser Zeit hatte Chat Gris ein Katzenklo benutzt. Kein Tierarzt war in der Lage gewesen, dieses unangenehme Problem zu lösen. Dann hörte Judy von Penelope Smith, die in Point Reyes in Kalifornien lebt. Penelope ist die wohl bekannteste Animal Communicator. Sie hat schon Hunderte von Menschen in die Kunst – oder Wissenschaft – der Tierkommunikation eingeführt. Häufig geben ihre Schüler die Fähigkeiten dann an andere weiter. Penelope gehört zu den prägenden Persönlichkeiten der Tierkommunikation.
„Ein Freund hatte mir von einer Frau in Kalifornien erzählt, die angeblich mit Tieren redete", sagte Judy. „Ich sagte: ‚Na toll' und nahm es nicht ernst. Das wäre ein Traum. Es wäre wunderbar zu wissen, was meine Tiere denken, aber das ist unmöglich. Erst als mir Chat Gris Aversion gegen das Katzenklo zuviel wurde, rief ich Penelope Smith an. Sie gab mir eine Konsultation am Telefon."
Viele Animal Communicator arbeiten gelegentlich ganz gern über das Telefon, da man auch aus der Entfernung mit Tieren kommunizieren kann. Tim Beihoff, ein Animal Communicator, der in Sussex (Wisconsin) lebt, hat sich auf das Auffinden verlorener Tiere spezialisiert. Er erzählte mir, daß er zwei verschwundene Katzen in Prag aufgefunden hat, ohne sein Haus zu verlassen. Der Vorteil, aus der Entfernung und nicht in direkter Ansprache mit dem Tier zu arbeiten, liegt darin – so sagen viele Animal Communicator –, daß das Tier weder durch Gerüche, andere Tiere, noch durch den Animal Communicator selbst abgelenkt wird.
Der Animal Communicator unterhält sich am Telefon mit dem Besitzer des Tieres oder der Bezugsperson, wie man in diesen Kreisen sagt. Dabei muß das Tier nicht einmal in der Nähe sein. Der Animal Communicator kann psychischen Kontakt mit dem Tier aufnehmen, wo immer es auch ist. Dann führt er eine telepathische Konversation mit ihm und diskutiert die Ergebnisse mit der Bezugsperson.
„Penelope hielt eine telefonische Konsultation mit mir ab", sagte Judy. „Sie kannte mein Verhältnis zu meiner Katze und konnte

mein Haus und die Umgebung beschreiben. Penelope sagte mir, die Katze sei zu empfindlich für die Katzenstreu. Sie verglich es mit kratzenden Fingernägeln auf einer Tafel. Penelope riet mir, Sand ins Katzenklo zu streuen."

„Also ging ich raus und holte einen Eimer Sand. Ich füllte den Sand ins Katzenklo, setzte meine Katze aber nicht hinein. Ich sagte ihr: ‚Die Dame am Telefon hat mir erzählt, was du ihr gesagt hast, und ich bin deinen Wünschen gefolgt. Jetzt bitte ich dich, das Katzenklo zu benutzen.'"

„Die Katze sah mich an, sah das Katzenklo an, ging hinein, setzte sich und machte ihr Geschäft. Sie war schon 13 Jahre alt und benutzte nun zum ersten Mal ihr Katzenklo."

„Mein Gott, es funktioniert. Das ist ja wunderbar!"

„Ich setzte mich hin und schrieb eine Liste mit 16 Fragen zu allen meinen Katzen und dem Hund. Dann rief ich Penelope wieder an und sprach die Liste mit ihr durch. Über Nacht waren alle meine Probleme gelöst, jedes Verhaltensproblem, alles hatte sich verändert. Denn nun erfuhr ich durch Penelope, was meine Tiere wirklich wollten."

Judy Meyer mit einem Freund

Judy lud Penelope Smith zu einem Workshop nach Santa Fe ein. Sie nahm mit anderen daran teil. Seither arbeitet Judy als professionelle Animal Communicator, sie stellt Diagnosen und heilt gelegentlich. Judy ist mit einem Arzt verheiratet. „Hunderte von Menschen haben mir geschrieben und für die Hilfe mit ihren Tieren gedankt", sagte sie, „aber mein Mann glaubt mir noch immer nicht. In der Tat ist er viel übersinnlicher veranlagt als ich selbst. Er hört die Tiere besser als ich. Aber er verweigert sich. Solche Dinge können den Glauben eines Menschen stark erschüttern."
Nachdem das Problem mit Chat Gris Katzenklo gelöst war, wandte sich Judy einer anderen Katze zu. Teal ist eine verwöhnte kleine Blue Point Siamkatze. Judy erzählte mir:

Ich habe einen Katzenraum neben der Küche. Darin stehen eine Mikrowelle, ein Kühlschrank, er hat eine Katzentür und einen gesonderten Ausguß für die Katzenklos. Der Raum ist sehr praktisch. Wenn ich ihn betrat, schaute sich Teal das Futter an, das ich hinstellte, trat zwei Schritte zurück und raste wie der Teufel davon, als ob ich sie vergiften wollte. Als ich zum zweiten Mal mit Penelope telefonierte, fragte ich: „Was möchte Teal gerne fressen?" Ich ging davon aus, daß ich das falsche Futter gewählt hatte. Penelope antwortete mir: „Teal hat mir folgendes mitgeteilt: ‚Gott sei Dank hat sie diese Frage gestellt.' Teal meint, sie ist entsetzt über die Futtermenge. Andere Katzen mögen vielleicht fressen wie die Schweine, aber sie möchte nicht mehr in diesem Raum gefüttert werden. Sie will wenig Futter in einem kleinen Napf und nicht in diesem Raum."

Ich gab mich zufrieden. In der Tat hatte ich diese Katze seit den sechs Jahren, die sie bei mir war, nie in diesem Raum gesehen. Andererseits mußte sie gefressen haben, sonst wäre sie schon gestorben. Wahrscheinlich war sie immer mitten in der Nacht in den Raum gegangen, wenn niemand darin war. Ich füllte einen Napf mit wenig Dosenfutter und stellte ihn vor Teal hin. Und sie fraß!
Sie hatte recht: Meine übrigen Katzen sind Schweine.

Penelope Smith mit dem Lama Raindance; Foto von Marty Knapp

Viele Menschen werden sich ihrer übersinnlichen Fähigkeiten bereits im Kindesalter bewußt. Als Kinder wissen sie noch nicht, daß man in unserer Gesellschaft nicht erwartet, solche Dinge tun zu können.

Eine Freundin von mir ist ein gutes Beispiel. Sie ist hochgradig spirituell veranlagt und hat mir bei meinen Geisterbüchern sehr geholfen. Sie erinnerte sich an ihren ersten Tag im Kindergarten, als die Kinder mit einem Stein spielten. Man nimmt den Stein in eine Hand hinter dem Rücken, und die anderen müssen raten, in welcher Hand er sich befindet. Meine Freundin fand rasch heraus, daß es akzeptiert wird, wenn man gelegentlich richtig rät. Ständig richtig zu raten macht die anderen aber nervös. Bis zum Alter von etwa 20 Jahren kehrte sie ihre Fähigkeiten unter den Teppich. Damals entschied sie sich, nicht weiter als Journalistin, sondern als professionelles Medium und Ratgeberin bei übersinnlichen Phänomenen zu arbeiten. Ich würde sagen, sie tat den Schritt vom Lächerlichen zum Erhabenen.

Manchmal werden Menschen übersinnlich – oder werden sich dieser Fähigkeit bewußt –, wenn sie ein physisches oder emotionales Trauma erlebt haben. Ein klassisches Beispiel sind die Erfahrungen des berühmten niederländischen Mediums Peter Hurkos. Hurkos war Maler und fiel mit 22 Jahren von einem Gerüst vier Stockwerke herunter. Als er vier Tage später in einem Krankenhaus aufwachte, entwickelte er außerordentliche Fähigkeiten. Er schrie seine Frau an, ihr Baby würde zu Hause verbrennen. Allerdings hatte er sich in der Zeit geirrt. Erst fünf Tage später wurde das Kind von Feuer eingeschlossen und konnte durch einen Feuerwehrmann gerettet werden. Als ein Fremder nach Hurkos schaute und ihm eine rasche Genesung wünschte, wußte Hurkos sofort, daß er ein britischer Agent war – es war während des Zweiten Weltkrieges – und daß er wenige Tage später von den Deutschen getötet werden würde. Als der Agent das Krankenzimmer verließ, schrie Hurkos, um ihn aufzuhalten. Man gab ihm ein Beruhigungsmittel, und der Mann ging, ohne es zu wissen, in seinen Tod. Der Direktor des Krankenhauses verspottete Hurkos und drängte ihn, etwas über sein Privatleben auszuplaudern. Hurkos sagte dem verheirateten Arzt auf den Kopf zu, er habe eine Affäre mit einer Krankenschwester gehabt und ein Kind mit ihr.

Um übersinnlich zu werden, muß man aber nicht von einem Gerüst fallen. Bei manchen Menschen ist diese Fähigkeit so stark entwickelt, daß sie sich sogar im bewußten Denken äußert. Ein typischer Fall ist Marlene Sandler, eine professionelle Animal Communicator, die in Warrington (Pennsylvania) lebt. Marlene wurde sich ihrer Fähigkeit schon früh bewußt. Sie erzählte mir:

Als ich sechs Jahre alt war, wußte ich, daß Spotty, der Hund meines Cousins, ein Magenproblem hatte. Ich fühlte mich unwohl im Magen, mir war aber klar, daß mein Magen in Ordnung war; es mußte der Magen des Hundes sein. Woher ich das wußte? Es war mir unmittelbar klar. Da mir niemand glaubte, wurde Spotty ernsthaft krank.

Meine Familie hatte kein Verständnis für meine Fähigkeiten. In der Tat sah mein Vater jedoch Farben und übermittelte sie mir, als ich ein Kind war, und ich sandte sie zurück. Ich dachte, alle Väter tun das. Er bat mich jedoch, dies als unser kleines Geheimnis zu betrachten. Mein Vater war nicht sehr glücklich über diese Fähigkeit, so lebte ich in meiner privaten, geheimen Welt.

Ich entschied mich dann, analytisch zu arbeiten. Ich befaßte mich zehn Jahre lang mit Krebs- und Virusforschung. Meine heutige Arbeit basiert also auf einem sehr analytischen Hintergrund. Jahrelang hatte ich mich mit Elektronenmikroskopen und anderen Geräten beschäftigt. Die Wissenschaft liefert aber nur selten wirkliche Antworten, und häufig beruhen Durchbrüche in der Forschung auf Träumen oder Intuition.

Also wechselte ich meinen Beruf und erlangte einen Abschluß am Antioch College. Inzwischen arbeite ich seit 15 Jahren in meinem neuen Beruf als energetische Heilerin. Ursprünglich habe ich Hunde nur behandelt, um meinen menschlichen Klienten einen Gefallen zu tun.

Möglicherweise liegt dies daran, daß ich dyslektisch bin. Ich schreibe und lese anders als die meisten Menschen. Bei meiner Geburt wurde die linke

Hemisphäre meines Gehirns mit der Geburtszange beschädigt. Daher hat sich als Kompensation die rechte Hälfte meines Gehirns stärker entwickelt.

(Anmerkung: Die linke Gehirnhälfte soll vorwiegend für unsere logischen, vernünftigen Operationen verantwortlich sein, während die rechte Hälfte unsere Intuition und Kreativität bestimmt.)

Als ich noch ein Kind war, wußte man wenig über Lernstörungen. Daher hat mir die Schule nicht viel Spaß gemacht. Die meiste Zeit sah ich aus dem Fenster. Mein Spitzname war Wolke. Vermutlich habe ich zwölf Jahre lang meditiert.

Marlene erzählte mir von einem Wendepunkt in ihrem Leben, als sie in einer U-Bahn in Philadelphia einem Zenmeister begegnete:

Im Alter von 25 traf ich einen Zenmeister und begann, mich neu zu entdecken und zu entwickeln. Aber schon vorher, mit 19, begegnete mir ein anderer Meister in einer U-Bahn. Er sagte mir, ich hätte besondere Gaben und sei gezwungen, mich mit ihnen auseinanderzusetzen.

Marlene Sandler und Charlie

Wir warteten auf einen verspäteten Zug und unterhielten uns. Ich hielt ihn für verrückt und rückte etwas von ihm ab. Er war Asiate, vielleicht Mitte 30. Er erzählte mir etwas über mich. Sicher ein faszinierendes Thema, oder? Gleichzeitig fühlte ich mich aber unwohl. Immerhin bin ich nur knapp 1,50 m groß. Damals, an diesem Ort, fühlte ich mich wirklich nicht wohl. Also rutschte ich immer weiter weg, bis die Bank zu Ende war. Ich stand auf und ging weg. Er blieb ruhig sitzen. Mir wurde klar, daß er ein freundlicher, wunderbarer Mann war. Also setzte ich mich wieder hin. Er hatte gerade einen Vortrag gehalten und trug noch seine Robe. Diese Unterhaltung war wie ein erstes Samenkorn. Wenige Jahre später begann ich bei einem anderen asiatischen Heiler eine Ausbildung in energetischer Medizin.

Bei meinen Beratungen gehe ich eklektisch vor. Ich habe mit mehreren Psychotherapeuten in Co-Therapie zusammengearbeitet. Ich war stets die Endstation – die kleine, wilde Medizinerin.

Schon immer fühlte ich mich zu Tieren hingezogen. Als ich sieben war, schenkte mir mein Vater 50 Cent, damit ich auf einem Pferd reiten konnte. Ich liebte es und fühlte mich dem Tier sehr verbunden. Aber ich ritt nie ernsthaft, dazu bin ich nicht sportlich genug.

Während einer meiner Co-Therapien fragte mich der Psychotherapeut, ob ich eine Frau und ihre Pferde besuchen wolle. Die Pferde sollten an der Olympiade teilnehmen. Sie waren sehr groß, sehr kräftig – ich war in der Reithalle. Ich ließ die Frau über sich und ihre Beziehung zu den Pferden erzählen. Dabei fand ich heraus, daß ich mich in die Sichtweise der Pferde einfühlen konnte. Ich fühlte ihre physischen Probleme und konnte damit den Tierärzten bei der Diagnose und Therapie helfen.

Damals arbeitete Marlene in Workshops mit Jeri Ryan zusammen. Sie ist eine bekannte Animal Communicator und Trainerin aus Oakland (Kalifornien), die im ganzen Land Unterricht gibt. Weiter hat Marlene auch bei Penelope Smith gelernt.

Im nächsten Kapitel werde ich über Marlenes Technik, mit Tieren zu arbeiten, berichten.

Janet Shepherd und Frosty Christmas

Jahrelang hatte Janet Shepherd aus Haymarket (Virginia) Pferde trainiert, Turniere bestritten und Reitunterricht gegeben. Sie beschäftigte sich seit mehreren Jahren mit der Kommunikation mit Tieren. Sie erzählte mir von den Anfängen:

Seit etwa zwei Jahren weiß ich, daß ich mit Tieren kommunizieren kann. Damals zog eine Freundin aus der Stadt weg und bat mich, ihr Pferd zu reiten. Sie zeigte mir das Tier, wie man es aufzäumte, und was es nicht leiden konnte. Sie war eine wirklich gute Mutter. Das Pferd drehte sich zu mir um, sah mir in die Augen und sagte: „Kühe sind...", dann machte es eine Pause, fast als müsse es aus einer Fremdsprache übersetzen, und fuhr fort: „...häßlich." Zwei Sekunden später sagte meine Freundin: „Auf eines mußt du achten, das Pferd fürchtet sich vor Kühen. Wenn Kühe in die Nähe des Weidezauns kommen, spielt es verrückt." Dann erklärte sie mir weitere Handgriffe, und mir wurde klar, daß das Pferd wirklich mit mir geredet hatte. Ich war so erschrocken, daß ich kaum noch stehen konnte.

Ich fragte Janet: „Was, meinst du, geht dabei vor?"
„Ich glaube", antwortete sie, „wenn wir telepathisch kommunizie-

ren, ist das wie eine Übersetzung. Das Tier kann ein Bild oder ein Gefühl aussenden oder es in Worte übersetzen, die wir verstehen. Ich habe keine Ahnung, wie das funktioniert. Aber manchmal habe ich das Gefühl, Tiere reden verbal. In der Tat scheinen sie eine Sprache oder etwas Sprachähnliches zu sprechen. Ich glaube fest an das Prinzip der Wiedergeburt, und einige Tiere könnten früher als Menschen gelebt haben. Für sie ist es ganz einfach."

Als Martha Williams, eine etablierte Animal Communicator aus Graton (Kalifornien), am Anfang ihrer Karriere stand, war ihr Partner skeptisch. Martha erzählte mir:

Er sagte: „Wenn du weißt, wie es geht, dann frag doch deine Katze, was sie heute gemacht hat."
Also fragte ich meine Katze: „Jenny, was hast du heute unternommen?"
Sofort zeigte sie mir ein Bild – eine telepathische Kommunikation – von sich und einem Eichhörnchen auf einem Zaun, wie sie ihre Nasen rieben.
Als ich dies meinem Partner erzählte, sagte er: „Mein Gott, genau das hat sie getan."
Und ich: „Meine Güte, es funktioniert wirklich."
Dann fragte ich Jenny, worüber sie sich mit dem Eichhörnchen unterhalten hatte. Die Antwort kam in Form von Bildern und Worten. Sie hatte das Eichhörnchen vor den anderen, üblen Katzen gewarnt. Außerdem hatten sie sich über Nüsse und die Babys des Eichhörnchens unterhalten. Es war niedlich und süß. Für mich war dieses Erlebnis ein Wendepunkt. Ich danke Jenny jeden Tag dafür, daß sie mir geholfen hat, mit Tieren zu kommunizieren. Tiere können wirklich gut kommunizieren, müssen Sie wissen.

Griffin Kanter aus Houston (Texas) wuchs in der Gewißheit auf, mit Tieren kommunizieren zu können. Ihre Fähigkeiten nahm sie aber erst als Erwachsene ernst, als man bei ihr chronische Erschöpfung diagnostizierte. Damals arbeitete sie in der Verwaltung von Shell Oil, heute ist sie hauptberufliche Animal Communicator und gibt auch Unterricht. In ihren Workshops weist sie Studenten in ihre ungewöhnliche Art ein, mit Tieren zu reden:

Ich wuchs auf einer Farm in Iowa auf, wo ich meine ersten zwölf Lebensjahre verbrachte. Meine Schwester war sieben Jahre älter. Wir spielten nicht zusammen und hatten auch nie dieselben Interessen, also waren die Tiere meine Freunde und Spielkameraden. Als kleines Kind konnte ich sie hören und mit ihnen reden.

Nach meiner Kindheit kehrte diese Fähigkeit nur gelegentlich wieder. Als man 1985 bei mir chronische Erschöpfung diagnostizierte, änderte sich mein Leben drastisch. Ich nahm mir die Zeit, über alles nachzudenken. Während meiner Therapie las ich das Buch The Power of Your Other Hand *von Lucia Catacchinone. Sie war Kunsttherapeutin und litt an einer Bindegewebskrankheit. Bei einem Therapeuten hatte sie gelernt, mit der linken Hand zu zeichnen und zu malen. Dann schrieb sie dieses Buch, um andere zu lehren, über den Gebrauch der linken Hand zu sich selbst zu finden. Während sie Menschen ansprechen wollte, nutzte ich ihre Technik zur Kommunikation mit Tieren.*

Das Buch handelt davon, die innere Weisheit der rechten Gehirnhälfte zu kanalisieren. Es lehrt die Technik nicht-dominanter Handschrift. Hintergrund ist die Gestalt- und Jungsche Therapie, die besagt, daß Menschen aus mehreren Persönlichkeiten aufgebaut sind. Mit Hilfe der nicht-dominanten Handschrift kann man mit seinen verschiedenen Persönlichkeiten reden.

Man schreibt eine Frage mit der dominanten Hand auf – der rechten. (Ein Linkshänder schreibt dementsprechend mit links). Dann nimmt man den Stift in die andere Hand, lauscht auf die Antwort und schreibt sie hin. Mit dieser Technik kommuniziere ich mit anderen.

Ich entschloß mich, es auch mit meinen Tieren zu versuchen. Ich hatte immer zahlreiche Tiere. Also setzte ich mich hin und schrieb mit der dominanten Hand eine Frage an meinen Hund Isaac auf, einen Pudel-Terrier-Mischling. Ich schrieb: „Isaac, ich möchte über diese Technik mit dir kommunizieren." Dann nahm ich den Stift in die Linke, und meine

Griffin Kanter mit einem Freund

Hand begann zu schreiben. Ich wußte, er war es. Damals hatte ich bereits sechs Monate lang diese Schreibtechnik geübt. Ich konnte die feinen, unterschiedlichen Energien der verschiedenen Aspekte meines Selbst fühlen – als Kind, als Erwachsene usw. –, daher wußte ich, diese Stimme war nicht meine. Ich spürte die abweichenden Energieschwingungen. Ich höre mit einer inneren Stimme, die mir Zugang zu mir selbst vermittelt, einer Stimme, die im Kopf ist. Über diese Stimme sprechen Tiere mit mir. Es ist keine fremde Stimme, es ist immer noch meine. Aber ich fühle die Emotionen des Tieres, manchmal auch körperliche Sinneswahrnehmungen. So kommunizieren wir.

Am Anfang mußte ich noch jedes ihrer Worte aufschreiben, sonst brach der Kontakt ab. Aber inzwischen bin ich so geübt, daß ich nicht mehr alles zu notieren brauche. Heute rede ich mental mit dem Tier, ähnlich wie mit einem Menschen.

Griffin betont, daß man unbedingt einen aufnahmefähigen Geist besitzen muß. „Denken Sie an die positiven Eigenschaften der unterschiedlichen Arten“, schlägt sie vor. „Im Grunde ist es wie eine unkonventionelle Liebesbeziehung. Außerdem glaube ich an die Kraft von Bildern. Ich bin ein sehr visuell orientierter Mensch und weiß, daß ich während der Kommunikation Bilder aussende. Emotionen, Bilder, körperliche Empfindungen, Worte, alles ist wichtig und kann wechselweise eingesetzt werden. Ich glaube, daß jeder mit Tieren kommunizieren kann. Man muß nur fest daran glauben und sich selbst erlauben, es zu tun.“

Informationsaustausch zwischen Mensch und Tier

Wie funktioniert die Kommunikation zwischen unterschiedlichen Arten?
Diese Frage habe ich Animal Communicator überall im Land gestellt, und alle gaben mir im Prinzip dieselbe Antwort. Ich könnte jeden der 40 bis 50 Praktiker am Anfang dieses Kapitels zitieren. Eine besonders präzise, leserfreundliche Definition gab mir Raphaela Pope, die in Berkeley (Kalifornien) lebt. Mit ihr möchte ich beginnen. Sie sagte:

Es gibt vier Formen der Kommunikation:

- *Man empfängt Worte oder Sätze.*
- *Man empfängt mentale Bilder. Das Tier sendet mir Bilder. Wenn ich ein verlorenes Tier suche, sehe ich Szenen in seinem Kopf, Szenen, die das Tier sieht. So kann ich es wiederfinden.*
- *Einen kinästhetischen Sinn: Meine Aufmerksamkeit wird auf bestimmte Stellen meines eigenen Körpers gelenkt, und ich fühle die Empfindungen des Tieres. Dabei kann es sich sowohl um geistige als auch um körperliche Empfindungen handeln.*
- *Ich empfange ein bestimmtes Wissen, eine Intuition.*

Von Raphaela stammt auch ein Gedanke, der vielleicht so offensichtlich ist, daß ihn sonst niemand erwähnte. Ich hätte sicher nicht daran gedacht. Möglicherweise hielt ihn niemand für erwähnenswert, aber er ist ein bemerkenswertes Beispiel, warum wir von der menschlichen Kommunikation mit Tieren so überrascht sind, so beeindruckt, daß man entweder auf totale Begeisterung oder Ablehnung stößt. Er liegt uns so fern, daß Menschen wie ich Bücher darüber schreiben:
„Wir empfangen dauernd Botschaften", sagte Raphaela, „wir bemer-

Raphaela Pope mit einem glücklichen Freund

ken es bloß nicht. Ich glaube, daß wir mit telepathischen Fähigkeiten geboren werden, aber wir entschließen uns, sie nicht wahrzunehmen, weil Menschen über die wundervolle Fähigkeit der Sprache verfügen."

„Wenn Kinder sprechen lernen, sind sie begeistert über ihr unglaubliches neues Können. Und die Sprache ist in der Tat wundervoll. Also beginnen Kinder ihre telepathischen Fähigkeiten zu vergessen."

Wie viele andere Animal Communicator auch, hält Raphaela Workshops ab. Damit trägt sie als Multiplikator dazu bei, daß wir Menschen uns dieser Fähigkeiten wieder bewußt werden.

„In meinen Workshops", sagt sie, „erinnere ich die Menschen daran, daß sie mit telepathischen Fähigkeiten geboren wurden. ‚Es ist euer angestammtes Recht, sie auch auszuüben.' Damit rufe ich nur vorhandene Fähigkeiten wieder wach."

Diese Aussage erinnert mich an ein Axiom, das vielen spirituellen

Denkmodellen gemeinsam ist: Ihr seid schon im Himmel, aber ihr wißt es nicht, ihr habt es nur vergessen.
Ein schöner Gedanke.

Nedda Wittels ist eine Animal Communicator aus Simsbury (Connecticut). Sie erinnert sich deutlich an das erste Mal, als sie Worte von einem Tier vernahm. Es war ihr geliebtes Pferd Echo. Nedda erzählte mir:

Ich ritt Echo. Wir lernten springen. Einige Hindernisse hatten wir schon geschafft. Echo sprang gerne, aber hinterfragte noch den Sinn unseres Tuns. Sie konnte weder selbst ihre Schritte einteilen noch sich in die richtige Absprungposition bringen. Ich ließ sie gehen und selbst herausfinden, was zu tun war.
In der Luft über einem Hindernis hörte ich eine Stimme: „Jetzt habe ich es kapiert."
Ich fragte mich, wer das gesagt hatte. Niemand war in der Nähe.
Als wir uns dem nächsten Hindernis näherten, war alles anders: Sie wußte genau, was zu tun war. Von da an näherte sie sich den Hindernissen korrekt und aggressiv. Es gab weder Zögern noch Verwirrung.
Vielleicht habe ich schon als Kind Tiere gehört. Wahrscheinlich war ich viel übersinnlicher veranlagt, als mir klar war. Vermutlich hatte Echo schon häufiger mit mir gesprochen, bevor ich sie das erste Mal hörte. Ich hatte ein kleines Buch von Penelope Smith gelesen, Animal Talk, *in dem sie aufzeigt, wie man mit seinen Tieren reden kann. Einige der Vorschläge, die ich dort las, hatte ich, ohne es zu ahnen, seit langem befolgt, ich verfügte über eine natürliche Begabung.*

Diese Schritte, so Penelope in ihrem Buch, beginnen damit, daß sich Mensch und Tier an einen ruhigen Ort zurückziehen. Der Mensch versucht, an etwas zu denken, und sendet ein geistiges Bild an eine Stelle des Raumes. Danach versucht er, das Bild in den Körper seines tierischen Freundes zu übertragen, mit Worten

Nedda Wittels mit einem Bild von Echo, ihrem langjährigen engen Freund; Foto von Arthur Myers

oder ganz ruhig. Dabei darf man mit jedem Mittel versuchen, die Aufmerksamkeit des Tieres zu erregen – seinen Namen rufen, es auf dem Rücken streicheln. Es kommt darauf an, die eigene Bereitschaft zur Kommunikation mitzuteilen. Manchmal hilft es, einen einfachen Wunsch zu visualisieren, z.B. einen Strandspaziergang. Dann muß der Mensch seinen Geist öffnen und versuchen, die Antwort des Tieres aufzufangen. Der letzte Schritt besteht darin, die Nachricht zu empfangen und zu akzeptieren. Auch die Arbeit mit anderen Tieren oder anderen Fragen kann hilfreich sein.

„Beim ersten Mal", sagte Nedda, „habe ich wirklich Worte gehört, doch später erhielt ich auch Informationen in anderer Form. Manchmal empfange ich Bilder, sehr lebendige Bilder. Manchmal spüre ich Emotionen, sehr intensive Emotionen, manchmal auch eine Mischung aus Bildern und Tönen. Gelegentlich empfange ich auch so etwas wie ein Konzept, eine Art Wissen. Immer kommt die Information plötzlich."

„Es kommt vor, daß ich eine Bewußtseinsebene erreiche, die mir fast göttlich erscheint. Ich glaube, daß sich Gott in allen Formen ausdrückt und in ihnen enthalten ist. Ich trete also nur in eine andere Ebene ein. Warum sonst sollten Zeit und Raum ohne Bedeutung sein? Wie sollte es mir sonst gelingen, über eine Entfernung von 3000 Meilen eine Konversation mit einem Tier zu beginnen, das ich niemals zuvor gesehen habe? Oder, wie könnte ich sonst mit meinem Pferd reden, während ich auf der anderen Seite des Kontinentes bin?"

Eine andere, sehr nützliche Erklärung, wie man Gedanken von Tieren empfangen kann, stammt von Betty Lewis aus Amherst (New Hampshire).

„Viele Animal Communicator", sagte sie, „sind sich ihrer Fähigkeiten schon seit der Kindheit bewußt, aber ich erinnere mich an nichts dergleichen. Mein erstes bewußtes Erlebnis dieser Art hatte ich, als ich das Buch *What the Animals Tell Me* von Beatrice Lydecker las. Ich begann mit spielerischen Versuchen. Für mich als Doggenzüchterin, Preisrichterin bei Shows und Tierarzthelferin schien dies ein nützliches Hilfsmittel zu sein."

Lydecker lebt in Nord-Hollywood (Kalifornien) und gehört zu den Gurus der Tier-Kommunikationsbewegung. Sie gehörte zu den ersten, die sich mit ihren Fähigkeiten an die Öffentlichkeit wagten und zugaben, mit Tieren Informationen auszutauschen.

„Ich habe an einem Workshop von Bea teilgenommen", sagte Betty, „und glaube nicht, daß man eine besondere Begabung braucht. Es gleicht dem Lernen einer Fremdsprache."

„Da jeder Mensch anders ist, empfängt er auch die Signale jeweils anders und in unterschiedlicher Deutlichkeit. Natürlich spielt auch die Kraft des Tieres eine Rolle. Die Art der Kommunikation hängt von der Erfahrung des Menschen ab. Augenmenschen werden eher komplette Bilder empfangen, wie ein Film. Ich nehme vor allem Gefühle deutlich wahr."

„Ich glaube, daß jeder die Fähigkeit besitzt, alle seine Sinne zu entwickeln, und genau das lehre ich in meinen Workshops. Dort lernt

Betty Lewis mit zwei großen Doggen, Liberty und Phoenix

man seine Stärken kennen und konzentriert sich dann darauf, alle übrigen Sinne zu steigern. Auch meine visuellen Fähigkeiten wurden im Laufe der Jahre ausgeprägter, meine Geruchsempfindungen stärker. Der Geruch spielt vor allem bei der Kommunikation mit Hunden eine große Rolle, da dies ihr wichtigster Sinn ist. Gesprochene Kommunikation, d.h. Worte, empfange ich weniger deutlich. Hunde, Katzen, Pferde und andere Tiere verwenden die Sprache anders als wir. Es kann zwar vorkommen, daß ich ein Wort deutlich verstehe, aber ich verlasse mich nicht darauf."
Ich erzählte Betty von Sean Ebnet und anderen Animal Communicator, die glauben, daß unsere Wortsprache von Vermittlern abhängig sei, wie Geistern oder Engeln, zu denen wir normale Menschen keinen Kontakt haben. Betty, die ich als sehr bodenständig schätze, antwortete mir: „Daran glaube ich auch. Normalerweise bin ich nicht sehr wortgewandt, aber während meiner Sitzungen mit Tieren ändert sich dies manchmal. Dann vernehme ich deutliche Worte, und ich habe das Gefühl, zwischen mir und dem Tier besteht eine mittelbare Verbindung. Vielleicht über einen Führer in mir oder dem Tier. Wer das ist, weiß ich nicht immer, aber dieses Phänomen kommt regelmäßig vor. Plötzlich sprudelt es aus mir heraus, als gäbe es ein Manuskript. Erst wenn die Unterhaltung zu Ende ist, finde ich wieder zu mir selbst."

Raphaela Pope betont die Besonderheiten der Kommunikation mit Tieren. Sie erzählte mir:

Wie etwas bei mir ankommt, hängt von dem Tier ab. Wenn ich beispielsweise mit einem Hund rede, der schon seit zehn Jahren mit Menschen zusammenlebt, kennt er sieben- bis achthundert Wörter. Er ist ein Hund, der fast das ganze Alphabet kann. Daher kann er sich in Worten oder sogar in ganzen Sätzen ausdrücken.
Wenn ich dagegen mit einem Tier rede, das nicht lange in einem Haus gelebt hat – oder einem Spatz oder einem Blauhäher –, dann ist es nicht

besonders mit menschlicher Ausdrucksweise vertraut. Von ihm empfange ich vorzugsweise Gefühle, Bilder, manchmal auch Gedanken.
Man muß alle Sinne bereithalten, um jede Art von Signalen zu empfangen. Das können physische Gefühle oder Emotionen sein. Einmal sprach ich mit einer Katze, die sehr krank war. Ich hatte dabei das Gefühl, meine Brust würde zusammengepreßt. Tatsächlich stellte sich heraus, daß die Katze einen Brusttumor hatte.
Häufig wird meine Aufmerksamkeit auf bestimmte Körperteile meines Gegenübers gelenkt. Mein erster Hund Petey war sehr mitteilsam, sehr gesprächig. Ein gutes Beispiel für Gefühle oder Emotionen sind Zwiegespräche mit verschwundenen Hunden. Dann werde ich überschwemmt mit Gefühlen des Verlorenseins, der Trauer oder Verwirrung.

Raphaela erzählte von ihrem Mann, einem professionellen Computerspezialisten. „Er wird sehr von seiner linken Gehirnhälfte dominiert“, sagte sie, „er hat mein Tun lange Zeit sehr kritisch gesehen. Inzwischen glaubt er mehr und mehr, daß meine Empfindungen real sind.“
Wer ständig mit diesen Phänomenen konfrontiert wird, wird an sie glauben. Ich muß es wissen, denn ich habe länger als ein Jahr Interviews geführt und mehrere Dutzend Animal Communicator bei ihrer Arbeit beobachtet.
„Die Familienmitglieder von übersinnlichen Personen“, sagte mir Raphaela, „werden schließlich selbst übersinnlich, häufig ohne es zu wollen.“

Eine Animal Communicator aus Hayward (Kalifornien) mit dem ungewöhnlichen Namen Winterhawk (Winterfalke) gab mir eine verblüffende Antwort auf die Frage, wie Tiere ihre Nachrichten empfangen. „Manchmal nenne ich es den großen Computer im Himmel“, sagte sie. „Der große Übersetzer faßt es in Worte, die ich verstehen kann.“
Mit einem vergnügten Lachen sagte Winterhawk, daß ihr richtiger

Name Liz sei. „Der Name Winterhawk“, sagte sie, „stammt von meinen Führern, die mich mit meiner Arbeit und der Natur verbinden. Er war ein Geschenk, um mir zu helfen.“

Sie stammt aus Kansas und sagt, ihre Eltern waren Präriebewohner. Allerdings hatte sie eine extravagante Großmutter mit übersinnlichen Fähigkeiten. Auch Winterhawk war von Anfang an etwas ungewöhnlich. „Als Kind“, sagte sie, „hielt ich es für normal, zu wissen, was andere fühlen. Ich ordnete den Menschen Farben zu. So konnte ich sagen, diese Dame ist wirklich braun, oder jene ist orange. Danach kam eine Phase meines Lebens, in der ich wenig Wert auf solche Dinge legte, doch in den 70er Jahren fing ich mit Massagetherapie und Reiki an. Dabei kommt es zu starken Sinneseindrücken – Gefühlen und Bildern –, und ich glaube, daß damals der Grundstein für meine übersinnliche Arbeit gelegt wurde. Ich arbeitete hauptsächlich mit Menschen, aber ein Lehrer sagte zu mir: ‚Ich glaube, ihre Zukunft sind die Tiere.‘“

„Ich höre häufig Worte von Tieren, aber uns stehen unterschiedliche Sinneswege offen. Manche Menschen hören sehr gut, können aber weniger gut sehen oder Gefühle wahrnehmen. Ich bin ohrbetont, also höre ich Worte. Manchmal senden mir Tiere Poesie.“

Als ich mit Winterhawk sprach, hatte ich schon von anderen Animal Communicator gehört, daß Tiere Poesie mitteilen können. Das erste Mal stieß ich auf dieses Phänomen bei einem sehr erdverbundenen früheren Milchbauern aus New Hampshire, der mir das Gedicht einer Katze aufsagte. Es war ein gutes Gedicht, keine Knittelverse. Zunächst hielt ich diese Information für zu abseitig, um sie in dieses Buch aufzunehmen. Nachdem ich jedoch vier- oder fünfmal dasselbe von vernünftig erscheinenden Menschen gehört hatte, war ich bereit, ernsthaft darüber nachzudenken – auch wenn ich es nicht unbedingt glaubte. Das letzte Kapitel ist daher Gedichten von Tieren gewidmet. Ich entschied mich für das letzte Kapitel, weil ich dem Leser Zeit geben möchte, sich an diesen verrückten Gedanken zu gewöhnen.

Winterhawk gehört nicht gerade zu den Menschen, die man in seiner direkten Nachbarschaft findet. Dennoch stammen von ihr einige sehr vernünftige Tips für Menschen, die mit Tieren kommunizieren möchten: „Jeder, der sich die Zeit nimmt, ruhig, voller Respekt und demütig auf Signale von anderen Lebewesen zu lauschen, kann mit Tieren kommunizieren. Es kommt darauf an, seinen Geist zur Ruhe kommen zu lassen und das Herz zu öffnen. Jeder kann es, wenn er nur will."

Inzwischen ist sicher deutlich geworden, daß die Kommunikation mit Tieren eine sehr individuelle Angelegenheit ist. Es gibt verschiedene Wege. Dawn Hayman ist eine der bekanntesten Animal Communicator. Sie ist Mitinhaberin der Spring Farm Cares, eines gemeinnützigen Tierheims in Clinton (New York). Dawn kommuniziert über Worte, ohne sie aber direkt zu hören.
„Ich erhalte meine Informationen über Gedanken, Ideen und Gefühle", sagt sie. „Ich fasse sie nur in Worte. Ich höre zwar keine Worte, aber sehr spezifische Informationen. Worte haben sehr unterschiedliche Aussagekraft. Man kann beispielsweise sagen, jemand sei schön oder hübsch. Diese beiden Worte stehen für eine unterschiedliche Intensität, eine Abstufung, die ich wahrnehmen kann. Aber ich höre keine Stimmen oder etwas Ähnliches."

Ich fragte Marlene Sandler, die ich im letzten Kapitel vorgestellt habe, wie sie mit Tieren redet. „Ich empfange Bilder, Eindrücke und Gefühle", antwortete sie. „Ich spüre, was das Tier mitteilen möchte, und so kommt es zu einem nachdrücklichen Dialog. Mir scheint, er entwickelt sich über den dominanten Sinn. Manche Menschen sind vorwiegend kinästhetisch, andere eher visuell, manche geruchsorientiert oder hörbetont. Vermutlich empfängt man die telepathische Botschaft, die man am besten decodieren oder entziffern kann. Häufig stößt man auch auf Metaphern."
Ich fragte, was sie mit Metaphern meinte. Sie antwortete: „Eine

Frau rief mich, weil ihre Katzen nicht fraßen und sie sehr besorgt war. Das erste Bild, das ich empfing, war eine leere Badewanne. Dazu stellten sich die Worte ein: ‚Sie hat kein Bad genommen.‘ Ich sagte der Frau: ‚Damit wollen sie nicht ihre Hygiene kritisieren, aber ich empfange diese Botschaft und kann ihnen nur sagen, die Katzen sind ärgerlich, weil Sie nicht gebadet haben.‘“

„Im Zuge der Konsultation stellte sich heraus, daß die Frau unter großem beruflichen Streß stand. Sie hatte keine Zeit, sich zu Hause zu entspannen. Normalerweise war sie heimgekommen und hatte ein ausgiebiges, wohltuendes Bad genommen. Dazu stellten sich die Katzen ein und spielten mit ihr im Badezimmer. Alle genossen diese gemeinsame Spielzeit. Jetzt duschte sie, und die Spielzeit fiel aus. Die Katzen fühlten sich vernachlässigt und nahmen den Druck und Streß ihrer Besitzerin wahr.“

„In einem anderen Fall fing ich das Symbol einer leeren Veranda auf. Die Dame behauptete, sie hätten keine Veranda. Die leere Veranda stellte sich als ein Symbol für den Bruder der Frau heraus, der sich umgebracht hatte. Sie und ihre Katze waren häufig in seinem Hause zu Gast gewesen – dort gab es eine Veranda. Nun war sie leer, und darüber war die Katze traurig.“

Nedda Wittels aus Simsbury (Connecticut) war Sozialkundelehrerin an einer Grundschule, arbeitete aber auch in der Erwachsenenbildung. Manchmal lud sie Referenten mit neuen Ideen ein, die uns in den letzten Jahrzehnten bereichert haben, z.B. transzendentale Meditation, Yoga und verschiedene Formen der energetischen Medizin. Sie fand heraus, daß sie innerlich ruhiger wurde, wenn sie diese spirituellen Übungen ausführte.

„Der Lärm in unseren Köpfen“, sagte Nedda, „hält uns davon ab, telepathische Informationen wahrzunehmen. Daher ist das erste, was wir lernen müssen, still zu sein – wirklich still.“

„Wenn mir Leute sagen, du redest mit den Tieren, dann sage ich, das stimmt. Aber noch wichtiger ist, daß ich ihnen zuhöre. Die

Fähigkeit, zuhören zu können, ist entscheidend. Ich meine das im übertragenen Sinne, denn wir empfangen auch Bilder und Emotionen, nicht notwendigerweise Töne. Grundsätzlich kommt es darauf an, daß wir uns psychologisch für die Tatsache öffnen, daß Tiere echte, intelligente Lebewesen sind, genau wie wir. Ich rede über Pferde, Katzen, Insekten, den Wind und Pflanzen. Die ganze Erde lebt. Alles in unserem Universum ist von Energie durchströmt, und Gott gibt dem Universum Struktur."

Das komplizierte Gefühlsleben der Tiere

Menschen haben viele Gründe, um mit Tieren zu kommunizieren. Manche streben einfach ein innigeres, sozialeres und liebenderes Verhältnis zu ihren Haustieren an. Andere wollen die mystischen Beziehungen zwischen unterschiedlichen – wenn auch nicht gänzlich verschiedenen – Lebewesen des Universums vertiefen.
Wenn es um Tiere geht, ist der Anstoß häufig eine Therapie. Meist werden professionelle Animal Communicator konsultiert, wenn das Tier unspezifisch zu leiden scheint. Hier versagt das Wissen traditioneller Tierärzte. In der Tat arbeiten viele, wenn nicht die meisten, Animal Communicator eng mit Tierärzten zusammen.
Tiere können sowohl physische als auch psychische Probleme haben, beide Formen der Störung möchte ich in diesem Buch behandeln. In diesem Kapitel geht es um das Gefühlsleben von Tieren, wie es Animal Communicator, Kunden und Zeugen berichten.

Phil Roberts lebt bei Camden (Maine). Er hat sich auf psychologische Probleme von Tieren spezialisiert, die häufig zu Verhaltensstörungen führen.
„Wenn man ein Tier mit Problemen besitzt", sagt er, „das beißt, auf den Boden uriniert, oder ein Pferd, das sich nicht beschlagen läßt, kann ich mit ihm reden, möglicherweise die Gründe herausfinden und ihm helfen."
Wie viele andere professionelle Animal Communicator auch, weigert sich Phil, physische Störungen zu behandeln. „Es kann ein juristisches Problem werden, medizinische Mittel anzuwenden", sagt er. „Aber ich habe ein gutes Verhältnis zu den örtlichen Tierärzten. Sie schicken mir Patienten – Tiere mit emotionalen Proble-

men –, und ich rate Menschen, deren Tiere physisch krank sind, den Tierarzt zu konsultieren."

Früher besaßen Phil und seine Frau, Dinny Thorndike, eine Milchfarm in New Hampshire. Sie verkauften ihren Besitz und zogen an die Küste von Maine.

„Ich fühlte mich schon immer zu Tieren hingezogen", erzählte mir Phil. „Wenn eine Kuh keine Milch mehr gibt, bleibt nichts anderes übrig, als sie zu schlachten. Das traf mich so tief, daß wir damit aufhörten. Wir mußten die Farm verlassen, weil mit ihr zu viele schreckliche Erinnerungen verbunden waren. Ich hatte schon Alpträume von sterbenden Kühen."

Phil ließ sich in Maine nieder und begann zusammen mit seiner Frau Bücher zu machen – größtenteils eine harmlose Angelegenheit. Seine Frau schrieb, er führte Interviews und recherchierte. Einmal nahmen sie ein Pferd in Pflege. Es gehörte Patty Breed, die einen Teil des Jahres in Florida, den anderen in Maine verbrachte. Ich traf Patty und Dinny im Haus von Patty in Florida. Später im Buch wird Patty nochmals erwähnt werden. Sie steht in Kontakt mit wilden Tieren, aber auch anderen natürlichen Dingen – Stühlen beispielsweise. Stühle, wirklich. Immerhin bestehen sie aus Holz. Patty war schon als Kind ungewöhnlich und ist dies auch als Erwachsene geblieben. Sie begann mit der Tierkommunikation und hat ihr Interesse daran an Phil und Dinny weitergegeben. Die beiden fuhren nach Kalifornien und nahmen an einem Workshop der bekannten Animal Communicator Jeri Ryan teil.

Wie Phil erzählte, baten ihn die Leute nach seiner Rückkehr von dem Workshop, mit ihren Tieren zu reden.

„Jeder kann das", sagte Phil, „wir werden alle mit dieser Fähigkeit geboren. Ich glaube, ich habe schnell gelernt, weil ich Tieren sehr nah war. Außerdem habe ich Selbsthypnose gelernt. Hypnose fiel mir sehr leicht. Ich kann mich gut konzentrieren, gehen lassen und die Tiere rufen."

„In dem Workshop wurden wir angehalten, dem Tier eine Frage zu stellen, um zu beweisen, daß wir wirklich mit ihm sprachen. Das habe ich versucht. Zu Beginn fragte ich einen Hund, ob er mir etwas wirklich Wichtiges mitteilen wollte. Alles, was ich empfing, war die Farbe Grün. Sie war wichtig für den Hund. Für mich machte dies keinen Sinn. Also fragte ich die Hundebesitzerin, ob es in ihrem Haus etwas Grünes gebe, das für den Hund von Bedeutung sein könnte. Sie dachte darüber nach und erzählte mir, sie hätte eine grüne Bettdecke, auf der der Hund nicht liegen durfte. Er jedoch liebte es und legte sich immer darauf, wenn sie nicht da war."

„Dann gab es da noch dieses Pony. Es fühlte sich gestört, und ich dachte zunächst an eine Ratte. Das Pony sagte mir jedoch, das Tier sei weiß und hätte große Ohren. Außerdem teilte mir das Pony mit, es fräße gerne aus einem grünen Eimer. Als ich darüber mit dem Eigentümer sprach, erfuhr ich, daß er einen Terrier besaß. Dieser ärgerte das Pony und stahl sein Futter. Waren die Körner jedoch in dem grünen Eimer, fühlte sich das Pony wohl, denn der Hund kam wegen der hohen Seiten nicht an das Futter heran."

Als ich Phil traf, hatte er bereits mit zwei Dritteln der Katzen der Camden-Rockport Tierhilfs-Liga geredet. „Das ist mein jüngstes Projekt", sagte er mir. „Die Liga ist ein örtliches Tierheim. Sie haben 106 Katzen. Jeden Abend rede ich mit zweien von ihnen. Es ist faszinierend. Die Katzen leben im Heim. Viele eignen sich nicht für die Adoption. Manche sind schon alt. Von einigen sind die Eigentümer gestorben und haben der Liga Geld vererbt. So können die Katzen für den Rest ihres Lebens in der Liga bleiben."

Phil führt sein Projekt telepathisch von zu Hause aus durch. „Entfernung hat keine Bedeutung", sagt er. „Ich rede mit Kalifornien und anderen entfernten Orten." Er war nur einmal in der Liga, um einen Hund zu besuchen. Er ähnelte verblüffend einem Tier, das Phil einst besessen hatte, und das gestorben war. „Ich hatte das Gefühl, es könnte mein wiedergeborener Hund sein", berichtete Phil, „also mußte ich mit ihm reden. Es war nicht derselbe Hund, aber er war ihm sehr, sehr ähnlich."

Jeden Morgen suchen zwei Mitarbeiterinnen des Tierheims zwei Katzen aus, mit denen Phil am Abend sprechen soll. „Ich teile ihnen mit, was ich erfahren habe, und sie suchen zwei neue

Phil Roberts und Foxy; Foto von Virginia Thorndike

Katzen für mich aus. Ich brauche nur die Namen, Rasse, Geschlecht, ob sie kastriert wurden und die Farbe. Das reicht in der Regel aus."

„Ich stelle mich dem Tier vor. Dann sage ich: ‚Ich möchte mit dir reden. Gibt es etwas, das du mir sagen willst? Kann ich dir irgendwie helfen? Ich habe erfahren, daß du sehr scheu bist. Ärgert dich etwas?' Oft frage ich nach der Geschichte des Tieres. Kein Tier sagt jedoch irgend etwas Schlechtes. Selbst wenn sie mißbraucht wurden, äußern sie sich nur selten negativ. Ich treffe niemals auf ärgerliche Tiere."

Nicht alle Animal Communicator, mit denen ich Interviews führte, stimmten dem zu. Manche Tiere – vor allem Zootiere – waren sehr wütend. Natürlich lebten die Katzen, mit denen Phil Roberts kommunizierte, in einer sehr freundlichen Atmosphäre.

An ein Gespräch erinnert sich Phil genau:

Als ich das Tierheim besuchte, fiel mir ein hübscher grauer Kater mit kräftiger Zeichnung und wunderschönen Augen auf. Er wurde zufällig für die nächste Konsultation ausgewählt. Der Kater hieß Boy und war 17 Jahre alt. Sein Besitzer war gestorben und hinterließ ihn dem Heim. Langsam zeigte Boy Alterserscheinungen, aber er fühlte sich wohl und beobachtete, was um ihn herum vorging. Manchmal werden Kätzchen im Heim geboren, und Boy sieht gerne zu, wie sie aufwachsen. Boy sagte, ich könne ihn alles fragen.

Die Katze, mit der ich vorher kommuniziert hatte, hieß Marty und biß gelegentlich. Man hatte ihr die Krallen entfernt, für Katzen eine schreckliche Behandlung. Katzen ohne Krallen neigen zu Bissigkeit. Ich fragte Boy, ob Marty mit dem Beißen aufhören würde. Er antwortete: „Nein, nein, nein, frag mich wichtige Dinge. Frag mich, ob der Schnee schmelzen wird, frag mich über Regenbögen, über Sonnenuntergänge."

Als ich am nächsten Morgen anrief, um zu berichten, erfuhr ich, daß Boy einen Schlaganfall gehabt hatte. Er hatte ihn überstanden und war nun wieder in Ordnung. Tiere wissen, was mit ihnen geschieht, was in ihrem Körper vorgeht, was geschehen wird. Daher wollte Boy über die wesentlichen Dinge reden. Er wollte mir sagen, daß die Welt weiterlebt, daß es Sonnenuntergänge geben wird, gleichgültig ob er alt würde oder einen Schlaganfall erleiden würde. Wir können wunderbare Dinge von Tieren lernen!

Während ich die Episode über Boy niederschrieb, fiel mir eine Begebenheit ein, die ich vor 25 Jahren von Freunden in Lennox (Massachusetts) über eine Katze mit Namen Michael erfahren habe. Mit 21 Jahren war Michael alt, aber noch sehr rüstig, und kam noch prima zurecht. Außerdem war er – sogar für eine Katze – sehr übersinnlich veranlagt.

Michael lebte in der Familie Librizzi, mit der ich gut bekannt war. Joel Librizzi war Fotograf, der häufig für eine lokale Zeitung fotografierte, bei der ich als Redakteur arbeitete. Seine Frau Tara war Professorin für Psychologie und Philosophie an zwei Colleges in Berkshire County, im äußersten Westen von Massachusetts. Sie hatten zwei Kinder, einen Jungen, Marc, und eine Tochter, die wie ihre Mutter Tara hieß. Marc war damals 14. Heute ist er Professor für Englisch an der Universität von Maine. Tara war 13. Heute ist sie Schauspielerin und Sozialarbeiterin. Ihre Mutter ist jüngst von ihrer Professur für Philosophie an der Universität von Maine emeritiert. Ich sollte erwähnen, daß die Mutter sehr übersinnlich veranlagt ist. Sie befaßt sich mit Tarotkarten, hält Vorträge über übersinnliche Phänomene und sieht Geister. Ihre Kinder hatten diese Begabung geerbt. Michael paßte zu dieser Familie. Eines Tages sah ich, daß er intensiv aus dem Fenster starrte. Ich fragte mich, wonach er Ausschau hielt. Tara meinte, es wäre sicher etwas, was wir nicht sehen könnten.

Eines Tages wurde Michael überraschenderweise krank. Die Librizzis brachten ihn zu einem Tierarzt ins 9 km entfernte Stockbridge. Der Tierarzt riet ihnen, Michael über Nacht bei ihm zu lassen. An diesem Abend ging die Familie ins Kino. Als sie nach Hause kamen, warteten sie auf der Veranda, während Tara in ihrer Tasche nach dem Hausschlüssel suchte. Plötzlich sahen sie Michael. Er bog um die Hausecke, sprang auf die Veranda und ging wie gewohnt zur Haustür. Tara öffnete automatisch die Tür, und Michael lief ins Haus. Er lief abends gewöhnlich in die Küche und fraß dort aus seinem Napf.

Die Librizzis waren wir erstarrt. Hatten sie Michael nicht am Nachmittag zum Tierarzt gebracht? Sie liefen ins Haus, doch Michael

war nirgends zu sehen. Sie riefen den Tierarzt an und erfuhren, daß Michael noch immer mürrisch in seinem Käfig saß. Was war geschehen?
Vermutlich hatte sich Michael so sehr nach seiner vertrauten Umgebung gesehnt, daß sein Astralleib nach Hause gekommen war. Als er auf der Veranda ankam, hatte er sich kurzfristig materialisiert, und die Librizzis sahen ihn.
Zugegeben, die Geschichte klingt unglaublich, doch als ich jüngst wieder mit den Librizzis sprach, gaben sie mir genau dieselben Antworten wie damals. Für einen Interviewer sind solche Begebenheiten eindrucksvoll. Ich möchte wiedergeben, was mir Tara über Michael erzählte. Als die Kinder in die Pubertät kamen, sorgten sie sich sehr um Michael. Sie kannten ihn ihr Leben lang und hatten Angst, daß die alte Katze nicht mehr lange leben würde.
„Ich sagte ihnen jedoch“, meinte Tara, „sie bräuchten keine Angst zu haben, Michael würde nicht weggehen.“

Auch Tiere sind nicht immun gegen beunruhigende Emotionen, denen wir Menschen ausgesetzt sind, z.B. sexuelle Diskriminierung. Betty Lewis aus Amherst (New Hampshire) erzählte mir eine verblüffende Geschichte über eine weibliche Dogge, die akut unter sexueller Diskriminierung litt. Die Geschichte ist weniger kosmisch als jene von Boy, dem tiefsinnigen Kätzchen von Phil Roberts, oder von der astralen Sechs-Meilen-Reise von Michael. Für die Dogge war es jedoch ein echter Schock. Als Betty mir die Geschichte erzählte, nannte sie den Hund eine Schlampe. Der Ausdruck erschreckte mich. Es schien mir nicht sehr höflich zu sein, diese offensichtlich unglückliche, friedliche Hündin so zu diskriminieren. Aber vielleicht reden Hundeliebhaber so.
Hier kommt die Geschichte von Betty, der Doggenzüchterin:

Vermutlich bin ich nun in der Welt der Doggenzüchter geadelt. Ich weiß nicht, ob sich Hundeliebhaber schwerer von der Kommunikation mit

Tieren überzeugen lassen, aber es ist nicht einfach, von ihnen akzeptiert zu werden. Daher war ich sehr überrascht, als mich eine professionelle Hundeführerin besuchte und mir von einer Klientin mit einer weiblichen Dogge erzählte. Nach ihrer Einschätzung hätte der Hund alle Chancen gehabt, in demselben Jahr einen Preis zu gewinnen. Doch plötzlich machte die Hündin keine Fortschritte mehr im Training, und ohne ihre Kooperation waren alle Chancen auf einen Gewinn vertan. Ich sollte mit der Dogge reden und ihr Problem herausfinden. Ihre Antwort war, „weil ich ein Mädchen bin".

Zuerst verstand ich nicht, was sie meinte. Von einer Freundin erfuhr ich dann, daß die Hundebesitzerin ihre Rüden viel höher schätzte als die Hündinnen. Daher fühlte sich das Tier den Hunden unterlegen und glaubte, daß man sich nach dem Wettbewerb nicht mehr um sie kümmern würde. Außerdem gefiel ihr nicht, wie sich die Wettbewerbe verändert hatten. Während man früher einfach nur eine schöne Zeit gehabt hatte, ging es den Besitzern und Hundeführern jetzt nur noch um den Sieg. Der Hündin war die intensive Vorbereitung aufgefallen. Siegen zu müssen machte ihr keinen Spaß mehr, außerdem hatte sie Angst, im Wettbewerb zu versagen.

Also redete ich mit der Besitzerin und bat sie aufzuschreiben, warum sie in diesen Hund Geld investieren wollte. Damit würde der Wert des Hundes in ihren Augen steigen. Außerdem versprach sie mir, daß die Hündin nach dem diesjährigen Wettbewerb Junge bekommen dürfe. Auch dies hatte sich die Hündin gewünscht.

Mein Gespräch mit der Hündin fand an einem Samstag statt, und am Sonntag im Wettbewerb war sie wie verwandelt. Sie wurde die beste Dogge des Landes in dem Jahr – als erster schwarzer und weiblicher Hund überhaupt. Und sie bekam ihre Jungen.

Es sieht so aus, als müßten Tiere mit genauso vielen Rückschlägen wie Menschen fertig werden. Auch ihre Sorgen scheinen den unseren recht ähnlich zu sein. Ein guter Beleg dafür ist die Psychotherapie, die Nedda Wittels bei einem Dobermann durchführte.

„Die Dame kam zu mir", meinte Nedda, „weil sie ein Problem mit Shadow, einem Dobermann, hatte. Der Hund war sehr scheu. In der Tat schien er sich sogar vor seinem eigenen Schatten zu fürchten."
Nedda redete etwa eine Stunde lang telepathisch mit ihm. „Aus irgendeinem Grund wollte ich den Hund Thunder nennen. Also holte ich die Besitzerin ans Telefon und fragte sie: ‚Wer ist Thunder?' Daraus entspann sich ein interessantes Gespräch. Sie hatte ursprünglich einen lebhaften, kräftigen Hund kaufen wollen."
„Es stellte sich jedoch heraus, daß sie keinen solchen Hund gefunden hatte. Statt dessen kaufte sie einen zierlichen, eleganten Hund. Eigentlich wollte sie ihren Hund Thunder nennen, doch der Name paßte nicht, also nannte sie ihn Shadow."
Nedda sagte: „Zu diesem Zeitpunkt schrie mich der Hund geradezu an: ‚Ich will Thunder genannt werden!' Er sagte, er könne mit dem Namen Thunder auch tapfer und stark sein."
„Es wäre wunderbar, wenn ich sagen könnte, daß sich mit dem Namen auch seine Persönlichkeit geändert hatte. Doch obwohl die Kundin ihren Hund von nun an Thunder rief, nannte sie ihn in Gedanken immer noch Shadow. Sie schrieb mir, daß der Hund auch mit seinem neuen Namen weder aggressiver noch stärker geworden sei. Ich antwortete ihr, daß sich eine Persönlichkeit nicht über Nacht ändern könne. Außerdem hatte sie sich nicht verändert. Noch in ihrem Brief hieß es manchmal Shadow, manchmal Thunder."
Und da glaubt man, nur menschliche Beziehungen wären kompliziert! Der arme Hund wußte ganz genau, daß er für sein Frauchen immer noch Shadow war. Tiere lassen sich nicht täuschen. Sie lesen in uns wie in einem Buch.
„Ich glaube", sagte Nedda, „wenn wir uns ein Tier auswählen, liest es in uns. Es ist verblüffend, wie sie alles verstehen. Mit ihnen zu reden, als wären sie Möbelstücke, ist genauso gemein, wie vor Kinder zu sprechen, als wären sie nicht vorhanden."

Meine nächste Geschichte handelt von einem Hund namens Jessie, auch Cookie Butt genannt, der bibliophob war. Ich glaube, diese Wortschöpfung stammt von mir selbst, ich verwende sie als bewußten Gegensatz zu bibliophil, also bücherliebend. Cookie Butt – oder Jessie – haßte Bücher. Gewöhnlich riß sie herumliegende Bücher und Papiere in Fetzen.

Jessie gehörte Celeste Bowman in Katy (Texas). Sie kam als Sechsjährige zu Celeste, und ihr Leben veränderte sich eindeutig zum Besseren. Ihr vorheriger Besitzer hatte Jessie geschlagen, sie am Kopf mit einer Bierflasche verletzt und bei seinem Umzug verlassen. Sie saß wartend mehrere Tage vor seinem Haus. Dann zog sie umher, suchte nach Futter und fand schließlich bei Celeste ein neues Zuhause. Ein Happyend? Eigentlich schon, also warum zerriß Jessie Celestes Bücher, wenn sie aus dem Haus war? Celeste befragte Griffin Kanter, die bekannte Animal Communicator aus Houston. Griffin unterhielt sich ein paar Mal mit Jessie.

„Manchmal warten verlassene Tiere ab, bis sie wieder in einer sicheren Umgebung sind, und lassen dann ihren ganzen Zorn heraus“, erzählte mir Griffin. „Sie sind immer noch wütend.“

Jessie wurde sehr abhängig von Celeste, und wenn Celeste das Haus verließ, litt sie unter fürchterlicher Trennungsangst.

„Sie war zornig“, sagte Celeste. „Wenn ich zu Hause war, saß ich zwischen Büchern und Papieren an meinem Schreibtisch. Sie hatte das Gefühl, ich würde sie ignorieren. Daher regte sie sich auf, wenn sie tagsüber allein war. Es ist ganz natürlich, daß sie ihre Wut an Büchern und Papieren ausließ. Sie waren in ihren Augen der Grund für die Trennung.“

Celeste nahm an einem Workshop von Griffin teil und lernte zu kommunizieren. Griffin übte zusammen mit Celeste und Jessie und näherte sich Jessies Problem mit Methoden der Psychotherapie.

„Wir redeten mit dem Hund in Jessie, der den Menschen gefallen wollte, aber ständig Angst hatte, verlassen zu werden“, sagte Griffin. „Dann wandten wir uns an den Killer in ihr, der jedem an die Kehle wollte. Wir banden diese negative Energie an eine imaginäre

Leine und führten sie aus. Dann redete Celeste mit ihr über ihre eigenen Trennungsängste als Kind und wie sie selbst mit dieser Wut fertig geworden war. Es half Jessie, als sie hörte, daß sie nicht die einzige war, und Celeste war bereit, mit ihr zu arbeiten."

Heute, acht Jahre später, ist Jessie ein glücklicher Hund. Sie und Celeste kommunizieren regelmäßig.

Der Hellseherin Nancy Regalmuto verdanke ich einige außerordentliche Hinweise auf mystische Erlebnisse. Sie ist die wahrscheinlich führende Persönlichkeit unter den Pferdekommunikatoren, redet aber auch mit anderen Tieren. Die folgende Geschichte – über ein Schoßhündchen, das unbedingt an außergewöhnlichen Orten urinieren wollte – ist im Vergleich zu ihren sonstigen Erfahrungen etwas peinlich, aber sie beweist Nancys Einfühlungsvermögen und ihre Genialität. Nancy erzählte:

Er war ein kleiner Terrier in einem großen Haus in Port Jefferson, direkt am Wasser. Er war etwa acht und genauso lange hatten Tiertrainer mit ihm an seinem Problem gearbeitet: Er urinierte überall im Haus. Niemals setzte er einen Hundehaufen, er urinierte nur. Meist hielten ihn die Trainer für verrückt. Also entschied man sich schließlich für einen Irrenarzt – für mich.

Als ich mit ihm zu reden begann, wurde mir klar, warum ihn alle für verrückt hielten. Er war nicht gerade ein typisches, in sich ruhendes Tier. Man hatte alles versucht: seine Nase in den Urin gestoßen oder ihm einen Klaps gegeben. Oder er kam in ein großes Gatter, wenn die Familie ausging. Die Schwierigkeit bestand darin, daß er all dies nicht verstand. Er sah darin keine Bestrafung, sondern hielt das Gatter für sein Heim.

Der Hund erzählte mir, daß er vom Saubermachen fasziniert war. Ich sagte dies der Frau und bekam zur Antwort: „Das stimmt, wenn ich putze, folgt er mir überallhin."

Der Hund hielt den Fußboden für seine Domäne, vielleicht weil er ihm so nahe war. Er fühlte sich dafür verantwortlich und glaubte, ihn säubern zu müssen. Ähnlich wie der Staubsauger, den er anbellte. Das gleiche galt für den Garten ums Haus, er konnte sich über den Rasenmäher und den Rechen aufregen.

Er verhielt sich wie Menschen mit einem Putzfimmel. Er sah, wie seine Besitzerin flüssigen Reiniger auf den Boden sprühte und ihn dann aufwischte. Das Putzmittel kam aus einem Behälter, und er sah seinen Urin, der aus ihm kam. Wenn die Frau seinen Urin wegwischte, erschien ihm das genauso, als würde sie Putzmittel aufwischen – der Hund erkannte den Unterschied nicht. Er dachte, er hätte das Putzmittel in sich, und glaubte, ihr einen Gefallen zu tun. Er war stolz, beim Putzen zu helfen, und brachte dies nicht mit der Bestrafung in Zusammenhang.

Also sprühte ich etwas Reinigungsflüssigkeit auf den Boden, direkt neben seinen Urin. Dann mußte er beides riechen. Er war verwirrt. Ich fragte mich, was wohl in ihm vorging. Seit Jahren hatte er sich so verhalten und fest geglaubt, der Familie damit einen Gefallen zu tun. Ich wollte weder seinen Stolz noch sein natürliches Verlangen zu helfen verletzen. Ich teilte ihm mit, nicht er, sondern sein Urin sei das Problem. Er würde unsere Nasen beleidigen. Ich sandte ihm ein Bild, wie ich Atemnot bekam, und ein anderes, wie sein Frauchen wütend den Urin wegwischte. Ich versuchte, ihm die negativen Schwingungen zu senden, wie sie auf die Knie ging, den Boden wischte und dabei atmete und sich ärgerte. Die Schwingungen ändern sich, je nachdem, ob man wütend oder glücklich ist. Ich sandte ihm ihre emotionale Energie. Der Hund spürte die Spannung, die ich mitteilte. Er sah sein Frauchen keuchend auf den Knien.

Dann ließ ich ihn wissen, daß sie ihn liebte. Ich sandte ihm ein Bild, wie sie ihn hielt und liebende Schwingungen aussandte. Gleichzeitig zeigte ich ihm ihr Bild, wie sie auf dem Boden kniete und zornig den Urin wegwischte. Dazu sagte ich ihm verbal: „Sie mag das nicht." Dann stellte ich ihm eine andere Szene vor. Er wollte urinieren, ging zur Hintertür und wurde von der Frau herausgelassen. Er ging zum Baum, hob das Bein, erleichterte sich und schnupperte den Urin am Boden. Dann ging er zurück ins Haus und wurde von der Frau voller Liebe empfangen.

Ich sagte: „Wir wissen alle, daß du uns helfen willst." Ich zeigte ihm, wie man ein Papier vom Boden nimmt und in den Mülleimer wirft; wie man Schuhe hochnimmt und in einen Schrank stellt, und anderes mehr. Ich

zeigte ihm andere Wege auf, wie er helfen konnte. Ich sandte ihm Bilder und Sprache – allerdings redete ich niemals laut mit ihm.
Dieser Hund wurde von Liebe angetrieben. Liebe und Hilfe waren seine Motivation, und das benutzte ich. Auf Fressen hätte er nicht reagiert. Es gab eine Katze im Haus, aber er war weder eifersüchtig noch willens, mit ihr zu wetteifern; auch dies hätte nicht funktioniert. Was dieser kleine Hund wollte, waren Anerkennung und Zuspruch. Allerdings wandte er die falschen Methoden an.

„Wir lernen von den Tieren", erzählte mir Nancy. „Viele Menschen finden leichter den Kontakt zu einem Tier als zu anderen Menschen. Das ist nicht beunruhigend. Wenn man mit Menschen spricht, die ihren Tieren sehr nahe stehen, hört man Aussagen wie: ‚Wäre mein Hund ein Mann, würde ich ihn heiraten.' Oft stellt sich heraus, daß sie in ihrer Kindheit von den Menschen enttäuscht wurden. Vielleicht hat man sie mißhandelt. Oder es gab physische oder emotionale Probleme, die nicht erkannt wurden. Daher fühlen sie sich nur in der Gegenwart von Tieren wohl. In der Tat sind Tiere für viele Menschen so etwas wie Psychiater."
Solche Beziehungen sind nicht immer gut für das Tier. Nancy erzählte mir ein Beispiel:

Man rief mich zu einem Pferd, und das Tier sagte zu mir: „Ich weiß, daß du hier bist, um mit mir zu kommunizieren, aber sie (die junge Besitzerin des Pferdes) braucht viel mehr Hilfe. Sie hat Ärger, nimmt Drogen und hat große Sorgen. Sie hat schon mehrmals versucht, sich umzubringen. Ihre Familie beachtet sie zuwenig."
Dann begann das Pferd, das Mädchen zu beschreiben. So etwas passiert mir häufig. Es endet damit, daß ich nicht nur mit dem Tier, sondern auch mit seinem Besitzer rede. Manchmal stammt die Information von dem Tier, aber manchmal konzentriere ich mich auf die Beziehung, und dann kommt der Besitzer ins Spiel. Basierend auf seinen Problemen, entwickelt sich eine Dynamik zwischen ihm und dem Tier. Ich muß mit bei-

den kommunizieren und sage: „Wenn Sie möchten, daß Ihr Tier geheilt wird, dann müssen Sie sich selbst heilen und dies oder jenes tun."
Einmal besuchte ich ein sterbendes Pferd. Den Grund dafür konnte niemand finden. Es bestand nur noch aus Haut und Knochen, hatte stumpfes Fell und war deprimiert. Gerufen hatte mich ein Teenager. Sie wurde von ihren Eltern mißhandelt, daher litt das Pferd. Sie kam immer wieder in die Scheune, hier war der einzige Platz, an dem sie sich wohl fühlte. Wenn sie aufgeregt und betroffen war, tauschte sie ihre Energien mit dem Pferd aus. Tiere sind äußerst mitfühlend und nehmen unsere Sorgen auf sich. Das Mädchen übertrug all ihr Elend und ihre Schmerzen auf das Tier. Jedesmal, wenn sie die Scheune verließ, fühlte sie sich besser, während es dem Pferd immer schlechter ging. Das Tier war an einem Punkt angelangt, wo es keinen Schmerz mehr ertrug; es war nun auch physisch erkrankt.
Ich riet dem Mädchen, ihren Schmerz zu verarbeiten, ehe sie zu dem Pferd ging. Da ich wußte, daß sie eine sehr gute Dichterin war, riet ich ihr, sich zuerst zurückzuziehen und Gedichte zu schreiben. Erst wenn sie sicher war, daß sie den häuslichen Ärger verarbeitet hatte, durfte sie zu ihrem Pferd. Der Austausch von Energien zwischen ihr und dem Pferd schadete dem Tier zu sehr. Ich brachte ihr bei, sie selbst zu sein und ihre kreative Energie in konstruktive, positive Bahnen zu lenken. Das Tier war ihr Freund und nicht dazu da, ihre negativen Energien zu absorbieren. Mit einem Freund zu kommunizieren ist eine Sache, ihm alle negative Energie zu übertragen, eine andere.

Donetta Zimmerman aus Cincinnati arbeitet im Personalbüro eines großen Betriebes. In ihrer Freizeit kommuniziert sie mit Tieren. Es ist ihr Hobby, und sie verlangt kein Honorar für ihre Dienste. Sie erzählte mir: „Wenn ich eine bestimmte Summe verlange, um ein Tier zu sehen, hätte ich das Gefühl, nicht versagen zu dürfen. Und gelegentlich gelingt es mir nicht, einen guten Kontakt herzustellen."
Trotz ihrer Bescheidenheit hat Donetta eine exzellente Trefferquote

Donetta Zimmerman

und genießt daher einen guten Ruf. An eine außergewöhnliche Sitzung mit einem Pferd namens Rags erinnert sie sich besonders gut. Es kommt regelmäßig vor, daß die Besitzer eines Tieres Angst davor haben, zu erfahren, was das Tier sagt. Sie fürchten sich, das Tier könnte unglücklich sein oder, schlimmer, sie nicht mögen.

„Dieses Pferd war das bei weitem intelligenteste Tier, mit dem ich jemals geredet habe", erzählte mir Donetta. Es war ein Dressurpferd aus dem Vandalia-Troy-Stall (Ohio). Ich hatte mit vielen Pferden im Stall geredet und mehrere hatten dieses Pferd erwähnt. Sie nannten es das Pferd, das jeder beobachtet. Viele waren eifersüchtig, manche wollten sein wie es, aber alle waren sich einig: Dieses helle Pferd zog stets die Aufmerksamkeit auf sich. Jeder redete mit ihm und über es."

„Ich fragte die Besitzer nach dem Pferd. Sie wollten nicht, daß ich mit ihm rede, weil sie Angst hatten, es wäre unglücklich. Davon mochten sie nichts wissen. Ich bestand aber darauf und redete mit dem Tier. Es war sehr glücklich, und die Menschen freuten sich sehr, das zu hören."

Ich fragte Donetta, warum dieses Pferd so intelligent schien, und sie antwortete mir:

Es verstand, was ich tat. Es konnte wunderbar mit mehreren Menschen kommunizieren. Es sprach über den Trainer, mit dem es gute Gespräche hatte, und einen ehemaligen Reiter, der mental mit ihm in Verbindung trat. Es erzählte mir: „Ich komme gut mit jedem zurecht. Er muß sich nur zurücklehnen und mir die Arbeit überlassen. Dann sind meine Wettkämpfe wunderbar. Ich bin am besten, wenn man mich in Ruhe läßt." Dann führte es mir seine Gangarten auf einer Weide vor.
Der Trainer sagte: „Genau das tut er immer. Wenn wir ihn zum Ausruhen und Grasen auf die Weide lassen, übt er ganz allein seine Gangarten und Schritte."
Sie hielten das Pferd für hysterisch oder lachten es aus. Und das nur, weil es dachte, es könne am besten trainieren, wenn es allein war und für sich allein übte. Es war wie ein menschlicher Sportler, der abends wieder und wieder über die Bahn läuft.

Diana Thompson ist eine bekannte Pferdetrainerin aus Santa Rosa (Kalifornien). Vor einigen Jahren arbeitete sie an der Rehabilitation eines demoralisierten und physisch kranken Rennpferdes. Sie wandte sich an Penelope Smith, die wohl bekannteste Animal Communicator, allerdings mit merklichen Ressentiments. Diana drückte es so aus: „Ich hielt das alles für heiße Luft, aber warum sollte ich es nicht versuchen. Das Pferd hatte noch immer große Probleme und war emotional am Ende."
Innerhalb eines Telefongespräches überzeugte Penelope die erfahrene und nüchterne Trainerin davon, daß Telepathie und andere Formen der Tierkommunikation keine heiße Luft seien. Diana hat sich dies zu Herzen genommen, in ihrer eigenen Arbeit berücksichtigt und ihr Wissen an andere weitergegeben. Eine davon ist Stacy Winter.

Stacy lehrt an einer Schule in Moorpark, etwa 40 Meilen nördlich von Los Angeles. Sie ist aktive Dressurreiterin. Hier kommt die Geschichte von ihr und ihrem Pferd Major Henry.

Mein außergewöhnliches Erlebnis mit Diana Thompson hat mich völlig verändert, seither gehe ich ganz anders mit Tieren um. Diana gibt Dingen, an denen wir zweifeln, einen Sinn. Vielleicht halten wir es nur für Koinzidenz oder Einbildung. Ich weiß jetzt, es ist Kommunikation. Wenn man erfährt, daß man für diese Art der Kommunikation empfänglich ist, öffnet sich eine ganz neue Welt.
Ich fuhr auf eine Ranch, wo man Pferde und Ochsen für den Schlachthof verkaufte. Eigentlich ging es um ein bestimmtes Pferd, aber ich mußte zum Wagen zurückgehen, weil mich der Anblick der verzweifelt nach ihren Besitzern schauenden Pferden überwältigte. Sie suchten nach einem bekannten Gesicht, nach jemandem, der sie aus diesen fürchterlichen, bedrückenden Schlachthofpferchen befreien könnte.
Viele dieser Pferde trugen noch den Haarschnitt für Shows; es waren Familienpferde, wunderschöne Tiere. Aber es gab auch andere, elendere Exemplare, manche waren krank oder lahmten. Alle diese Pferde waren für den Schlachthof bestimmt. Insgesamt standen hier etwa 180 Tiere.
Eines hob den Kopf und ging durch den Pferch auf mich zu, als würde es mich kennen. Ich wußte, dieses Pferd würde ich mit mir nehmen. Es war ein zwölf Jahre alter Hengst, kam aus Kentucky und hatte einen berühmten Vater, Verbatim. Sein Name war Major Henry. Er sollte Rennen laufen, hatte dann aber einen Unfall. Anschließend kam er als Zuchtpferd zu einem Mann nach Kalifornien. Dort blieb er sieben Jahre. Ich versuchte mir vorzustellen, warum dieses wundervolle Tier hier in diesem nüchternen Schachthofpferch enden mußte.
Ich schaute mir seine Papiere an, doch er schien in bester Verfassung zu sein. Ich kaufte ihn, konnte ihn aber an jenem Tag nicht gleich mitnehmen. Als ich drei Tage später zurückkam, erkannte ich ihn nicht wieder. In der kurzen Zeit hatte er über 50 kg verloren. Er sah aus, als sei sein Wille gebrochen, als hätte er jegliches Selbstvertrauen verloren. Er sah leblos aus. Wir holten ihn aus dem Pferch und luden ihn auf den Anhänger.

Ich fragte mich, ob ich nicht einen großen Fehler gemacht hätte. Das Pferd war zwölf Jahre alt und seit acht Jahren nicht mehr geritten worden. Und ich hatte vor, es als Dressurpferd auszubilden, eine technisch sehr anspruchsvolle Reitart. Alles schien gegen mich zu sein, außer meiner Intuition. Ich wußte, ich wollte dieses Pferd. Warum, das war mir noch nicht klar, aber ich mußte es aus dieser Umgebung befreien.

Drei Monate lang versuchte das Pferd alles, was in seiner Macht stand, um mich zu töten. Es war wütend, verbittert, fürchtete sich, war desorientiert. Stets sah es aus, als suche es nach jemandem, aber immer über meiner Schulter, hinter mir.

Ich war stundenlang mit ihm zusammen, denn ich wollte die harte Schale durchbrechen, die es aufgebaut hatte. Das Pferd wollte nichts von mir wissen. Allerdings hatte ich nie Angst, wenn ich bei ihm war. Jeder warnte mich vor dem „Killerpferd", ich solle es besser zurückgeben.

Ich wandte mich an eine neue Trainerin, die sich Pferden auf eine ganz andere Art näherte, von der Homöopathie bis zur Chiropraxis. Sie war eine New-Age-Trainerin. Von ihr erfuhr ich von Diana Thompson und ihrer Methode, Pferden durch Handauflegen zu helfen. So etwas war mir noch nie begegnet. Ich glaubte, alles über Pferde zu wissen. Schließlich arbeitete ich seit 25 Jahren mit ihnen. Es erschien mir nutzlos, mich mit diesem neumodischen Zeug zu befassen. Noch war mir nicht klar, wie sehr es mein Leben verändern würde.

Ich besuchte die Sprechstunde einer Pferdeklinik, in der Diana ihre Heilmethode vorstellte.

Mir wurde rasch klar, daß sie mich ermutigen wollte, das Leben von ängstlichen oder traumatisierten Pferden und Tieren zu retten.

Während der ganzen Vorstellung wußte ich, daß Diana mit den Tieren kommunizieren konnte. Das gehörte nicht zu der Sprechstunde, wurde auch nicht von ihr erwartet. Dennoch bemerkte ich, daß sie Bilder oder eine andere Art von Information von den Pferden erhielt. So konnte sie sich ganz gezielt und individuell mit jedem Tier befassen. Offenbar machte sie dies mit jedem Pferd. Sie konnte auf bestimmte Erfahrungen des Tieres zurückgreifen, die sich auf sein Verhalten ausgewirkt hatten. Häufig bestätigten die Besitzer Dianas Diagnosen. Es war unheimlich und fast gespenstisch für mich.

Dann wandte sie sich Major Henry zu. Sie drehte sich zu ihrem Assistenten, dem Tierarzt Adrian Moore um, und die beiden schauten sich an. Diana sagte mir, daß sie mit diesem Pferd noch nicht arbeiten könne, es brauche noch einige Zeit für sich selbst. Ich legte ihm die Decke über und führte ihn hinaus. Zwei Stunden später ging Diana in seinen Stall. Major Henry war sehr aufgeregt. Ich fragte mich, was sie vorhatte. Immerhin war sie dem Pferd eben erst begegnet. Diana fragte ihren Assistenten, ob er dasselbe gehört habe, und Adrian antwortete ja. Dann drehte sich Diana zu mir um und fragte: „Wer ist Bill?"

Ich war verblüfft. Bill war der Name des vorigen Besitzers. Er hieß Bill Elrod und war gestorben. Er und Major Henry hatten eine tiefe, liebende Beziehung aufgebaut. Major war der Stolz und die Freude dieses Mannes gewesen. In Bills Gegenwart kam sich Major sehr wichtig, wertvoll und prächtig vor.

Nach Bills Tod hatte ihn die Ehefrau an eine Nachbarin weitergegeben. Von ihr bekam Major Henry acht Monate lang nichts als Heu vorgeworfen: Keine Ausritte, keine Bewegung, niemand hatte sich um ihn gekümmert. Er war aus seiner alten, vertrauten Beziehung gelöst worden und verstand nicht, wo Bill geblieben war. Als die Nachbarin Major nicht länger in ihrem Stall lassen wollte, entschied sich Bills Frau für den Verkauf. Die Nachbarin hatte ihn nichtsahnend auf eine Auktion mitgenommen, um ihn an einen guten, neuen Besitzer weiterzugeben, doch er wurde für den Schlachthof ersteigert.

Nachdem ich Diana erklärt hatte, wer Bill war, drehte sie sich zu Major um und machte ihm klar, daß Bill tot war. Das Pferd war merklich erregt. Diana sagte ihm, daß Bill nie wieder zurückkommen würde. Aber sie sandte ihm Bilder von Bill als seinem Schutzengel zu, denn er hatte mich zu Major geleitet. Mir schien diese Erklärung sinnvoll zu sein, immerhin hatte ich das Pferd spontan gekauft, ohne meine Interessen als Pferdehalterin zu berücksichtigen.

Nachdem Diana all dies erklärt hatte, seufzte Major tief. Er sank in sich zusammen und ging zurück in den Stall. Er hatte Tränen in den Augen, sehr ungewöhnlich für ein Pferd. Zum ersten Mal leckte er meine Hand und akzeptierte mich.

Ich habe zu diesem Pferd eine so tiefe und verständige Beziehung auf-

gebaut wie niemals zuvor. Und das nicht nur zu diesem Pferd, sondern zu Tieren grundsätzlich.
Wahrscheinlich konnte ich schon immer bis zu einem gewissen Grad mit Tieren kommunizieren, aber ich hatte sie nie verstanden. Jetzt verstehe ich sie. Ich rede durch Bilder mit den Tieren. Das kann ich auch aus weiter Entfernung. Es kommt aus der Stille. Ohne Diana hätte ich das Puzzle niemals zusammengesetzt. Sie hat mein Leben verändert.

Animal Communicator helfen Tieren

Streng juristisch ist das Heilen von Tieren in den USA ein riskantes Unternehmen – wenn man kein ausgebildeter und zugelassener Tierarzt ist. Viele Animal Communicator sind in der Tat daran gescheitert. Viele Tierärzte bewundern jedoch die Animal Communicator. Sie suchen oder akzeptieren ihre Hilfe. Es gibt allerdings auch viele engstirnige Tierärzte oder solche, die sich vor Konkurrenz bei der Behandlung fürchten, die ihren Status oder die Einnahmen bedroht sehen. Wir werden später in diesem Kapitel von einem außerordentlich kenntnisreichen Tierarzt hören, der über beide Seiten berichten kann.

Zunächst möchte ich aber erläutern, warum ich an die psychische Heilung von Krankheiten glaube. Ich habe mich mehrere Jahre lang mit einem außergewöhnlichen Heiler befaßt. Ich habe Artikel über ihn geschrieben und seiner frühen Kindheit in dem Buch *Kids do amazing Things* ein Kapitel gewidmet. Sein Name war Sam Lentine.

Sam war aber nicht nur übersinnlich, sondern auch ein Wissenschaftler mit einem Doktortitel in Biophysik. Als ich ihn kennenlernte, lehrte er Physik am Rensselaer Polytechnic Institute in Troy (New York). Er war blind. Seine Augen hatte er als Folge einer Krebserkrankung im Alter von einem Jahr verloren. Schließlich starb er mit 48 Jahren an einem Gehirntumor. Dazwischen hatte er ein erfülltes, reiches Leben geführt. Schon in der Schule war er Ringer und Judoka. Er hatte eine preisgekrönte Jazzband geleitet und war ein begnadeter Redner. Als Erwachsener gründete er die United States Psychotronics Association, eine nationale Organisation, deren Ziel es ist, Physiker, Chemiker und Übersinnliche zusammenzubringen. Sam vereinte alle drei Fähigkeiten in sich, er war so etwas wie eine Ein-Mann-Verbindung zum 21. Jahrhundert.

Schon als Kind war sich Sam seiner übersinnlichen Fähigkeiten bewußt, und als junger Mann arbeitete er daran, seine diagnostischen und heilenden Fähigkeiten zu vervollkommnen. Wie viele andere Animal Communicator konnte er in Körper sehen. Er wollte Diagnosen stellen und heilen. Also begann er, mit Ärzten zusammenzuarbeiten, und lernte Anatomie und Physiologie. Als Mensch, der seiner Zeit weit voraus war, bekam er schon bald Schwierigkeiten. Seine unorthodoxen Fähigkeiten hemmten seine akademische Karriere. Sam gab die Lehre am College auf und arbeitete mit Ärzten und Forschungslabors zusammen.

Als ich 1983 meinen ersten Artikel über Sam schrieb, hatte ich mehrere Ärzte befragt, die mit ihm zusammengearbeitet hatten. Einer von ihnen, Dr. Thomas Couch aus Albany (New York), sagte unter anderem: „Ich habe in über einem Dutzend Fällen mit Sam zusammengearbeitet. Es ging dabei um wirklich gefährliche Situationen, und seine Diagnosen waren erstaunlich präzise. Mehrmals handelte es sich um bevorstehende Durchbrüche, die erfolgreich operiert werden konnten."

Ich habe auch mehrere Personen befragt, die von Sam geheilt worden waren. Eine davon war eine Frau, Achsa Meager aus Dilltown (Pennsylvania). Sam hatte zwar viele Fälle telepathisch aus der Entfernung behandelt, aber in diesem Fall hatte ihn Achsa zu Hause in Troy besucht. Sie erzählte mir:

Als ich Sam zu Hause besuchte, konnte ich den Schmerz im unteren Rückenbereich kaum aushalten. Mein Sohn mußte mir ins Haus helfen. Als ich wieder herauskam, war der Schmerz vollständig verschwunden und ist seither nicht mehr aufgetaucht. Ich war lange in ärztlicher Behandlung gewesen, hatte Spezialisten konsultiert, es wurde aber nicht besser. 1960 hatte man mich am Rücken operiert, und die lange, gerade Operationsnarbe war schief zusammengewachsen. Als der Schmerz begann, konnte ich mein rechtes Bein nicht mehr gerade ausstrecken. Der Spezialist konnte mir nicht helfen und machte mir auch keine Hoffnung.

Sam erzählte mir folgendes über den Fall:

Es gab ein Problem mit den Bandscheiben. Offenbar begannen sie stark zu degenerieren. Ich kann Menschen, mit denen ich arbeite, keine Erfolgsgarantie geben. Wenn ich sie treffe, weiß ich noch nicht, was geschehen wird. Bei Achsa spürte ich jedoch sofort, daß ich helfen konnte. Mir war nicht klar, was geschehen war, es passierte einfach. Ich fühlte ihre Aufnahmebereitschaft und die gute Reaktion. Vielleicht konnte ich die Entzündung reduzieren und die Regeneration der Bandscheiben einleiten. Es ist ein Heilungsprozeß, bei dem ich wie ein Vermittler fungiere und meine heilende Energie auf den Patienten übertrage.

Ich könnte zahlreiche Beispiele für Sams erfolgreiche Heilungen anführen: Er hat die Venenentzündung einer Frau an einem Nachmittag geheilt; einen Jungen befreite er von stechendem Kopfschmerz, indem er eine Erweiterung der Schlagader diagnostizierte; bei einer Krankenschwester aus Virginia, die seit Jahren an einem inoperablen Gehirntumor litt, konnten er und seine Gruppe durch Fernheilung den Tumor innerhalb von Stunden zum Abklingen bringen. Ich habe mit allen Patientinnen und der Mutter des Jungen, mit Patienten, Ärzten und Zeugen geredet. Sam unterrichtete auch Diagnose und Heilung, und seine Gruppen konnten viele Erfolge aufweisen. In seiner Kerngruppe habe ich gelegentlich mitgearbeitet, ohne daß ich ähnliche Fähigkeiten ausbilden konnte.

Mir fiel auf, daß Sam sich auf seiner Visitenkarte als Diagnostiker, nicht als Heiler bezeichnete. Warum, ist leicht zu verstehen. Bei der Recherche für dieses Buch habe ich mit Anita Curtis, einer Animal Communicator aus Gilbertsville (Pennsylvania), geredet. Als ich ihr von Sams Karte erzählte, meinte sie: „Kein Wunder, sonst geht dir die amerikanische Ärztevereinigung an die Kehle." Bei ihrer Arbeit geht Anita kein Risiko ein. Sie beschränkt sich auf Tiere, obwohl sie ihren Mann von einer krankhaften Gefäßerweiterung geheilt hat. Bei ihrer professionellen Arbeit spielt sie diesen Erfolg jedoch herunter.

„Ich beschäftige mich noch nicht einmal mit Anatomie", sagte sie mir. „Ich kenne weder die Namen der Muskeln noch der Knochen oder Wirbel. Ich sage dem Betreffenden: ‚Lege deine Hand auf die Schulter des Tieres, bewege sie ein paar Zentimeter abwärts; dort hat dein Pferd Schmerzen.' Namen interessieren mich nicht. Sobald ich etwas spüre, verweise ich meine Kunden auf den Tierarzt. Er ist für die medizinischen Dinge zuständig. Außerdem empfehle ich bestimmte, gute Tierärzte, die sich nach meinen Diagnosen richten."

Anita gehört zum vorsichtigen Flügel der Bruderschaft der Animal Communicator – oder sollte ich sagen, Schwesternschaft, da die meisten Animal Communicator Frauen sind? Kate Reilly aus Shelby (North Carolina), eine der führenden Animal Communicator der USA, repräsentiert das andere Ende des Spektrums: Laß alles laufen, laß die Würfel rollen, wie sie fallen. Als sie mit ihrer Arbeit begann, so erzählte sie mir, wurde sie von erfahrenen Animal Communicator vor Diagnosen gewarnt. „Meine Einstellung ist jedoch anders. Ich verstehe mich als Anwalt der Tiere, und wenn ich ihnen nicht helfe ..."

Kate ist der Traum jedes Journalisten. Sie hält mit ihrer Meinung nicht zurück und redet so, wie ihr der Schnabel gewachsen ist. Hier kommt ihre Geschichte:

Ich habe mein ganzes Leben lang als Heiler verbracht. Ich konnte schon immer in den Körper eines Menschen sehen, fühlen, was er fühlt, und ihm seine körperlichen Probleme deutlich machen. Mein Hintergrund ist Gesundheit und körperliche Erziehung, daher muß ich mich in Anatomie und Physiologie auskennen. Nach meinem Collegeabschluß habe ich eine Zeitlang Gesundheits- und Körpererziehung unterrichtet. Hauptsächlich befaßte ich mich jedoch mit dem Training von Rennpferden, einer Arbeit, die ich 20 Jahre lang gemacht habe. Mir wurde klar, daß es mehr gab, als wir Menschen glauben; daß ich es mit intelligenten Lebewesen zu tun hatte, die sich deutlich von anderen unterschieden. Als ich von Penelope Smith erfuhr, war ich sehr interessiert, denn mir war der Wert ihrer Arbeit bewußt. Ich nahm an ihren genau wie an Workshops von Jeri Ryan teil.

Schon als Kind konnte ich Schwellungen abklingen lassen und die Temperatur senken: Nichts Weltbewegendes, nur kleine Dinge. Ich dachte, jeder könne das. Als mir klar wurde, daß dem nicht so ist, war ich zunächst betroffen. Als ich eigene Kinder hatte, wandte ich meine Fähigkeiten bei ihnen an und bei Pferden, die ich trainierte. Erst als die Kinder aus dem Haus waren, betrieb ich die Tierkommunikation auch öffentlich. Ich wollte vermeiden, daß meine Kinder als verschroben angesehen wurden.

Später intensivierte ich meine Fähigkeiten. So arbeitete ich beispielsweise mit einem Pferd und konnte seinem Besitzer mitteilen, daß die Wirbel verschoben waren. Ich wußte, welche es waren und wie sie lagen. Das Pferd hatte wirklich einen schlimmen Rücken. Sein Besitzer brachte es in eine berühmte Tierarztpraxis, wo es geröntgt und meine Diagnose bestätigt wurde. In der Folge griffen die Tierärzte häufiger auf mich zurück. Das gleiche passierte bei einer anderen bekannten Tierarztpraxis. All dies sind konkrete Beweise für meine Arbeit. Es geht um mehr als um simple emotionale Fragen wie: „Ist mein Pferd glücklich, oder mag es seine Umgebung?"

Und dennoch, wenn man Tierärzte fragt, werden sie sagen, daß die ganze Tierkommunikation ein Schwindel ist. Sie ist einfach völlig anders als alles, was sie tun. Immerhin gibt es zahlreiche Menschen, die im privaten Gespräch zugeben, meine Arbeit anzuerkennen. Der Chef der zweiten Tierarztpraxis hat sich mehrmals mit mir am Telefon beraten. Zugeben würde er das jedoch nie. Und dann geben sie Interviews in Zeitschriften, in denen sie behaupten, die Tierkommunikation sei ein Scherz.

Ich möchte hier etwas einfügen. Sie sagen, es gäbe keine Übereinstimmung – vielleicht haben Sie Recht, wer weiß? Als ich den letzten Absatz schrieb, wollte ich etwas essen. Ich nahm ein Buch zur Hand, in dem ich gerade las, *Channeling* von Jon Klimo, und öffnete es. Folgende Worte sprangen mir ins Auge:

In seinem jüngsten Buch, Deviant Science: The Case of Parapsychology, *behandelt Professor James McClenon von der University of Pennsylvania die Schwierigkeiten unseres Kulturkreises, anomale bzw. paranormale Verhaltensweisen mit „geringem ontologischen Wert" zu akzeptieren. Phänomene dieser Art werden als weniger real eingeschätzt als das, was uns als tägliche Realität begegnet. McClenon definiert als abweichende Verhaltensweisen „Taten, Eigenschaften und Glaubensrichtungen, die mit sozialen Sanktionen belegt werden". Wer diesen Phänomenen gegenüber offen ist, wird durch sozialen Druck gezwungen, sich den geltenden sozialen und Glaubensstrukturen anzupassen. Wissenschaftler, die paranormale Phänomene nicht grundsätzlich ablehnen, bekommen Schwierigkeiten, weil sie – so McClenon – „an Dinge glauben, die den geltenden Konsens der Naturwissenschaften in Frage stellen."*

Ich muß gestehen, daß dies klassisch akademisch formuliert ist. So düster diese Bemerkungen jedoch klingen, sie sind symptomatisch. Im Klartext meint McClenon, daß viele Menschen – vor allem hochgebildete und erfahrene – sich mit Händen und Füßen dagegen wehren, an Dinge zu glauben, denen sie während ihrer hart erarbeiteten Ausbildung nicht begegnet sind. So werden zum Beispiel Fähigkeiten wie die Tierkommunikation an klassischen medizinischen Fakultäten nicht gelehrt. Traditionell erworbenes Wissen und Praktiken bedeuten immer auch ein hohes Prestige und gutes Einkommen. Wer sie in Frage stellt, gerät sowohl in objektive wie subjektive Schwierigkeiten.
Zurück zu den Erfahrungen von Kate Reilly. Sie erzählte mir:

Einmal wurde ich von einer Frau konsultiert, deren Vollblutstute von Zeit zu Zeit die Kontrolle über ihre Muskeln verlor. Das Pferd fiel ständig hin. Da die Besitzerin bereits mehrere Tierärzte konsultiert hatte, war ich ihre letzte Hoffnung. Während der letzten Behandlung durch eine bekannte Tierarztpraxis hatte man das Pferd ausgiebig untersucht. Man wollte es sogar geschenkt haben, um es gründlich zu studieren und dann zu obduzieren.

Als ich mit der Stute redete, verstand sie überhaupt nicht, worum es ging. Sie fühlte sich völlig gesund. Dann erzählte sie mir, daß sie während eines Sprungs gestürzt und auf den Rücken gefallen war. Sie hatte das Gefühl, ihr Rücken sei nicht in Ordnung, und sie hätte kein Gefühl mehr in den Vorderbeinen. Weil sie ihre Beine nicht spürte, stolperte sie gelegentlich und kam zu Fall. Ich untersuchte ihren Körper und fand in der Tat verschobene Rückenwirbel. Also schlug ich der Besitzerin vor, einen Chiropraktiker und Akupunkturspezialisten aufzusuchen, und zeigte ihr, um welche Wirbel es sich handelte. Das Pferd erholte sich vollständig. Als die Tierärzte die Stute erneut untersuchten, glaubten sie an einen Irrtum. Danach nahm die Stute an Dressurprüfungen teil und wurde zur Zucht verwendet. Sie ist zwar kein brandneues Pferd mehr, fällt aber nicht mehr hin und verliert auch nicht mehr die Muskelkontrolle. Da die Ärzte weder in den Körper des Pferdes schauen noch spüren konnten, was ich spürte, waren sie unfähig, die Beschwerden zu diagnostizieren.

Ich verbringe einen großen Teil meiner Zeit damit, Tierärzte in dieser Fähigkeit zu unterrichten. Am letzten Wochenende nahmen drei Tierärzte an meinem Workshop teil. Als Grund gaben sie an, daß ihre Klienten sagten, „mein Animal Communicator hat gesagt…“ – genau das ist es. Die Tierärzte wollten wissen, wie die genauen Diagnosen zustande kommen. Unter meinen Teilnehmern waren viele Ärzte: Notärzte, Kinderärzte, Orthopäden und andere Mediziner.

Ich erzählte Kate, daß ich immer wieder von Animal Communicator gehört hätte, jeder könne mit Tieren kommunizieren. Dann fragte ich sie, ob die Fähigkeit zu heilen ebenso häufig sei. Sie erwiderte:

Es gibt nicht viele Heiler. Ich glaube aber fest daran, daß jeder Mensch mehr leisten kann, als er glaubt. Dazu gehört zum Beispiel die Übertragung heilender Energien. Auf diese Weise verändert sich die Physis der Tiere oder Menschen. Ist man sich dieser Fähigkeiten nicht bewußt, scheinen sie auch nicht zu existieren. Unter allen Menschen, die an meinen Workshops teilgenommen haben – es waren Hunderte –, gab es nur weni-

Kate Reilly schmust mit einem Freund

ge, die in der Lage waren, sich in einen Körper zu versetzen, dort Störungen aufzufinden und Schlußfolgerungen zu ziehen. Ich glaube, daß sich viele davor fürchten. So ahnt vielleicht ein Tierarzt, daß ein Tier Schmerzen hat, scheut sich jedoch, diesen Schmerz, wenn auch in abgeschwäch-

ter Form, selbst zu erfahren. Genau das geschieht jedoch. Daher sehen sie nur von außen in einen Körper, versetzen sich aber nicht hinein.
Ich möchte noch etwas Allgemeines bemerken: Menschen reden nur sehr zögerlich darüber. Selbst die Menschen, mit denen ich gearbeitet habe. Es ist wie bei Kindern, die sich verbrannt haben und nun das Feuer fürchten. Nehmen wir als Beispiel jemanden, der von Wespen gestochen wurde und die Wunden verschwinden ließ. Man spricht nicht darüber. Manche Leute kenne ich fast mein Leben lang. Sie kommen zu mir, lassen sich helfen, sprechen aber nicht darüber. Wenn Sie mich nach Patienten oder Schülern fragen, kann ich Ihnen Namen nennen. Die meisten davon werden jedoch nicht bereit sein, darüber zu reden. Dies gilt vor allem für die Tierärzte.

Dr. David Jefferson, ein Tierarzt, der an der Cornell Universität studiert hat, ist ein überzeugter Bewunderer von Kate Reilly. Er praktiziert in New Gloucester (Maine), einer ländlichen Region. „Meine Pferdepraxis habe ich 1972 gekauft, und seither arbeite ich hier", sagte er.
Dave ist kein gewöhnlicher Tierarzt, er interessiert sich für Chiropraxis, Akupunktur, Homöopathie und esoterische Heilmethoden wie Diagnose und Heilung durch Gedanken und Gefühle. Über Kate sagt er:

Menschen hören von Kate und rufen sie an. Meist spielt dabei eine gewisse Neugier mit: Wenn sie schon nicht helfen kann, könnte es vielleicht interessant werden. In meinem Fall dreht es sich immer um Pferde. Sie sagt, sie werde das Pferd lesen und zurückrufen. So arbeitet sie immer. Was mich so verblüfft, ist ihre Art, sich zu exponieren. Sie sagt Dinge wie „das letzte Fohlen dieser Stute muß eine Plage gewesen sein" oder ähnliches. Dabei hat ihr vorher niemand erzählt, daß die Stute überhaupt ein Fohlen hatte. Ihre Diagnosen der Probleme sind stets äußerst präzise. Wenn sie sagt, ein Pferd hat Probleme mit dem Rücken, sein dritter Lendenwirbel ist herausgesprungen, oder sein Fuß tut weh, hat sie mit

Dr. David Jefferson mit einem Patienten

80%iger Sicherheit recht. Bei den übrigen 20% kratze ich mich manchmal am Kopf und sage: „Das sehe ich nicht so." Manchmal erzähle ich daher dem Besitzer: „Ich weiß nicht, was hier nicht stimmt, aber wir sollten es im Auge behalten."

Ich habe diesen gut ausgebildeten und sehr erfahrenen Tierarzt gefragt, was er von den Laien hält, die sich mit Tierheilungen befassen. Hielt er es für effektiv, für eine gute Idee?
„Ich halte es für sehr effektiv", sagte er, „und ich habe eine eigene Theorie. Vermutlich ist es eine Art Gebet."
„Wie Energie?" gab ich zurück, etwas unglücklich über seine Wortwahl.
„Nein, ich meine Gebet."
Noch gab ich nicht auf. „Aber ein Gebet ist doch Energie?" beharrte ich.
„Vermutlich. Sie visualisieren gesunde Teile. Sie sehen den Energiefluß. Meine Erfahrungen habe ich mit Heilern hier in der Gegend gesammelt. Sie berühren niemals ihre Patienten, weder Menschen noch Tiere, sondern bewegen ihre Hand im Zentimeterabstand über die schmerzende Stelle. Und ich habe schon gute Erfolge erlebt. Die Animal Communicator machen dasselbe über längere Distanzen."
„Ich glaube, es geht dabei um Fähigkeiten, die wir anderen längst verlernt haben. Wir haben uns im Industriezeitalter zu sehr auf die Technik verlassen. Unsere Gefühle wurden unterdrückt und mit ihnen unsere tieferen Einsichten. Ich glaube, daß es ein sehr natürlicher Prozeß ist, den wir verloren haben. Heute beginnen wir, ihn wiederzuentdecken, und die Animal Communicator sind die Pioniere auf diesem Gebiet. Aber wir alle haben diese Fähigkeiten noch. Deepak Chopra sagt, sobald wir dies akzeptieren, sind wir auf dem richtigen Weg."
Ich fragte Dave, wie er seinen Weg gefunden habe, wie er sich von einem konventionellen Tierarzt zu einem Menschen mit solchen Gedanken wandeln konnte. Er erwähnte seine erste Erfahrung mit einem Animal Communicator, mit Nancy Regalmuto. Ich erwähn-

te, daß ich sie kenne und für eine außerordentliche Hellseherin halte. Er stimmte zu und fuhr fort:

Es liegt schon mehr als ein Dutzend Jahre zurück. Es war ein erstaunlicher Tag. Damals erfuhr ich zum ersten Mal von diesen Verbindungen. Ich traf sie auf einer Farm. Der Besitzer dieser Pferdezucht sagte mir: „Ich habe sie gebeten zu kommen, was halten Sie davon?“ Er schien etwas verlegen, und ich antwortete: „Warum nicht, es könnte interessant werden.“

Es war in der Tat erstaunlich. Sie führten alle Pferde gleichzeitig heraus. Natürlich kannte ich sie und wußte, was sie durchgemacht hatten. Nancy erzählte uns alles über die Pferde. Eines hatte ein traumatisches Erlebnis gehabt, als ein Lastwagen an der Schranke umkippte, und sie wußte es. Nach diesem Unfall war das Pferd nicht mehr dasselbe. Damals begann sie gerade, mit Pferden zu arbeiten, und kannte sich noch nicht gut in der Anatomie aus. Sie sagte: „Da ist irgend etwas. Es ist warm und fühlt sich merkwürdig an. Genau hier am Pferd.“ Sie sagte, es hätte die Größe einer Apfelsine. Also machte ich einen Schwangerschaftstest und fand heraus, daß das Pferd schwanger war. Die Fruchtblase hatte etwa die Größe einer Apfelsine.

Beim nächsten Tier sagte sie, ich werde es niemals vergessen: „Hier ist es genau das gleiche, aber es fühlt sich schrumpelig an.“ Diese Stute hatte ihr Fohlen verloren, und in der Gebärmutter lagen noch die Reste. Danach glaubte ich an Tierkommunikation. Es ist schon lange her, aber ich habe nie aufgehört, offen für diese Dinge zu sein.

Ich mag Geschichten über Tierärzte. In dieser kommen die Animal Communicator Sharon Lunde aus Prince George (British Columbia) und die Pferdebesitzer Brenda und John Colebrooke vor, die im selben Ort leben. Das Pferd heißt Rafter und ist ein Quarterhorsewallach.

„Im letzten Herbst wurde Rafter krank“, erzählte mir Brenda, „er fraß und trank nicht mehr. Offenbar fühlte er sich sehr unwohl. Der

Tierarzt konnte keinen wirklichen Grund finden, tippte aber auf eine Kolik. Das Tier hatte Schmerzen im Unterbauch, Krämpfe und hohes Fieber. Wir mußten ihn künstlich ernähren und mit Antibiotika behandeln.

„Sharon hatte früher schon mit Rafter gearbeitet. Als sie eines Nachts nicht schlafen konnte, nahm Rafter Kontakt mit ihr auf und bekam eine Heilungssitzung von ihr. Am nächsten Morgen rief ich von der Arbeit zu Hause an, und mein Mann erzählte mir, es sei wie ein Wunder, aber Rafters Fieber gehe zurück."

An diesem Punkt ihrer Erzählung gab Brenda zu, ihr Mann sei der Tierarzt gewesen. Ich war verblüfft und fragte mich, was er wohl von der ganzen Sache hielt. Also fragte ich Brenda, wie ihr Mann dazu stehe.

„Er war vorher sehr skeptisch, wenn es um Tierkommunikation ging", gab sie zur Antwort. „Aber er hat genug gesehen, um zu wissen, daß es funktioniert." Sie informierte mich, daß John anwesend sei und gerne mit mir reden würde. Es stellte sich heraus, daß er durchaus bereit war, Rafters Fernheilung Sharons Fähigkeiten zuzuschreiben. Er sagte: „Vermutlich hatte Rafter irgend etwas gegessen, was seinen Darmtrakt teilweise verstopfte. Er hatte sehr hohes Fieber. Wir haben das Blut und andere Dinge untersucht, konnten aber nicht genau feststellen, warum er weder fressen noch trinken wollte und Gewicht verlor. Wir stützten ihn und versorgten ihn über einen Schlauch mit Wasser und Elektrolyten. Wir gaben ihm Antibiotika. Mehrere Wochen lang fanden wir nicht heraus, was er hatte. Ich wußte, daß Brenda mit Sharon über ihn geredet hatte, und plötzlich änderte sich sein Zustand. Es ist schwer zu entscheiden, ob es an Sharon lag oder nicht."

„Meiner Meinung nach fragt sich das jeder", sagte ich, „war es nur Hokuspokus, oder hat der Heiler wirklich etwas bewirkt?"

„Ich bin davon überzeugt, daß die Kommunikation mit Tieren möglich ist", sagte John. „Sharon hat uns oft geholfen. Einer unserer jungen Hunde wurde von einem Auto angefahren und rannte davon. Da er zwei Tage ausgeblieben war, dachten wir, er wäre tot. Sharon sagte uns, daß der Hund noch lebt, und lokalisierte ihn telepathisch in der Scheune eines Farmers. Ähnliche Dinge sind schon so oft geschehen, daß ich mich frage, ob nicht weit mehr daran ist, als ich verstandesmäßig fassen kann. Natürlich gibt es auch bei uns Skeptiker."

Anschließend rief ich Sharon an, die ich schon früher befragt hatte, und bat sie, ihre Sicht von Rafter zu schildern. Ich erwähnte die Hinweise anderer Animal Communicator, die es für nichts Besonderes hielten, wenn sie von einem bekannten Tier erneut telepathisch kontaktiert wurden.

„Die Tiere kommen zu dir", erzählte mir Sharon. „Es war ungefähr 2.00 Uhr morgens. Ich war unruhig und konnte nicht schlafen. Als ich erwachte, war mir klar, daß irgend etwas nicht stimmte, wußte aber nicht was. Ich stand auf und setzte mich ins Wohnzimmer. Innerhalb von Sekunden war Rafter bei mir. Ich fühlte seine Präsenz und seine Gedanken. Ich war am Tag bei ihm gewesen und hatte versucht, ihn zu heilen. Er war schon wochenlang sehr, sehr krank. Sofort fiel ich in eine Meditation und versuchte, ihm so viel Liebe zu senden, wie ich konnte. Ich hielt mindestens 15 bis 20 Minuten durch. Am anderen Morgen rief mich Brenda an und sagte, das Fieber sei in der Nacht zurückgegangen und das Pferd sei wieder in Ordnung. John hatte ihn mit Flüssigkeit vollgepumpt und ihm so das Leben gerettet. Nun fühlte Rafter sich gut: Zwischen John und mir, die bei ihm war, als er dringend Hilfe brauchte."

Die Tierärztin Fay Witherell aus Kents Store (Virginia) arbeitet regelmäßig mit Kate Reilly zusammen. Sie erzählte mir eine interessante Detektivgeschichte. Damals war ihr Hund gefährlich erkrankt, und Kate hatte ihm geholfen.

Fay besuchte einen Kongreß der amerikanischen Chiropraktischen Gesellschaft in Illinois. Ihren kleinen Hund Riggo hatte sie mitgenommen. Riggo war ein kleiner belgischer Kanalhund. Unterwegs brauchte Riggo eine Pause. Also hielt sie an und ließ ihn hinaus.

„Dort standen ein paar kleine Gebäude“, erinnert sie sich, „dazwischen war nur ein knapper Meter Platz und davor ein rissiger Zementweg. Ich hatte Riggo an einer langen Leine, und er stöberte zwischen den Gebäuden herum. Maulwürfe hatten das Gras aufgewühlt.“

Zurück in Virginia wurde Riggo sehr krank. Fay hatte ihn bei sich, während sie einige Hausbesuche, etwa 25 Meilen entfernt, machte. Sie brachte ihn in die örtliche Tierklinik. Dann ging sie weg, um ihre Besuche zu machen. Sie rief Kate an, erzählte ihr von Riggos Krankheit und sagte ihr, wo er war. Außerdem teilte sie ihr mit, wo sie später am Tag sein würde. Einige Stunden später rief sie in der Klinik an und erfuhr, daß Riggo sehr krank gewesen sei. Gegen 14.00 Uhr hätte es jedoch plötzlich eine Wende zum Besseren gegeben, und nun sei Riggo außer Gefahr. Etwa um diese Zeit hatte Kate von North Carolina aus Kontakt mit ihm aufgenommen. Fay war davon ausgegangen, daß Riggo etwas Giftiges gefressen hatte, wußte aber nicht, wo und was. Und hier beginnt Kates Sherlock-Holmes-Geschichte.

„Kate erzählte mir“, sagte Fay, „daß sie während der Kommunikation mit Riggo einen kleinen Schuppen und einen rissigen Zementweg sah. Sofort erinnerte ich mich an die Gebäude. Riggo wußte noch, wo er das Giftzeug gefressen hatte. Seit damals bin ich sicher, daß die Kommunikationen real sind. Es war dramatisch! Danach nahm ich an Kates Workshops teil und setze die Fähigkeiten auch selbst bei meiner Arbeit ein.“

Ich fragte Kate Reilly nach ihrer Erfolgsquote. Ihrer Meinung nach war sie sehr treffsicher in der Diagnose, wußte allerdings nicht, wie es mit Heilungen aussah.

„Wenn es um Heilungen geht“, sagte sie, „kommt man sich vor, als lese man nur zwei Drittel eines Buches. Man weiß häufig nicht, wie es ausgeht. An meinen Workshops nehmen viele Menschen teil, und jeder kennt Geschichten, von denen ich nichts weiß. Ich höre

Dinge wie: ‚Wir saßen herum und hörten Geschichten von Kate Reilly.'"
Hier kommen noch ein paar Kate-Reilly-Geschichten:

Jan Spiers aus Gordonsville (Virginia) leitet eine Klinik für geistig Behinderte. Sie hat an Kates Kursen teilgenommen und begonnen, sich auf Tierkommunikation zu spezialisieren. Als ich mit ihr sprach, nahm sie allerdings noch keine Gebühren. „Die ganze Angelegenheit hat mich sehr überrascht", erzählte sie mir. „Es geht so einfach, und ich bin regelmäßig zur Kommunikation fähig."
Sie sagte, daß ihre Einführung in die Kommunikation und die Begegnung mit Kate sehr dramatisch waren.
„Mir war die Idee, mit Tieren zu kommunizieren, völlig neu. Ich hatte nur etwas darüber gelesen. Vor allem ging es mir um meine Hündin Chivas. Sie behandelte meinen neuen Welpen sehr aggressiv. Ich konnte ihn nicht aus dem Körbchen lassen. Der Welpe heißt Casey. Kate sprach telepathisch mit Chivas. Damals lebte Kate in New Hampshire und sprach aus der Entfernung mit Chivas. Als sie fertig war, beruhigte sich Chivas vollständig. Sie näherte sich dem Körbchen mit dem Welpen und legte sich ruhig davor nieder. Damals war der Welpe drei Tage bei mir, und dies geschah zum ersten Mal."
„Kate hatte Chivas klargemacht, daß sie nun die Mutter des jungen Hundes war. Sie sollte wie ein mütterlicher Lehrer dem Welpen ermöglichen, sich in unsere Familie einzuleben. Außerdem ermunterte uns Kate, genauso mit Chivas zu kommunizieren. Das geschah Juni 1994. Heute sind Chivas und Casey die besten Freunde."
Jan erzählte mir noch ein Beispiel, wie Kate bei Casey ein Gesundheitsproblem gelöst hatte. Sie erzählte mir:

Als Casey sechs Monate alt war, bat ich Kate, mit ihm zu reden, nur um ihn besser kennenzulernen. Dafür gab es keinen speziellen Grund, ich war nur von dem Phänomen so fasziniert. Damals wog Casey etwas über

30 kg, er war ein schwerer Junghund. Kate redete telepathisch mit ihm. Als sie mich zurückrief, sagte sie: „Jan, ich glaube, dein Hund ist ernsthaft krank."
Ich beobachtete, wie Casey kreuz und quer durch den Raum rannte und über Dinge sprang, wie es ungestüme junge Hunde eben tun. Kates Diagnose kam mir völlig falsch vor.
Kate sagte: „Ich glaube, er hat Schwierigkeiten mit den Gelenken" und beschrieb mir, wo die Krankheit sitze. Obwohl ich ihre Diagnose bei diesem lebendigen, vitalen Hund für verfehlt hielt, brachte ich Casey zu einem Tierarzt. Tatsächlich begann er nach dem Telefonanruf zu humpeln. Die Röntgenaufnahmen bewiesen dann, daß Casey eine Gelenkkrankheit hatte, genau dort, wo Kate es prophezeit hatte, und zwar an sonst nicht üblichen Stellen. Mir erschien das beunruhigend und aufregend zugleich. Heute geht es dem Hund gut. Er wurde operiert, und jetzt kommt er gut zurecht.

Jan erzählte mir eine weitere Geschichte über Kates diagnostisches Können. „Gestern war ich mit meinem anderen Hund beim Tierarzt, da Kate bei einer telepathischen Kommunikation von einer Blaseninfektion erfahren hatte. Genauso war es auch. Allerdings gab es noch keine Symptome, denn die Infektion befand sich noch im Anfangsstadium."
„Wußte denn der Hund, daß er Schwierigkeiten hatte?", fragte ich.
„Sicher", antwortete Jan, „sie wissen genau, wie es um sie steht. Und es ist möglich, wie Kate es kann, in ihren Körper einzudringen. Man kann sich nicht nur mit ihrem Geist, sondern auch mit ihrem Körper in Verbindung setzen."

Der nächste Bericht stammt von Kate Solisti, einer Animal Communicator aus Santa Fe (New Mexico). Er zeigt, wie eng Körper und Gefühle an einer geistigen und körperlichen Heilung beteiligt sind. Kate kennt diese Wechselbeziehung, seit sie sich als Animal Communicator betätigt. Als sie und ihr Mann nach Santa Fe zogen, war sie bei einem Animal Communicator in die Lehre gegangen.

Er schickte mich zu einem sechs Jahre alten, sehr kranken Golden Retriever. Sein ganzer Körper war von Tumoren durchzogen. Die Tierärzte hatten sich gegen eine Operation ausgesprochen, da sie zu viel Gewebe hätten entfernen müssen. Die Hundehalterin war jedoch offen für jede Art von Hilfe.
Ich setzte mich ruhig neben den Hund, atmete mit ihm und suchte instinktiv nach Kontakt, denn damals hatte ich noch keine feste Technik. Ich fragte ihn nach allem, was er mir erzählen konnte, warum er erkrankt war und wie wir ihm helfen konnten. Plötzlich lief in meinem Geist folgender Film ab:
Ich sah ihn als Welpen, ich sah ihn mit seinen beiden eigenen Jungen, und ich sah seine jetzige Besitzerin. Sie hatte die Jungen gebadet und sich nur um sie gekümmert, ohne ihn zu beachten. Damals setzte sich in dem Hund der Gedanke fest, er sei unwichtig und ungeliebt. Schließlich packte die Besitzerin die beiden Jungen in ihr Auto und fuhr weg. Da stand für ihn fest, er wurde nicht mehr geliebt.
An dieser Stelle hörte der Film auf. Ich erzählte alles der Besitzerin, und sie sagte: „Mein Gott, ich wollte die beiden auf eine Hundeauktion bringen und sie verkaufen. Dieser Hund war immer mein Liebling, ich liebte ihn und wollte ihn auf jeden Fall behalten."
Sie brach in Tränen aus, umarmte ihren Hund und sagte: „Ich liebe dich und werde alles tun, damit du bei mir bleiben kannst."
Diese Geste veränderte ihr Verhältnis völlig, und zwei Wochen später waren die Tumore verschwunden.

Mir war nicht klar, warum diese Frau bei all ihrer Liebe zu dem Hund niemals positive Signale ausgesandt hatte. Kate antwortete: „Das stimmt, aber es ist wie mit kleinen Kindern. Wenn sich in ihnen etwas festsetzt, dann bleibt es über sehr lange Zeit fixiert."

Dawn Hayman sagt: „Ich arbeite nicht als professioneller Tierheiler, aber ich arbeite mit Tierärzten zusammen. Dabei denke ich vor allem an eine sterbende Katze. Sie hatte fast 42 °C Fieber und damit nur noch eine Lebenserwartung von höchstens 24 Stunden. Sie war schon mehrere Tage krank gewesen. Trotz einer Reihe von Untersuchungen hatte man keine Ursachen gefunden. Vor lauter Verzweiflung rief mich die Besitzerin an. Am anderen Telefon war der Tierarzt, der nicht sehr viel von Tierkommunikation hielt: Beide riefen aus der Tierarztpraxis an.
„Die Katze erzählte mir, daß sie wohl etwas Falsches gefressen habe. Sie war schon auf Vergiftung untersucht worden, weil die Vermutung bestand, sie hätte eine giftige Pflanze gefressen. Dann sagte mir die Katze, sie hätte sich schon schlecht gefühlt, ehe sich die Symptome zeigten."
„Der Tierarzt meinte, ich solle eine Minute warten, und legte auf. Am nächsten Tag riefen mich die beiden wieder an. Die Information der Katze, sie habe sich bereits vor den Symptomen schlecht gefühlt, hatte den Arzt auf eine Idee gebracht. Es stellte sich heraus, daß die Katze eine allergische Reaktion auf einen Schadstoff in der Leber gehabt hatte. Darauf hatte er sie nicht untersucht. Nun konnte er sie mit einem speziellen Antibiotikum behandeln, und innerhalb von fünf Stunden war das Fieber herunter. Schon am nächsten Morgen durfte sie wieder nach Hause."

Eine Diagnose kann auf vielerlei Weise bestätigt werden – in diesem nächsten Fall sogar durch eine Videoaufzeichnung. Dawn Hayman erzählte mir:

Eine Dame besuchte mich, weil ihr Hund Schwierigkeiten bei Hundeschauen hatte. Er wollte sich einfach nicht auf Kommando hinsetzen. Als ich mit dem Hund darüber sprach, wußte er genau, was von ihm erwartet wurde, sagte aber, er habe Ärger mit seiner Hüfte. Er war noch sehr jung, knapp ein Jahr alt. Der Hund erzählte mir, jedesmal, wenn er sich

hinsetze, bekomme er einen Krampf in der Hüfte. Eigentlich gehe der Schmerz vom Hals aus, irgend etwas dort störte ihn.
Ich empfahl der Besitzerin, einen Chiropraktiker aufzusuchen. Sie befolgte meinen Rat und erfuhr, daß der Schmerz genau von den Stellen ausging, die der Hund genannt hatte. Er wurde entsprechend behandelt und hatte nie wieder Schwierigkeiten bei Veranstaltungen oder anderen Gelegenheiten. Von nun an gewann er Preise.
Natürlich wollte die Besitzerin wissen, wie es zu dieser Krankheit gekommen war. Also fragte ich den Hund danach und erfuhr, daß er seit seiner Geburt daran litt. Ich sah ein Bild, daß er bereits als Embryo verkrampft gelegen hatte. Sein Kopf war unter der Schulter eingeklemmt, und als er geboren wurde, verletzte er sich den Hals. Zu beweisen war diese Information nicht, aber so hatte es mir der Hund erzählt und ich seiner Besitzerin.
Im nächsten Jahr rief sie wieder an. Auf einer Hundeschau hatte jemand ihren Hund erkannt. Der Frau gehörte ein Tier aus dem gleichen Wurf, und sie hatte die Geburt auf Video aufgenommen. Als sie sich das Band anschaute, erkannte sie, daß ihr Hund mit verklemmtem Kopf geboren worden war. Noch eine halbe Stunde nach der Geburt konnte er seinen Kopf kaum bewegen, ohne daß es jemandem auffiel.

Von der Animal Communicator Betty Lewis, einer Tierarzthelferin, erfuhr ich einige interessante Aspekte über die Heilung körperlicher Krankheiten. „Ich heile sehr viel über Energieflüsse“, sagte sie, „ein Individuum – Mensch oder Tier – kann sich nur selbst heilen. Ich kann nicht jemanden heilen, aber ich kann den Heilungsprozeß durch unterschiedliche Formen von Energie in Gang setzen. Es ist mir wichtig zu sagen, daß ich nicht heile, daß ich kein Tierarzt bin und daß ich keine tierärztliche Maßnahme in Frage stelle. Aber ich kann erklären. Da ich eine medizinische Ausbildung habe, bin ich häufig in der Lage, die Behandlung eines Tierarztes zu kommentieren. Und ich kann alternative Lösungen anbieten. Die Tierhalter bilden sich dann selbst eine Meinung und entscheiden.“

„Ich arbeite mit Bachblüten, Reflexzonenmassage und Reiki. Bachblüten verkörpern die Energien von Pflanzen und Blumen. Sie zeigen eine Resonanz mit den Vibrationen menschlicher und tierischer Emotionen und balancieren sie aus."

Der aufgeschlossene Tierarzt Dave Jefferson aus Maine berichtete enthusiastisch über eine junge Frau aus seiner Gegend. „Sie ist eine Schülerin von Kate Reilly und hat gerade mit Tierkommunikation begonnen", sagte er. „Sie ist sehr talentiert und hat schon unglaubliche Dinge getan."

Sie heißt Melanie Thomson, lebt in East Baldwin (Maine), arbeitet auf einer Pferdefarm und gibt Reitstunden. An der Universität von Syracuse hat sie Kommunikationswissenschaften studiert und eine Zeitlang im Fernsehen gearbeitet. „Es war gerade lang genug, um zu wissen, daß mir Reiten und Lehren mehr Spaß macht", meint sie.

Seit etwa einem Jahr arbeitet sie als hauptberufliche Animal Communicator und findet mehr und mehr Kunden. Einer ihrer ersten Patienten war ihr eigener Hund.

„Er ist ein gutes Beispiel, warum energetische Medizin anders ist", sagte sie mir. „Zwischen seinen Schultern bildete sich eine Wucherung, die sich wie ein Tumor oder eine Zyste anfühlte. Ich war sehr besorgt. Nachdem ich es ein bis zwei Tage beobachtet hatte, beschloß ich, noch eine Woche zu warten. Dann wollte ich zu einem Tierarzt gehen. Schließlich entschied ich mich für eine energetische Behandlung. Ich wollte, daß es kein Tumor war, daß wir gesund und glücklich waren, ohne daß in unseren Körpern kleine Wucherungen wachsen. Das war meine erste energetische Heilung, die Wucherung verschwand binnen vier Tagen."

„Hast du darüber nachgedacht?", fragte ich.

„Im Grunde handelt es sich um eine Heilung, die über die Aura und Körperenergie abläuft", meinte sie. „Nach der Theorie bedeutet eine Krankheit im Körper blockierte Energie. Um zu heilen, mußt

Melanie Thomson und Geneva

du die Energie wieder zum Fließen bringen. Mit der Einwilligung des Universums – ich bitte das Universum, das Tier zu heilen – bewegt man seine Hände, um zu fühlen, wo die Energie weich fließt und wo sie hart und blockiert erscheint. Du bewegst die Energie mit deinen Händen umher, so daß der Heilprozeß in der Region einsetzt.“

Ich fragte Melanie nach anderen Beispielen für ihre Aktivitäten.

„Eine Frau rief wegen ihres Pferdes an“, sagte sie. „Dave Jefferson hatte mich empfohlen. Das Pferd fraß nicht, rannte im Stall umher und war sehr nervös. Das ging schon eine Woche lang so. Dave konnte keine physische Anomalie diagnostizieren. Ich sprach von zu Hause mit der Stute und spürte ihre Nervosität.“

„Sie war während ihres Lebens von mehreren Besitzern gequält worden – alles Männer. Im Stall gab es ein neues Pferd, und es gehörte einem Mann. Er kam in den Stall, wenn ihre Besitzerin nicht da war, also fühlte sie sich unwohl und war verängstigt. Ich klärte die Besitzerin über die Ängste ihres Pferdes auf und beruhigte die Stute mit energetischer Arbeit. Ich glättete ihre Aura und versuchte, sie zu entspannen. Nachdem ich mit dem Pferd geredet hatte, ging seine Besitzerin in den Stall und fand die Stute ruhig vor.“

Ich bat Melanie, mir noch ein Beispiel für körperliche Heilungen zu geben, und sie erzählte mir folgende Geschichte:

Letzten Herbst rief mich eine Frau an, deren Hund sein Hinterteil nicht mehr bewegte. Er schien vom Kopf abwärts gelähmt zu sein, lief nicht mehr, sondern schleppte sich nur noch umher. Der Tierarzt hatte eine Operation empfohlen, doch die Besitzerin war sich nicht sicher. Ich redete mit dem Hund, einer mittelgroßen Rasse. Ich tauchte in seinen Körper ein, es war schrecklich: Seine ganze Wirbelsäule fühlte sich an, als sei sie zerbrochen. Ich begann mit meiner energetischen Heilung. Sein Körper war äußerst gespannt. Während ich mit ihm arbeitete, entspannte er sich.

Wenn ich in den Körper eines Tieres eindringe, wird mein Körper zu seinem Körper. Dann kann ich meine Arbeit auch aus großer Entfernung tun, denn mein Körper ist ihr Körper. Wenn ich mit den Händen an meinem Körper entlangstreiche, beeinflußt das auch ihren Körper. Ich arbeite an meinem Körper. Der Frau mit dem Hund schlug ich einen alternativ arbeitenden Tierarzt vor. Ich glaubte, daß Akupunktur dem Tier helfen könnte. Sie sollte mich anrufen, wenn es dem Hund wieder schlechter ginge. Seit sechs Monaten habe ich nicht mehr von ihr gehört. Ich habe mit der Akupunktur, wie Dave sie anwendet, wunderbare Erfahrungen bei meinen eigenen Pferden gemacht. Sie zeigen ein merklich anderes Verhalten, bewegen und fühlen sich anders. Heute arbeite ich energetisch mit meinen eigenen Pferden, und es hilft ihnen.

Melanie erzählte mir von ihrem Vater, einem Doktor der Kernphysik, der in der Nähe von Boston arbeitet. Ich fragte sie, was er von der Arbeit seiner Tochter halte.
„Nun“, sagte sie, „meine Mutter weiß, was ich tue, aber meinem Vater habe ich es noch nicht erzählt. Er lebt so sehr in seiner Wissenschaft. Ich wollte erst genügend Beispiele sammeln. Wie den Tumor meines Hundes, den ich zum Verschwinden brachte. Oder warum ich genau weiß, was ein Pferd gefressen hat, und warum ich das weiß. Vielleicht auch, daß ich nun so oft konsultiert werde, daß ich davon leben kann. Ich plane meinen ‚Angriff‘ auf ihn aber noch.“

„Er starb vor einigen Jahren. Er war in der ganzen Welt bekannt. Er konnte alles. Er glaubte fest daran, daß man für eine Heilung nicht nur ein Medikament brauche, sondern alle Fäden zusammenbringen müsse. Er wandte Homöopathie, Ernährungslehre, Reiki, Akupunktur, Kristalltherapie, Minerale und Spurenelemente an. Er stellte seine eigenen homöopathischen Medikamente her, jeweils für bestimmtes Tierblut. Wenn ein Tier einen Tumor hatte, entnahm er ein Stück und bereitete daraus eine homöopathische Medizin zu seiner Bekämpfung. Er benutzte Tierblut, Urin und alles mögliche.“

Wer war dieser Prototyp eines Medizinmannes, dieser Heiler, über den wir hier erfahren? Denise Kinch, eine Animal Communicator aus Groveland (Massachusetts) am nördlichen Ufer von Boston, erzählte von Dr. Richard Kearns, einem außergewöhnlichen Tierarzt, der über viele Jahrzehnte in Higham praktizierte.
„Er starb, als ich 27 war", sagte Denise. „Bis zu seinem Tode hat er jeden Tag gearbeitet. Er war Landarzt, der auf die alte Art heilte: mit Kräutern, indianischen Heilmitteln und der deutschen Homöopathie. Viele heutige Ärzte scheitern, weil sie sich zu sehr spezialisieren, auf Homöopathie, Ernährung oder Akupunktur. Dr. Kearns sagte immer: ‚Man braucht das Dorf, um ein Tier zu heilen.'"
„Ich habe ihn sehr gut kennengelernt. Er bat mich, mit ihm zu arbeiten, doch ich hatte damals kleine Kinder und wohnte 90 Minuten entfernt von ihm. Dennoch war ich jede Woche dort. Vor kurzem habe ich ein Buch gelesen, das seinen Methoden sehr nahe kam. Dort hieß es, man braucht einen Teil von allem, um wirklich zu heilen. Das Buch heißt *Earthway* von Mary Summer Rain."
„Dr. Kearns war ein außergewöhnlicher Heiler, der beste, den ich jemals getroffen habe. Er pflegte zu sagen: ‚Denke daran, die Tiere sind hier, um uns zu heilen.'"
Inzwischen dürfte dem Leser klar geworden sein, was ein Leitmotiv dieses Buches ist: Tiere sind manchmal unsere Führer, unsere Beschützer. Genau das haben mir die Menschen auf die eine oder andere Weise erzählt. Nach einiger Zeit begann ich selbst daran zu glauben.
„Nach zwei Wochen alternativer Therapie", sagte Denise, „hatte Dr. Kearns die Leber meines Hundes wieder auf die normale Größe gebracht, obwohl konventionelle Tierärzte sie aufgegeben hatten. Schließlich starb der Hund, weil er meine Krankheit auf sich genommen hatte. Bei mir hatte sie sich niemals physisch manifestiert. Manche Krankheit ist in unserer Aura, unserem Astralleib. Wenn sie dort lange genug bleibt, kann sie sich auch physisch manifestieren. Der Hund hatte sie aus meiner Aura auf sich übertragen und geheilt. Mir war noch nicht einmal klar gewesen, daß ich krank war."

Denise gehört zu den Menschen, die geboren werden, um Tieren zu helfen. „Ich habe schon seit frühester Jugend mit Tieren kommuniziert", sagte sie. „Ich habe im Kopf mit ihnen geredet, und sie antworteten mir. Dann verdrängte ich diese Fähigkeit wegen meiner Kinder wieder, doch ich habe stets Zeit mit den Tieren im Wald verbracht – mehr als mit Menschen. Tiere haben mir immer geholfen. Ich konnte kranke Tiere aus der Nachbarschaft heilen. Kinder brachten mir verletzte Vögel oder Eichhörnchen. Ich konnte kaum nach Hause kommen, ohne ein krankes Tier an der Hintertür vorzufinden."

Denise hat einen Abschluß in Zoologie von der University of Massachusetts. Sie ging mit dem Friedenskorps nach Afrika und rettete unter anderem Tausenden von Küken das Leben, die aus Versehen in Aluminiumkäfigen bei lebendigem Leib zu verbrennen drohten. „Tagsüber herrschen dort Temperaturen von 48 °C", sagte sie. Sie half den Afrikanern bei der Zucht, ehe sie wegen einer Lungenkrankheit zurück in die USA mußte. Einige Jahre später wurde sie Meister der Reiki-Heilkunde, mit der sie sich selbst geheilt hat. Mir kamen Denise' Kontakte mit konventionellen Tierärzten ungewöhnlich vor, und sie stimmte mir zu. „Die Arbeit mit Tierärzten bewegt sich auf einer dünnen Grenzlinie", sagte sie. „Ich habe in einer konventionellen Tierklinik gearbeitet und wurde schließlich entlassen, weil ich versuchte, Tiere mit chronischen Krankheiten mit alternativen Behandlungen doch noch zu heilen. Ich habe die Grenze der konventionellen Medizin überschritten und auf andere Möglichkeiten hingewiesen. Es war ohnehin Zeit für einen Wechsel."

„Eigentlich habe ich aber keine wirklichen Probleme mit Tierärzten. Die meisten hier wissen, was ich tue. Mit einem, den ich seit langem kenne, arbeite ich sogar eng zusammen. Ich stelle keine Diagnosen, ich mache Vorschläge, aber man braucht sie nicht zu befolgen. Ich biete Kräuter an. Ich behandele mit homöopathischen Medikamenten, allerdings nur, wenn ich die Menschen gut kenne. Ich mache Blütentherapie und Kristallheilungen. Ich selbst heile nicht. Ich bin nur ein Mittler zum Universum. Ich tue nichts.

Durch mich wird die universelle Energie zu dem Patienten geleitet. Ich arbeite auf vier Ebenen: physisch, emotional, mental und spirituell. So kann ich Hilfe bringen."

Eben war Denise' kleine Tochter aus der Schule gekommen. Sie fühlte sich nicht wohl. Denise nahm sie während des weiteren Interviews auf den Schoß. Sie legte ihre Hand auf das Knie des kleinen Mädchens und sagte: „Wenn ich meine Hand auf ihr Knie lege, dringt Energie ein, die bis zu ihrer Schulter, ihrem Bauch gelangt. Ich kann nicht sagen, wohin die Energie fließt. Sie gelangt dorthin, wo sie gebraucht wird. Egal, was ich auch tue, es ist nicht schädlich."

Während meiner gesamten Recherche wurde mir immer wieder klar, daß wir über Kräfte verfügen, von denen wir nichts ahnen. Wir alle können solche Dinge leisten, vielleicht mit etwas Anleitung und Mühe. Carol Gurney ist eine bekannte Animal Communicator aus Agoura (Kalifornien). Sie teilte mir einen anderen Aspekt dieses Konzeptes mit:

Da gab es einen 17jährigen Lhasa-Apso. Er war krank, inkontinent, konnte sich kaum bewegen und fraß nicht mehr. Der Tierarzt schlug vor, das Tier einzuschläfern. Die Besitzerin rief mich an. „Wir sind grundsätzlich bereit, den Hund einzuschläfern, aber wir würden gerne wissen, was der Hund will." Ich fragte den Hund aus der Entfernung, was er sich wünsche. Er wollte noch nicht sterben, da er seine Aufgabe in der Familie noch nicht beendet hatte. Ich hatte das starke Gefühl, ich solle hinfahren und direkt mit dem Hund arbeiten.

Als ich ankam, versuchte mir der Hund zu sagen, daß er noch nicht sterben wolle. Seine Besitzerin war gelähmt. Seit einer Geburt litt sie an einer krankhaften Gefäßerweiterung und war noch immer linksseitig gelähmt. Der Hund wollte erst sterben, wenn die Frau wieder gesund war. Ich arbeitete mit ihm. Ich überprüfte seinen Körper. Ich suchte nach Stellen, wo die Energie nicht floß oder wo zu viel Energie war. Ich wollte der

Besitzerin zeigen, wie sie selbst mit ihrem Hund arbeiten konnte. Nach einem Tag war sie in der Lage, Energieströme zu spüren, sie spürte, wo zuviel und wo zuwenig Energie war. Ein paar Tage später rief sie mich an und sagte: „Mein Hund läuft wieder im Hof herum, er frißt und geht ins Bad. Wenn wir ausgehen, steht er mit wedelndem Schwanz an der Vordertür."

Mit ein wenig Hilfe von Carol war diese Frau in der Lage gewesen, ihrem Hund merklich zu helfen. Er lebte noch ein ganzes Jahr. Carol fügte hinzu, daß dies nicht nur dem Hund, sondern auch seiner Besitzerin geholfen hatte.
„Indem sie ihn energetisch behandelte", sagte Carol, „half sie auch sich selbst. Dieser Teil der Heilung gehört dazu. Da der Hund am Leben blieb, wurde auch sie stärker. Wäre er damals gestorben, dann zu einer sehr unpassenden Zeit, denn sie fühlte sich dem Tier noch sehr verbunden."

Sibly Hannigan, eine Reitlehrerin aus Harvard (Massachusetts), arbeitet mit Pferden, seit sie sechs Jahre alt war. Sie hat vor kurzem bei Kate Reilly die Kommunikation erlernt.
„In ihrem Workshop las Kate in unseren Körpern", sagte sie. „Sie erklärte mir, daß mir das Einatmen schwerer fiel als das Ausatmen und daß ich mich in drei Tagen erkälten würde. Später las ich selbst in den Körpern von Menschen und Pferden. Ich fühlte die Körperhaltung, wie das Gewicht verteilt war, Risse im Schienbein usw. Meist hatte ich recht. Einmal sagte ich einer Frau, daß sie Einlagen trug, obwohl ich davon nichts wissen konnte."
„Ich weiß, daß die energetische Arbeit, die uns Kate beibrachte, wirklich funktioniert. Sie zeigte uns, wie man die Hände bei einer Heilung oder energetischen Massage halten muß. Ich habe es bei meinen Pferden ausprobiert und sehe das Ergebnis. Bei einem anderen Pferd habe ich einen gezerrten Leistenmuskel diagnostiziert und konnte es heilen. Außerdem habe ich dem Besitzer

gezeigt, wie es geht. Es ist wie bei einer Kettenreaktion: Immer mehr Pferdehalter beginnen an diese spirituellen Dinge zu glauben. Sogar mein eigener Tierarzt hat zugegeben, daß er damit arbeitet. Wenn du mit Tieren arbeitest, dann spürst du ihre übersinnliche Kraft. Sie reden nicht mit dir, du mußt sie lesen."
Sibly sagte mir, daß sie Botschaften von Tieren über Worte und Gefühle empfängt.
„Es war nicht wie ein Blitz aus heiterem Himmel", sagte sie. „Ich wußte einfach, wie es funktioniert. Man kann Tiere durch übersinnliche Arbeit heilen. Ich lerne noch. Dieses Lernen ist aber anders, man berührt etwas, was überall vorhanden ist."

Eines der interessantesten und lehrreichsten Interviews habe ich mit Dr. Judith Shoemaker aus West Grove (Pennsylvania) geführt, einer bekannten und sehr renommierten Tierärztin. Nach ihrem Examen in Tiermedizin, das sie 1980 an der University of Georgia machte, arbeitete sie zehn Jahre lang als konventionelle Tierärztin. Nach dieser Zeit begann sie, sich mit alternativen Therapien zu befassen. Sie ist in zwölf Staaten der USA zugelassen. Ihre Behandlungen basieren maßgeblich auf der Chiropraxis und Akupunktur, und nach ihrer eigenen Einschätzung führt sie die größte Praxis dieser Art in den USA. Daneben behandelt sie weiterhin auch konventionell.
„Ich glaube nicht an Wiedergeburt wie Shirley MacLaine. Ich muß mich an Fakten und die Gesetze halten. Daher arbeite ich stets mit klassischen Tierärzten zusammen, schon wegen des Wertes der Pferde, die ich behandele. Zu meinen Patienten gehören Spitzenpferde aller Kategorien. Das Therapiezentrum, in dem ich arbeite, gilt als das beste seiner Art. Wir behandeln alle Pferde der Olympiamannschaft. Heute morgen habe ich noch einen der schnellsten Traber der Welt behandelt. Er war schon als Fohlen bei mir."
Judith hat an Workshops von Jeri Ryan teilgenommen, einer der bekanntesten Animal Communicator. Sie charakterisiert Jeri als

„Psychologin und sehr, sehr gebildeten Menschen. Sie macht ihre Arbeit ganz ausgezeichnet. Da sie so gut ist, ist sie ständig überlaufen".

Bei der Arbeit an diesem „Buch der rechten Gehirnhälfte" freute ich mich stets, wenn ich auf Wissenschaftler – Menschen, die hauptsächlich mit der linken Gehirnhälfte denken – treffe, die meine Thesen bestätigen. Judith gehört sicher dazu, sie kann ihre Arbeit sogar auf ihre Vorfahren zurückführen. „Mein Vater war ein Ingenieur, der eine Karriere als Air Force Offizier gemacht hat", erzählte sie mir. „Er dachte mit der linken Gehirnhälfte, mein Vater war der logischste Mensch, den man sich denken kann."

Sie war nie verheiratet. „Tiere sind mein Lebensinhalt und meine Familie", sagte sie. „Ich verdiene mein Geld mit einer sehr spirituellen Neigung."

Durch Judith hatte ich von der Animal Communicator Anita Curtis in Gilbertsville (Pennsylvania) erfahren. Sie erzählte mir viele interessante Einzelheiten über Anita. Eine ihrer Geschichten belegt, wie professionelle Tierärzte mit Animal Communicator zusammenarbeiten. Hier ist ihre Geschichte:

Ein Pferd kam mit einer eingerissenen Sehne in die Klinik. Es war bereits konventionell behandelt worden und sollte bei uns elektromagnetisch therapiert werden. Anita ging den Stallgang entlang, ging zu dem Pferd und hörte es sagen, sein Magen schmerze, es habe schreckliche Bauchschmerzen. Das Pferd zeigte keinerlei Symptome einer Kolik. Als wir jedoch am nächsten Tag seinen Stall säuberten, fanden wir außerordentlich stinkende Pferdeäpfel. Sie rochen wie der Stuhl von Nagetieren, was auf Blut im Stuhl hindeutet. Normalerweise riecht der Stuhl von Wiederkäuern nicht schlecht. Pferde sind zwar keine Wiederkäuer, aber sie sind Pflanzenfresser. Solche Anzeichen deuten darauf hin, daß ein Pflanzenfresser Magengeschwüre hat und Blut in den Darm abgibt. Pferde mit Geschwüren sind meist hochgradig anämisch, und als wir sein Blut untersuchten, fanden wir in der Tat eine Anämie. Wegen seines Sehnenrisses hatte man ihn mit entzündungshemmenden Mitteln behandelt, die Magengeschwüre hervorrufen können. Angesehen hatten wir dem Pferd die Krankheit nicht, es zeigte keine Anzeichen von Schmerzen. Aber es hatte Anita von seinen Schmerzen erzählt. Nachdem wir sein Magengeschwür behandelt hatten, wurde auch der Stuhl wieder normal. Auch sein Verhalten besserte sich. Offenbar hatte es chronisch unter Magengeschwüren gelitten. Es war zwar mit dem Schmerz zurechtgekommen, fühlte sich ohne ihn aber viel besser. Anita war nur den Gang entlanggelaufen, sie braucht keinen direkten Kontakt zu dem Tier, sie arbeitet aus der Entfernung.

Ich erwähnte Judith gegenüber eine meiner Thesen; nämlich daß man keine besondere Begabung braucht, um mit Tieren zu kommunizieren. Immer wieder hatte man mir erzählt, wir alle seien übersinnlich und könnten diese Fähigkeit entwickeln.
„Genauso ist es", antwortete Judith. „Anita ist eine sehr bodenständige, normale Person, sie ist nur alt. Sie war krank, hat Hochs und Tiefs erlebt, und ihre Lebenserfahrung hilft ihr dabei, ein Gespür für andere Formen der Kommunikation zu entwickeln. Sie ist ein perfektes Beispiel für einen sehr normalen Menschen, der dennoch dazu in der Lage ist, in unseren Augen paranormale Dinge zu tun. Genau das macht sie jedoch nicht, sie hat ihre Menschlichkeit einfach in eine neue Dimension ausgedehnt. Vielleicht sollte man es ‚Tierlichkeit' nennen, unsere Verbindung mit allen anderen Lebewesen."
„Meine Arbeit ist äußerst interessant, denn ich muß die Tiere dazu bringen, sich helfen zu lassen. Dazu verwende ich mentale Vorstellungskraft. Nachdem ich mit einem Pferd gearbeitet habe, kann ich es dazu bringen, seinem Besitzer unseren Kontakt zu beweisen. Ich kann es seine Ohren auf bestimmte Weise stellen lassen, seine Augen schließen lassen oder den Huf heben. Und sie tun es. Meine Arbeit ist der von Anita sehr ähnlich. Häufig spüre ich in meinem eigenen Körper, was mit den Tieren nicht stimmt."
„Anita kommt oft in unsere Klinik, um ihre eigene Arbeit überprüfen zu lassen", fuhr Judith fort. „Sie fragt ein Tier, wie es sich fühlt, wo es ihm weh tut oder was mit ihm los ist. Dann vergleichen wir ihre Ergebnisse mit unseren eigenen Diagnosen. Manchmal arbei-

Anita Curtis mit BB

tet sie vor uns mit dem Pferd, manchmal danach. Fast immer trifft sie unsere Diagnose. Vielfach hat sie jedoch Dinge herausgefunden, die wir noch nicht wußten. Dann können wir gezielt nachprüfen – und meistens hat sie recht. Für die Besitzer ist diese Arbeit sehr wertvoll, denn oft ist konventionelle Tiermedizin nichts als bloßes Herumtappen und Hoffen."

Ich fragte Judith nach dem juristischen Aspekt, insbesondere wenn Animal Communicator ohne Zulassung therapieren – ein Vorwurf, den viele Tierärzte erheben. Sie antwortete, daß es eben zwei Seiten der Medaille gebe. Manche Animal Communicator stellten nicht nur eine Diagnose, sondern sie behandelten das Tier mit homöopathischen Mitteln, ohne dazu qualifiziert zu sein. Darin sah sie eine Gefahr. Andererseits gab sie zu, daß das Problem nicht so leicht zu lösen sei.
„Manchmal", sagte sie, „fühlen sich Tierärzte durch die Fähigkeiten eines sehr sorgfältigen Animal Communicator bedroht. Manchmal geht es auch um viel Geld, das dürfte einer der Hauptgründe sein. Oftmals sagt jedoch ein Animal Communicator zu dem Halter des Tieres: ‚Dein Tier wird sich mit konventioneller Medizin nicht erholen, nur ich kann ihm helfen.' Hier liegt immer dann eine Gefahr, wenn die Krankheit eben doch nur durch einen professionellen Tierarzt geheilt werden kann. In einem solchen Fall kann es zu einer Anklage wegen Behandlung ohne Zulassung kommen. Es gibt immer mehrere Möglichkeiten der Absprachen und Interaktionen. Ich glaube fest an die Fähigkeiten vieler Animal Communicator. Sie können sehr, sehr präzise arbeiten und wollen dem Tier wirklich helfen. Wenn jedoch jemand versucht, mit dieser Fähigkeit nur Geld zu machen, dann verwechselt er Ursache und Wirkung. In solchen Fällen müssen Tierärzte eingreifen, was zwangsläufig zu Unstimmigkeiten führt. Ich denke, ein Animal Communicator sollte genug verdienen, um davon leben zu können. Das ist meine feste Überzeugung. Aber er sollte seinen Überzeugungen treu bleiben."

Ich fragte Judith nach konkreten Fällen, in denen Tierärzte einen Animal Communicator verklagt hatten.
„Manche dieser Prozesse waren durchaus berechtigt“, sagte sie. „Die Gesetze aller Bundesstaaten der USA schreiben vor, daß nur ein zugelassener Tierarzt Diagnosen stellen und Heilbehandlungen verordnen darf. Wenn jemand darauf besteht, ohne die konventionelle Tiermedizin zu therapieren, dann kann er zu einer Gefahr für die Öffentlichkeit werden.“
Ich fragte sie: „Was würden Sie als unberechtigte Prozesse definieren?“
Sie antwortete: „Ein Prozeßgrund besteht immer dann, wenn jemand eine weniger genaue Diagnose stellt als ein Tierarzt und damit dem Tier Schaden zufügt. Leider kommt das häufiger vor. Es gibt viele Menschen, die nichts von konventioneller Medizin halten, weil deren Vertreter häufig sauertöpfisch und von oben herab reagieren.“
„Ich glaube, solange ein Tierpsychologe seine Arbeit gut macht und mit einem Tierarzt zusammenarbeitet, besteht keine Gefahr. Der Arzt wird auf ihn hören und die zusätzliche Diagnose zu schätzen wissen. Ein Animal Communicator kann eine Sprache finden, die ihm selbst und seinen Vorstellungen nützt, ohne daß er mit der konventionellen Tiermedizin aneinandergerät. In diesen Fällen, wenn es um Diagnose, Vorschläge oder ähnliches geht, dürften keine Probleme auftreten.“

Die Tierärztin Fay Witherell hat an Seminaren von Kate Reilly teilgenommen, arbeitet als Animal Communicator und verwendet homöopathische Mittel. Sie sagt:

Viele Tiermediziner sperren sich gegen alles, was sie nicht kennen oder verstehen. Viele fürchten sich vor solchen Dingen, denn sie sehen, wie wir Tiere heilen, bei denen sie versagt haben. Sie verstehen überhaupt nichts. Ich habe nicht nur mit Tier-, sondern auch mit Humanmedizinern geredet. Ganzheitlich arbeitende Tiermediziner scheuen sich davor, Fälle anzunehmen, wenn sie wissen, daß ein Humanmediziner zur Familie gehört. Früher oder später werden sie solche Fälle abgeben müssen. Auch mir ist das schon passiert. Mir war nicht klar, daß der Besitzer des betreffenden Reitstalles ein pensionierter Mediziner war.

Die Vereinigung amerikanischer Tiermediziner steckt noch immer den Kopf in den Sand. Sie erkennen die Akupunktur an, glauben aber, es geht dabei nur darum, Nadeln in irgendwelche Körperteile zu stechen. Also machen sie es genauso und lehnen Laien ab, die ihrerseits mit Akupunkturnadeln arbeiten. Auch bei der Chiropraxis und der Homöopathie stecken sie den Kopf in den Sand. Sie machen sich daran, homöopathische Medikamente zu analysieren. Wenn man sich mit der Homöopathie beschäftigt, weiß man, daß es um die Energie des Medikaments geht. Der ursprüngliche Wirkstoff wird so lange verdünnt, bis kein Molekül mehr übrig ist, mit dieser Energie tränkt man dann kleine Zuckerpillen. Es sind sehr wirksame Medikamente. Die Menschen geben Tausende von Dollars für Röntgenaufnahmen, Ultraschalluntersuchungen und andere Tests aus, um die Krankheit eines Pferdes zu untersuchen. Dann kommt jemand, der tausend Meilen entfernt wohnt, und sagt, das Pferd hat keine Schmerzen im linken Sprunggelenk, sondern ihm tut die rechte Seite des Beckens weh, weil seine Wirbel herausgesprungen sind. Konventionelle Praktiker wollen davon einfach nichts hören.

Es gibt natürlich gute und schlechte Animal Communicator. Ich ärgere mich darüber, wenn sie homöopathische Mittel verschreiben, denn um diese Methode wirksam anzuwenden, muß man mit offenem Geist an die Sache herangehen. Man muß aus mindestens 100 Medikamenten das richtige herausfinden, und leider kennen viele dieser Leute nur eine geringe Auswahl – und das noch nicht einmal gut. Solche Leute machen uns Schwierigkeiten. In diagnostischer Hinsicht ist jedoch ein Animal Communicator wie Kate unersetzlich.

Ich selbst wende die Kommunikation mit einem Tier nur dann an, wenn ich weiß, daß sein Besitzer dafür aufgeschlossen ist. Ich frage ihn: „Stört es Sie, wenn ich versuche, einen psychischen Kontakt herzustellen, um den Grund für die Schmerzen zu finden?“ Allerdings wende ich diese Methode nicht immer bewußt an. Vielfach nutze ich meine Fähigkeit neben der konventionellen Diagnostik und wundere mich darüber, wenn es dem Tier besser geht als erwartet. Wenn ich aber die Erlaubnis des Besitzers habe, setze ich mich nachts mit dem Körper des Tieres auseinander.

Alle ganzheitlich arbeitenden Kollegen halten die Einstellung für besonders wichtig. Nur die Einstellung ist von Bedeutung, gleichgültig ob sie bewußt psychisch heilen oder nicht. Es ist genauso wie das kleine Mädchen, das zu seinem kranken Pferd in den Stall geht und es umarmt. Durch diese Handlung hat sie psychisch geheilt. Wie oft haben Ärzte – vor allem jene früherer Zeiten – gesagt, wie wichtig es ist, Säuglingen die Brust zu geben. In dieser Handlung steckt eine unglaubliche psychische Kraft, und das, ohne daß man sich dessen bewußt ist.

Wenn man jemandem nahe ist, der wirklich krank ist, und sich um ihn kümmert, geht die Krankheit zurück. Wenn ich zu meinem Pferd gehe, das ich mehr als alles andere liebe, macht es mir nichts aus, seinen ganzen Körper energetisch zu untersuchen und ihm wirklich zu helfen. Und dann muß ich zu einem alten, reizbaren, stinkenden Hund gehen, der versucht, mich zu beißen, wenn ich mich wegdrehe. Trotz allem, auch ihn muß ich mit aller Liebe und Sorge behandeln – als Tier, als Seele, als Patient – nur so habe ich Erfolg.

Daran sollte man immer denken. Aber diese Heiler, ebenso wie die wahren Ärzte und Schwestern und die kleinen Mädchen, die zu ihrem kranken Pony laufen und es umarmen, helfen wirklich. Sie heilen mit ihrer psychischen Kraft.

Die Kommunikation mit Tieren erlernen

Ich könnte mir denken, daß Sie sich allmählich fragen, ob Sie nicht selbst die Kommunikation mit Tieren erlernen könnten. Auch mir ging es so. Ich war allerdings nicht sehr optimistisch, denn ich bin zwar theoretisch durchaus davon überzeugt, über übersinnliche Fähigkeiten zu verfügen, in der Praxis zeigten sich diese Erfahrungen aber niemals.

Am Monroe Institute in Virginia habe ich versucht, meinen Körper zu verlassen. Dort bekommt man Töne unterschiedlicher Höhe ins Ohr gespielt, die als „Fenster“ ins Universum dienen. Nach einigen Tagen Übung konnten alle anderen in der Klasse dieses Fenster durchschreiten und sich in verschiedene Dimensionen erheben, nur meine eigene Psyche blieb im Körper stecken – als gäbe es eine Art kosmischen Leim.

Später habe ich an einem Workshop in einer Spiritualistengemeinde teilgenommen. Ich kam direkt in eine Klasse für Fortgeschrittene, weil ich Bücher über Geister geschrieben hatte. Schon bald fanden sie jedoch heraus, daß ich nur über Geister schreibe. Ich kann sie selbst weder sehen noch hören, ich habe nur mit Menschen gesprochen, die dies können. Die Spiritualisten waren zu höflich, mich in eine Anfängerklasse zu setzen, doch ich gab selbst auf, weil sich nichts tat.

Wie steht es aber mit meinen Erfahrungen mit Workshops über Tierkommunikation? Läßt sich da Spannung in Ihnen erzeugen? Kam es nun zum Durchbruch oder nicht? Denn wenn ich es könnte, könnte es jeder. Ich will niemanden ernüchtern, aber ich hatte niemals eine außergewöhnliche Erfahrung; nur ein paar normale, die man auch als Zufall oder Glück bezeichnen könnte. Dennoch glaube ich daran, daß die Animal Communicator recht haben: Jeder kann es erlernen, wenn er sich wirklich Mühe gibt.

In der normalen, täglichen Kommunikation mit anderen Menschen setzen wir gewöhnlich die linke, analytische Gehirnhälfte ein. Für eine wirkliche Kommunikation mit Tieren – aber auch mit Menschen auf diese Art – braucht man unbedingt ein weites Herz und Mut. Die außerordentliche Hellseherin und Animal Communicator Nancy Regalmuto hat es mir so erklärt: „Ein Künstler hat ein Bild gemalt, auf dem Jesus an eine Tür klopft. Menschen, die dieses Bild betrachteten, sagten: ‚Es ist nicht fertig, der Türknopf fehlt.' Der Künstler antwortete: ‚Die Tür führt in das menschliche Herz, sie kann nur von innen geöffnet werden'."

Nancy fuhr fort: „Wenn du mit Tieren arbeitest, mußt du dein Herz öffnen. Du mußt verletzlich sein. Du mußt einen Austausch zwischen dir und dem anderen Subjekt zulassen. Das Chakra des Herzens muß sich öffnen, denn Tiere haben ein hochentwickeltes Liebesvermögen. So stellen sie die Verbindung mit Menschen her; so dringen sie in uns ein. Wenn du das Chakra deines Herzens nicht öffnest, um sie zu verstehen, zu lieben, zu schätzen, und kein Mitleid mit ihnen empfindest, wirst du niemals die Schwingungen der Energie wahrnehmen, die man für einen Kontakt braucht."

„Wir können es alle. Es ist ein göttliches Vermögen. Wir stammen alle vom selben Schöpfer, vom selben Ort. Vom Wesen her sind wir uns alle gleich, haben dieselben Fähigkeiten und Rechte. Viele Menschen haben aber dieses Recht verwirkt. Sie wissen nicht einmal mehr, was sie für Rechte haben."

„Du hast ein Recht darauf, mit allem zu kommunizieren, was Gott geschaffen hat. Es ist unser göttliches Recht. Viele Menschen glauben, ich bin nur dazu in der Lage, weil ich eine Auserwählte bin. Nun, auch du bist auserwählt, du erkennst aber deine Gabe nicht. Alle diese Gaben liegen unter unserem Weihnachtsbaum. Ich habe meine nur geöffnet."

Jane Shepherd aus Haymarket (Virginia) ist eine erfahrene Pferdetrainerin und Reitlehrerin. Sie hat nach und nach gespürt, daß sich Pferde miteinander unterhalten.
„Man konnte sehen, wie sie ihre Köpfe zusammensteckten, etwas entschieden haben und dann danach handelten. Ich fühlte etwas, wußte aber nicht, was es war."
Eine professionelle Animal Communicator besuchte den Stall, in dem Janet ihr Pferd untergestellt hatte, und gab eine Demonstration mit verschiedenen Pferden. „Ich war mir ziemlich sicher, daß alles echt war und keine Scharlatanerie", berichtete Janet, „und mir schien, ich hörte auch einige der Dinge, die sie nicht laut sagte."
Sie begann, mit dieser Frau zu arbeiten, später auch mit Marlene Sandler. Beide halfen ihr, viele der Fähigkeiten zu entwickeln, die ein Animal Communicator braucht. Die Meditation steht hier vielleicht als Wichtigstes. Janet erzählte mir:

Ich übte mich in der Meditation. Dazu zählte ich meine Atemzüge, hatte aber nie das Gefühl, ich würde mich in höhere Zustände des Bewußtseins erheben. Aber ich merkte, wie ich ruhiger wurde und sich meine Gehirnwellen veränderten. Sie wechselten in den Alpha-Zustand oder so. Ich atmete langsamer, und mein Herzschlag beruhigte sich. Ich muß aber zugeben, daß mich diese Übungen langweilten.
Es gibt aber noch andere Möglichkeiten zu meditieren: Meditation in der Bewegung. Für körperlich aktive Menschen wie mich ist das sehr gut. Man kann auf Berge steigen, sich an Bäumen schwingen und ich weiß nicht, was noch alles. Dann gibt es die Technik, zurückzuzählen und in eine leichte Hypnose zu verfallen, so daß man Zugang zu seinem Unterbewußten findet, zu Gefühlen, denen man sich nicht bewußt ist, auch zu seinen übersinnlichen Fähigkeiten.
Unsere linke Gehirnhälfte redet ständig mit uns, hört nie auf, aber daneben gibt es eine Menge intuitives Zeug, das uns ständig beschäftigt. Ich glaube, wir hören es, aber es ist sehr subtil, und wir achten nicht darauf, oder wir verwerfen es als Einbildung. Die Stimme des linken Gehirns ruft ständig, beschäftigt uns, aber die intuitive Stimme ist leiser als ein Flüstern.

Ich treffe jeden Tag Menschen, die sehr telepathisch veranlagt sind. Sie reden mit ihren Tieren, ohne es zu merken. Heute, da ich meine Fähigkeiten entwickelt habe, weiß ich, wann sie mit den Tieren kommunizieren. Man sagt mir: „Es ist wunderbar, daß Sie das können", und ich kann ihnen ehrlich antworten: „Das kannst du auch. Du tust es bereits, du bemerkst es nur nicht."

An einem Frühlingssamstag fuhr ich von meinem Haus bei Boston nach Connecticut. Nedda Wittels, eine Animal Communicator, die ich interviewt hatte, hielt dort einen eintägigen Workshop über Tierkommunikation ab. Die Veranstaltung fand in einer ländlichen Gegend südlich von Hartford statt. Deb Dickerson hatte ihr Haus zur Verfügung gestellt. Wir fingen morgens um 9.00 Uhr an, und der Kurs lief bis 17.00 Uhr. Außer Nedda und mir nahmen noch fünf Personen teil, vier Frauen und ein Mann.
Mir wurde rasch klar, daß alle große Tierliebhaber waren. Auch ich mag Tiere – vielleicht liebe ich sie manchmal sogar –, aber doch eher beiläufig. In meinem Erwachsenenleben hatte ich nur eine Katze und einen Hund, und das war die Idee meiner Frau gewesen. Diese Menschen jedoch liebten Tiere, sie hatten eine emotionale Bindung. Die meisten hatten mehrere Tiere. Sowohl bei diesem wie bei einem späteren Treffen kam ich mir wie ein Eindringling vor. Ich gehörte nicht dazu. Ich war hier, um zu arbeiten und zu berichten, das war alles. In den Pausen, wenn sich alle ihre jüngsten Erlebnisse mit Tieren erzählten, hielt ich mich an die Getränke, meist aus Langeweile.
Nedda begann den Tag mit einer Ermunterung: „Jeder, der an einem solchen Workshop teilnimmt, ist bereits grundsätzlich in der Lage, mit Tieren zu kommunizieren", sagte sie. „Sie spüren eine Bindung, Liebe und kennen die Erfahrung, mit Tieren zusammenzusein. Sie kommunizieren, wenn Sie bei den Tieren sind. In diesem Workshop wird Ihr Bewußtsein erweitert. Wir alle sind telepathisch, wurden aber als Kinder gelehrt, diese Fähigkeit zu

unterdrücken, statt sie weiterzuentwickeln. Dabei läßt sie sich in unser tägliches Leben integrieren wie Fahrrad fahren oder Geige spielen."

Als ich im Monroe Institute lernen wollte, wie man seinen Körper verläßt, und dazu nicht in der Lage war, fragte ich alle anderen Teilnehmer meiner Klasse aus, denn ich hatte mich verpflichtet, einen Artikel zu schreiben, und war verzweifelt. Es kam heraus, daß schon 80% der Teilnehmer diese Erfahrung kannten, ehe sie den Kurs besuchten. Genauso war es auch bei diesem Workshop über Tierkommunikation – fast alle Teilnehmer hatten bereits Erfahrungen mit telepathischer Kommunikation. Sie wollten einfach mehr lernen, wollten sich ihrer Fähigkeit bewußter werden.

Nedda bat uns, etwas über uns zu erzählen, warum wir hier waren. Der Bericht einer Frau hat mich besonders berührt:

Nach meiner Scheidung war ich wie versteinert. Ein Kater trat in mein Leben, und wir entwickelten eine übersinnliche Verbindung. So spürte ich genau, wenn er vor der Tür stand und hereinwollte. Dann hörte ich Sätze. Eines Tages sagte er: „Ich werde Amy nicht wiedersehen." Amy ist meine Tochter. Es stellte sich heraus, daß der Kater sterbenskrank war und deshalb Amy nicht mehr sehen würde. Bei seinem Tod spürte ich zum ersten Mal wieder Trauer. Sein Name war Speaker.

Deb Dickerson sagte: „Ich fühle mich tierischen Gefährten verbunden. Es gab einmal ein Pferd, zu dem ich kein Band knüpfen konnte. Ich wollte herausfinden, warum das so ist."

Alex Kozman, der mit Deb zusammenarbeitet (sie sind Polizisten an einer staatlichen Nervenklinik), hatte seinen kleinen Terrier mit Namen Robert Anne mitgebracht. „Ich habe Hunde gehabt, seit ich ein Kind bin", sagte er, „meine Allergien sind mir egal, wenn ich nur meinen Hund bei mir haben kann. Ich bin hier, um unsere Beziehung einen Schritt weiter zu bringen."

Nedda arbeitete nach dem Vorbild eines Kurses von Penelope Smith, bei der sie gelernt hatte. Auch Dawn Hayman, deren Kurs ich anschließend besuchte, ging nach der Methode von Smith vor.

Nedda bat uns um emotionalen Frieden. Wir sollten uns vorstellen, wie es ist, mit Tieren zu kommunizieren, wie es wäre, Botschaften auszusenden und zu empfangen – ohne Schwierigkeiten, ohne Barrieren. Wie es wäre, offen für Überraschungen zu sein.
Dann mußten wir Paare bilden und unserem Partner von einem tiefen emotionalen Erlebnis mit Tieren berichten. Meine Partnerin war eine Dame mit dem Namen Sandy Beach. Sandy erzählte mir, wie sie eine krebskranke Hündin gefüttert hatte. Sie hatte das Gefühl, sie müsse ihr helfen zu sterben. „Ihrem Gesicht sah man an, daß sie schmusen wollte", sagte Sandy, „aber sie konnte nicht atmen."
Ich erzählte von meiner Irischen Setterhündin, Seyde, die stets mit mir schmuste, wenn wir in meinen Wagen stiegen.
Nedda bat uns, an eine Situation zu denken, als ein Tier einen unserer Gedanken aufgefangen hatte. Also erzählte ich Sandy wieder von Seyde, die häufig noch vor mir wußte, wann wir spazierengehen würden. Dann wartete sie hechelnd an der Tür.
Sandy meinte, sie würde ihren Hund jeweils morgens kurz herauslassen. Statt gleich zurückzukommen, besuchte der Hund häufig die Nachbarn. Eines Morgens mußte Sandy früh aus dem Haus, also sandte sie ihrem Hund folgende Botschaft: Wenn du nicht in einer Minute zurück bist, mußt du hier draußen in der Kälte warten, bis mein Mann aufsteht. Innerhalb von 30 Sekunden war der Hund zurück.
Dann sollten wir uns an ein Tier erinnern, das uns gegenüber echte Emotionen gezeigt hatte. Ich erinnerte mich daran, wie sich Seyde gefreut hatte, nachdem ich mehrere Monate nicht zu Hause gewesen war. Sie flog zwei Meter durch die Luft und landete – mit immerhin 34 kg – in meinen Armen.
Sandy erzählte mir von Joey, dem Pferd ihrer Mutter. Als ihre Mutter krank wurde, kam Joey zu ihr und legte seinen Kopf auf Sandys Schulter. Das hatte er noch nie zuvor getan.
Dann übte Nedda mit uns verschiedene Formen der Telepathie. „Diese Übungen dienen dem Kontakt zwischen Menschen", sagte sie. „Sie gehen vom Chakra des Herzens aus."

Wir versuchten, uns telepathisch Farben zu übermitteln. Einmal sandte Nedda Orange aus.
Alex empfing die Botschaft. „Ich habe mich sehr bemüht", sagte er zu der Gruppe, „meine Tür – mein Herz-Chakra – offenzuhalten."
Auch ich hatte Orange gesehen, und ich mag die Farbe nicht besonders. Nur ein Zufall?
Dann übermittelte ich meine Lieblingsfarbe Lavendel an Sandy Beach. Sie empfing jedoch nichts. Nobody is perfect!
Anschließend versuchten wir es mit Fotos von Tieren, die die Teilnehmer mitgebracht hatten. Ich bekam ein Bild von Mick, Debs Pferd. Ich stellte Mick die Fragen, die Nedda vorschlug:

Was magst du gerne fressen?
Mick sagte: *Pfefferminze.*
Was gefällt dir am besten?
Rennen.
Was ärgert dich?
Andere Tiere, für die sich Deb interessiert.
Wo möchtest du gerne hingehen?
Einfach nur raus.
Wie alt bist du?
Zwölf Jahre.

Deb bestätigte die Antworten, aber ich war mir nicht sicher, ob ich Mick gehört hatte. Hatte ich nur gut geraten?
Andere Teilnehmer bekamen präzisere Antworten. Nach dem Workshop rief ich einige Teilnehmer an und fragte sie, welche Erkenntnisse sie mitgenommen hatten. Alex erzählte mir, daß ihm Tara, Sandys Hund, geantwortet hatte. Eine der Fragen bezog sich auf das Lieblingsessen, und Tara hatte geantwortet: Fleisch. Auf die Frage nach ihrer Lieblingsbeschäftigung hatte Tara geantwortet: im Sumpf zu spielen. Alex sagte, er habe nicht gewußt, daß es bei Sandys Haus einen Sumpf gab.
„Ich war sehr skeptisch", erzählte er mir, „aber mir schienen die 75 Dollar gut angelegt, um herauszufinden, was an der Sache dran ist

und ob ich es kann. Die Farben sind mir leichtgefallen. Also dachte ich, es müsse etwas daran sein, vielleicht ist es real. Im Laufe des Tages nahm meine Skepsis mehr und mehr ab. Ich brauchte die Bestätigung von anderen, daß meine Antworten real waren. Bei meinem eigenen Hund kenne ich die Antworten ohnehin. Am Ende des Tages war ich sicher, über die Fähigkeit der Kommunikation zu verfügen."

Manche Leute sagten, sie hätten Worte gehört, andere hatten Bilder gesehen. Wieder andere meinten, es wären Gefühle gewesen. Einige hatten auch eine Mischung aus allem empfangen. Für mich waren die Erlebnisse von Sue Higgings, einer Sozialarbeiterin, am überzeugendsten. Sie hatte während der letzten zehn Jahre viele Erfahrungen mit psychischem Training gemacht. (Außerdem bestätigte sie mir, ich hätte bei einem Foto ihrer Katze Silky die richtigen Antworten gegeben. Aber dies konnte ich natürlich nicht überprüfen.)

Sue hatte mit einem Foto von Joey, dem Pferd von Sandy, gearbeitet. Joey sei schon immer ein Spaßvogel gewesen, sagte uns Sandy, nachdem Sue ihren Bericht vorgetragen hatte.

„Er gab mir äußerst ungewöhnliche Antworten", erzählte mir Sue. „Er wollte unbedingt an meinem Bein ziehen".

Sie fragte Joey nach seinem Lieblingsessen, und er sagte: „Pferdefleisch."

„Vielleicht hast du dir das nur ausgedacht", sagte ich.

„Ich weiß", gab sie zurück.

Andererseits gab es einige bemerkenswerte Antworten. Als sie fragte, was ihn wütend macht, sagte er, eine geschlossene Stalltür. Später erzählte uns Sandy, daß sie im Winter den unteren Teil der Stalltür schließt, um die Kälte abzuhalten. Vielleicht war Joey klaustrophobisch veranlagt.

Sue fragte Joey, wohin er am liebsten gehe und er antwortete: in den Sand. Sandy bestätigte dies: Joey liebte es, sich im Sand zu wälzen. Sue fragte erneut nach dem Lieblingsessen, und Joey antwortete nun: Bohnen. In der Tat fütterte ihn Sandy mit einem Hafermehl, das wie Bohnen aussah.

Sandy erzählte weiter, daß Joey auch mit anderen Frauen der Gruppe Späße gemacht hatte. „Er spielte den Spaßvogel", sagte Sandy, „er gab alle möglichen lustigen Antworten. Einer Frau hat er erzählt, daß es ihm überall weh tut. Am Rücken, an der Hüfte und am Bein. Als sie nachfragte, was am meisten schmerzt, antwortete er, das wäre sein Vorderbein, aber mit vielen Leckerlis ließe sich der Schmerz heilen."

Jeder Teilnehmer bestätigte mir, daß er sich nach dem Workshop seiner Fähigkeiten bewußter geworden war. Kommunikation war für sie nicht länger eine Einbildung. Deb Dickerson sagte: „Ich bin nun sicher, daß ich mehr auf das vertrauen kann, was ich von den Tieren höre. Ich kenne dieses Gefühl schon seit langem. Ein solcher Workshop macht es wertvoller. Ich werde mich damit befassen. Von nun an werde ich stärker auf meine Gefühle hören."

In bezug auf die Praxis gab mir Nancy Regalmuto einige scharfsinnige Hinweise. „Ich habe lange Zeit Bodybuilding gemacht", erzählte sie mir. Mir erschien das ungewöhnlich, denn sie sieht keinesfalls so aus. Nancy ist schlank, hübsch, fast ätherisch. Sie erzählte mir:

Übersinnliche Fähigkeiten zu erwerben ist wie Bodybuilding. Wir heben immer schwerere Gewichte, um den Körper zu stählen. Ähnlich ist es auch mit dem Übersinnlichen, wir stellen immer spezifischere Fragen. Es geht um Feinarbeit. Man redet beispielsweise mit einem Hund, den man nicht kennt, dem Hund eines anderen oder mit einem Eichhörnchen, einem Fisch. Damit stärkst du deine „Kommunikations-Muskeln", baust Masse auf. Das ist weit mehr, als dein Haustier zu fragen, wie es ihm heute geht, welches Fressen es mag. Man dringt in immer tiefere Kommunikationsschichten vor.

Der Erfolg stellt sich nicht über Nacht ein. Aber es könnte über Nacht passieren. Deine Gedanken formen dein Leben. Viele Menschen hören nicht mehr zu. Als ich ein kleines Mädchen war, hatte ich Angst vor anderen

Menschen. Ich stand herum und hörte einfach zu. Wenn es dir nicht gelingt, den Menschen zuzuhören, kannst du auch Tieren nicht zuhören.
Zuhören ist eine Sache der Ohren und des Herzens. Tiere haben mir oft gesagt: „Ich weiß nicht, wie oft ich es ihr schon gesagt habe, aber sie hört einfach nicht zu." Genau davon gehen Tiere aus – wir hören einfach nicht zu. Zuhören verlangt eine Menge Erfahrung, Konzentration und Instinkt. Man muß auf den Instinkt hören, auf die ersten Eindrücke. Manche Menschen sagen: „Ich sollte mehr auf mich selbst hören", und genau das ist es. Man muß offen für alle Informationen sein, die uns zufließen. Zuerst ist alles sicher noch ungeordnet, aber du solltest auf dein Gehirn vertrauen. Es kann die Informationsfetzen so aufbereiten, daß du sie verstehst.
Wenn du motiviert bist, kommt auch das Verständnis. Allerdings mußt du daran arbeiten, es zu erhalten und zu entwickeln.

Dawn Hayman begann den dreitägigen Workshop, an dem ich teilnahm, mit der Bemerkung, sie habe gelesen, daß Hunde nicht klüger seien als Katzen. Sie selbst habe das ohnehin nie geglaubt. Immerhin sei es keine gute Idee, Katzen davon zu erzählen.
Dabei fiel mir ein, daß ich vor Jahren auch gelesen hatte, Hunde seien klüger als Katzen. Ich hatte meiner Frau davon erzählt, unser Hund Seyde und unsere Katze Pooka hörten zu. Damals schrieb ich eine Zeitungskolumne. Darin schrieb ich, seit ich die Überlegenheit von Hunden gegenüber Katzen erwähnt hätte, würde unsere Katze finster herumschleichen und unser Hund sei unausstehlich geworden.
Wir gehen strikt davon aus, daß Tiere uns nicht verstehen können: Ich seitdem nicht mehr.
Zu Beginn des Workshops erwähnte Dawn, daß der Kater Captain Zero, der hier in dem Tierasyl „Spring Farm Cares" gelebt hatte, vor einigen Tagen überfahren worden war. Seine Schwester Sonya Pia galt allgemein als die oberste Katze in der Rangordnung. „Wir

haben Sonya Pia seit einigen Tagen nicht mehr gesehen", erzählte uns Dawn. „Es geht ihr gut, aber sie trauert."
Beiläufig erwähnte Dawn, daß sie telepathischen Kontakt zu Sonya Pia halte und über ihre Gefühle informiert sei. Diese Art der Kommunikation gelte auf der „Spring Farm Cares" als normal. „Ihr Haustier weiß ohnehin, wo Sie sind und was Sie tun", erzählte sie der Gruppe.
Dawn und ihre Partnerin Bonnie Reynolds haben das Tierasyl vor einigen Jahren auf einer Farm in Clinton (New York) gegründet, die schon seit 1802 im Besitz der Familie Reynolds ist. Dort leben etwa 170 Tiere: Pferde, Lamas, Hühner, Enten, Katzen, Hunde, Meerschweinchen und Kaninchen. „Alles mögliche", sagte Dawn, „hier dürfen die Tiere ein Leben lang bleiben."
Im November 1993 gab es einen fürchterlichen Brand. Ein Stall brannte aus, und 17 Katzen, vier Hunde und fünf Wellensittiche starben. In dem Feuer hatten Dawn und Bonnie fast alles verloren; sie waren nicht versichert. Mit Hilfe von Spenden und Zuwendungen konnten sie ein neues Gebäude errichten und das Asyl weiterführen.
Dawn ist eine bekannte Animal Communicator, sie ist seit ihrer Kindheit übersinnlich. Nachdem sie die Bücher von Penelope Smith gelesen und ihre Tonbänder gehört hatte, begann sie, mit Tieren zu arbeiten.
„Mir wurde klar, daß ich diese Dinge schon seit meiner Kindheit gemacht hatte", erzählte mir Dawn. „Ich dachte, jeder macht das. Während ich aufwuchs, vergaß ich meine Fähigkeiten, konnte sie aber sofort wieder abrufen. Zuerst habe ich hier nur mit unseren Tieren gearbeitet, und heute werde ich aus der ganzen Welt angerufen. Wöchentlich hatte ich 75 Konsultationen, aber ich arbeite nun etwas weniger. So viele Fälle zu bearbeiten ist sehr erschöpfend.
Jeder kann es. Jeder ist telepathisch, daher bringe ich den Leuten nicht bei, wie man telepathisch wird, sondern wie man seine Fähigkeiten erweckt. Das ist auch das Ziel dieses Workshops."
Einige Tage nach dem Workshop rief ich beinahe jeden der zehn

Teilnehmer an und stieß auf uneingeschränkte Begeisterung. Ich selbst fand, daß Dawn zuviel von ihren eigenen Erfahrungen berichtet und zuwenig an unseren telepathischen Fähigkeiten gearbeitet hatte. Mit dieser Meinung stand ich allerdings ziemlich allein. Alle meinten, daß sie durch diese Geschichten bestärkt worden seien, es selbst zu versuchen.

„Ehe du etwas zum Teil deines Lebens machst, mußt du daran glauben", hatte Dawn gesagt.

Mein Problem war, daß ich bereits seit anderthalb Jahren an diesem Buch gearbeitet hatte. Ich hatte Dutzende von Geschichten gehört, auch einige von Dawn. Ich war bereits überzeugt.

Am Samstag nachmittag begannen wir hoffnungsvoll mit den Übungen, die unsere telepathischen Fähigkeiten entwickeln sollten. Wir verwendeten die Methode von Penelope Smith, sandten und empfingen Farben und erzählten uns unsere Erfahrungen mit Tieren. Der wichtigste Teil des Workshops war jedoch der direkte Kontakt mit Tieren. Dawn schickte uns in das Farmgebäude, um mit den Tieren zu kommunizieren. Danach trafen wir uns wieder im Seminarraum und berichteten über unsere Erfahrungen.

Ich tat mich mit einem kanadischen Ehepaar zusammen. Jack Frith bediente schweres Baugerät und gab zu, daß er sehr skeptisch sei, mit Tieren zu kommunizieren. Er sei den weiten Weg aus Toronto hierher nur gefahren, um seiner Frau einen Gefallen zu tun. Diane arbeitete als Systemanalytikerin in einer Bank. Als ich Jack einige Tage später interviewte, gab er zu, er sei immer noch nicht ganz überzeugt. Seine Frau war jedoch begeistert und plante bereits, an einem weiteren Workshop teilzunehmen.

„Ich glaube, ich konnte schon immer kommunizieren", erzählte sie mir, „ aber mir war nicht klar, was da passierte. Offensichtlich weiß ich, was meine Tiere wollen: ausgehen, ein Plätzchen haben. Und heute weiß ich, es liegt daran, daß ich sie verstehe."

Ich lief mit den beiden durch den großen Stall. Mir gefiel der Ziegenbock Tyler am besten. Er schien mich zu mögen. Er steckte seine mächtigen Hörner durch das Gitter seiner Box, um mir näher zu kommen. Ich hatte etwas Angst, er würde steckenbleiben. Ich hatte das Gefühl einer Kommunikation, spürte, daß wir Kumpel waren, aber es gelang mir nicht herauszubekommen, was er mir sagen wollte.

Diane erzählte mir, Tyler hätte ihr gesagt: „Niemand redet mit meiner Schwester Tippy. Rede du mit ihr."

Mir war die winzige Ziege in der nächsten Box kaum aufgefallen. Ich dachte, sie wäre noch ein Jungtier. Außerdem glaubte ich, sie hätte mir nicht viel zu sagen, also wandte ich mich ab. Das hatte wohl ihren Bruder Tyler verärgert.

Die beiden Friths und ich plauderten auch mit Gulliver, einem sehr großen Lama. Es hatte riesige seelenvolle Augen. Wir beide hatten mehrere Minuten lang Augenkontakt. Ich bin fast sicher, Gulliver las in meinem Geist, was mir bei ihm absolut nicht gelang. Diane war schon vorher bei Gulliver gewesen. Diesmal, so erzählte sie mir, hätte er in Hinblick auf Jack gesagt: „Gut, daß Jack zu dir gehört. Das ist o.k."

Hallie McEvoy war aus Nordvermont nach New York gezogen. Ich war etwas überrascht zu erfahren, daß sie früher als Polizistin in Burlington gearbeitet hatte. Sie machte für eine Polizistin einen sehr femininen, warmen und freundlichen Eindruck. Heute arbeitet sie als lizensierte Preisrichterin für die American Horse Show Association. Außerdem schreibt sie über Pferde und hat große Ställe mit 50 bis 100 Tieren geleitet. Ich fragte sie nach ihrer Meinung über den Workshop.

„Ich fand es toll", sagte sie. „Mir gefiel die Praxis, aber auch Dawns Geschichten, denn sie haben etwas aufgerührt, was tief in mir steckte: Sie klangen wahr."

Wie sie sagte, hatte sie selbst ähnliche Erfahrungen, und ihre Beteiligung an der Gruppenarbeit zeigte, daß sie telepathisch war.

Mir fiel auf, daß die übersinnlichen Frauen unter den Teilnehmern bereits Animal Communicator waren. Sie schienen keine Übung zu brauchen.

„Ich brauchte nur eine Bestätigung, daß ich nicht die einzige bin“, erzählte mir Hallie. „Ich möchte mehr Kanäle öffnen können. Früher hatte ich mal Erfolg, mal nicht. Heute bin ich offener.“

Ich fragte Hallie, wie die Tiere zu ihr sprechen.

„Entweder sehe ich ein Bild, oder ich höre eine Stimme“, antwortete sie.

„Deine eigene Stimme?“, fragte ich.

„Nein.“

„Was für eine Stimme?“

„Eine helle Stimme.“

„Die Stimme einer Frau?“

„Nicht wirklich, eigentlich neutral. Meist höre ich dieselbe Stimme, manchmal auch eine andere. Es ist eine Art von Singsang. Ich höre sie, seit ich ein Kind war.“

Als wir wieder zusammensaßen, gab uns Hallie zwei Beispiele ihrer Begegnungen mit den Farmtieren. Eines war eher lustig, das andere erschütternd und mystisch. Dawn bestätigte beide. Offenbar bekam Hallie über parapsychologische Kanäle Nachrichten von den Tieren. Über normale Kommunikationskanäle wären diese genauen Informationen nicht zu erfahren gewesen.

„Ich beginne mit dem Pony“, erzählte uns Hallie. „Freitag abend war ich zum ersten Mal im Stall. Das Pony sagte: ‚Bringst du mir etwas zu fressen? Warum dauert das so lange?‘. Ich sagte: ‚Ich kann dir nichts bringen, ich arbeite nicht hier.‘ Darauf das Pony: ‚Na gut, dann sag jemandem Bescheid‘ und fügte hinzu: ‚Ich muß zuerst gefüttert werden, ich bin eine Herzogin. Sag Dawn, mein rechtes Auge schmerzt, es ist dasselbe Problem wie letztes Jahr. Es ist nichts Ernstes, nur ein Kratzer oder eine Allergie. Bitte sag ihr, ich brauche eine Borwasserspülung für das Auge.‘ Dann sagte es: ‚Schau dir doch bitte die rechte Seite meines Halses an. Ich habe Angst, dort entwickelt sich ein Sarkom.‘“

Dawn bestätigte, daß das Pony, obwohl sein Auge gesund aussah, im letzten Jahr eine Art Krankheit oder Trauma gehabt hatte. Außerdem erzählte sie, daß die Vorbesitzer des Ponys es für sar-

komgefährdet hielten. Sie hatten das Wort in seiner Gegenwart verwendet.
Hallie sagte: „Ich fragte, ob ich wiederkommen und wieder mit ihm reden dürfe, und es sagte: ‚Klar, Süße, glaubst du, das war eine einmalige Angelegenheit?'"
Dawn erzählte uns, daß das Pony Dulcie hieß, sich aber gerne Duchess („Herzogin") nannte.
Dann berichtete Hallie von ihrer zweiten Erfahrung: „Am nächsten Tag war ich wieder unterwegs zu Duchess. Plötzlich wurde ich von zwei Enten verlangt – gerufen –, die auf dem Zugang zu dem verbrannten Stall saßen. Als ich die Rampe hochsteigen wollte, hielten sie mich zurück. ‚Dies ist ein heiliger Ort, und wir sind seine Wächter. Hier starben viele Tiere. Es ist noch immer viel Schmerz da, aber es wird besser.'"
„Ich wollte weitergehen, um über den Rand der Rampe zu blicken, aber sie baten mich, anzuhalten. Sie sagten: ‚Wir müssen diesen Ort bewachen, das ist unsere Aufgabe. Es ist kalt hier, und wir wären lieber drinnen, aber wir müssen draußen auf Wache bleiben.'"
Als Hallie diese Geschichte erzählte, bestätigten auch andere Teilnehmer, daß die Tiere die verbrannte Scheune für heilig hielten. Dawn bestätigte diese Sichtweise.

Norma Harris ist eine große, attraktive Frau aus Bedminster (New Jersey). Sie berät Autohändler bei der Ausbildung, Verkauf, dem Management, bei Anzeigen und der Inventur.
„Dawns Geschichten waren uns sehr wichtig", erzählte sie mir. „Wir hatten vorher nichts Ähnliches gehört. Es gab uns die Bestätigung, daß wir das Richtige tun. Ich kannte die Erfahrung nicht, daß sich ein Tier mit mir unterhält, und es war phänomenal. Ich hatte niemals in Betracht gezogen, daß ich mit einem Tier telepathisch kommunizieren könnte. Diesen Sommer werde ich nochmals an einem solchen Workshop bei Dawn teilnehmen."

Norma erzählte der Gruppe von ihrer Erfahrung mit Sonya Pia, deren Bruder, Captain Zero, kurz zuvor von einem Auto überfahren worden war:

Ich ging in den Stall, um mit einem Pferd zu reden. Da kam eine Katze zu mir und sagte: „Hallo." Ich hörte das Wort, es war nicht nur ein Gefühl. Es war keine fremde Stimme, obwohl sie von anderswo zu kommen schien. Es war meine Stimme, in meinem Kopf. Wir setzten uns hin und hatten eine wunderbare Unterhaltung.
Es war eine große rote Katze. Ich habe auch eine rote Katze gehabt, doch nach der Scheidung hatte mein Mann mir die Katze verweigert. Das hat mich tief getroffen. Daher kamen mir beim Gespräch mit der Katze die alten Gefühle wieder hoch. Ich erzählte diesem Tier, wie sehr ich rote Katzen mag und daß ich meine sehr vermisse. Und daß ich hoffte, meine Katze wisse, daß ich sie nicht einfach so verlassen hatte. Sie antwortete mir sehr bestimmt, ich bräuchte mir keine Sorgen zu machen, meine Katze hätte alles verstanden. Also redete ich mit Dawn und bat sie, mit meiner Katze zu kommunizieren. Sie berichtete, meine Katze wisse Bescheid, und alles sei in Ordnung. Ich hatte keine Ahnung, wie alt Sonya Pia war, und fragte sie nach ihrem Alter. Dawn bestätigte mir später, daß die Antwort richtig war.
Danach besuchte ich die Katze jeden Tag. Am Ende des Workshops fand ich sie nicht mehr. Ich wollte schon abfahren, da sah ich sie auf einem kleinen Hügel unter einem Zaun sitzen. Ich fragte sie, ob sie zu mir herunterkommen wollte, aber sie sagte nein. Also stieg ich den Hügel hinauf zu ihr. Sofort rannte sie weg. Sie war immer zu mir gekommen, elf Tage lang hatten wir uns täglich gesehen, sie war nie weggelaufen. Also fragte ich nach dem Grund. Sie fand es zu traurig und wollte sich nicht verabschieden. Sie hätte gerade ihren Bruder verloren und wollte nicht schon wieder Abschied nehmen.
Ich erzählte Sonya Pia, daß wir immer in Kontakt bleiben würden. Egal wo ich auch wäre, wir würden Freunde bleiben. Sie verstand das gut, konnte aber nicht ‚Auf Wiedersehen' sagen.

Mir fiel die Ähnlichkeit der Teilnehmer in den beiden Workshops auf, die ich besucht hatte. Sie hatten sofort Kontakt untereinander gehabt, fühlten sich verbunden und offen für eine Kommunikation mit Tieren. Ich rief Denise Kinch in Groveland (Massachusetts) an, eine hervorragende Animal Communicator und Medium, die nicht weit entfernt von mir wohnt. Mit ihr habe ich ein langes Interview geführt. Ich erzählte ihr von meinen Abenteuern und Einschätzungen.

„Es stimmt", sagte sie, „viele Leute, die an solchen Workshops teilnehmen, können bereits mit Tieren kommunizieren. Sie benutzen einen solchen Workshop nur, um sich zu bestätigen. Sie hoffen, weitere Techniken kennenzulernen, um die Kommunikation wirkungsvoller zu gestalten."

„Sie kommen mir vor wie Interessenverbände", sagte ich zu Denise. „In den Pausen erzählen sie sich Geschichten über ihre Tiere."

„Sicher", sagte Denise, „du kannst deinem Nachbarn wohl kaum erzählen, daß dein alter Hund mit dir geredet hat. Der würde eine Nervenklinik anrufen. Die meisten Menschen weigern sich, in der Öffentlichkeit darüber zu reden. Als ich und meine Arbeit bekannter wurden, gab es zunächst Vermutungen, ich würde Voodoozauber, Schwarze Magie oder Hexerei betreiben. Erst allmählich verstanden es die Leute. Manchmal halte ich an unserer Schule hier im Ort kostenlose Vorträge. Ich habe einen Abschluß in Zoologie. Einmal hatte ein Junge einen Asthmaanfall, und ich konnte ihn mit Reiki heilen. Einige Leute waren skeptisch, aber nachdem ich es ihnen erklärte und Kurse anbot, wurden sie neugierig und begannen sich für alternative Heilmethoden zu interessieren. Ich beantworte alle Fragen offen und mache auch meine Scherze darüber. Damit kann man Streß und Ängste abbauen."

Carol Gurney aus Agoura (Kalifornien) gehört zu den bekanntesten Kommunikationslehrerinnen. Sie hat in den letzten neun Jahren über 1000 Menschen unterrichtet. Obwohl sie Penelope Smith verehrt, hält sie ihre eigene Lehrmethode für geeigneter, um blutigen Laien die Grundlagen der telepathischen Kommunikation zu vermitteln. Sie veranstaltet eintägige Workshops bei sich zu Hause oder überall im Land.

„Jeder, der an einem solchen Einführungskurs teilgenommen hat, ist zur Telepathie mit Tieren in der Lage", erzählte sie mir. „Man kann die Tierkommunikation an einem Tag erlernen. Noch nie hat ein Teilnehmer meinen Kurs ohne eine bestätigende Erfahrung beendet. Danach kommt es darauf an, was sie daraus machen. Es ist wie der erste Kurs in Französisch. Man darf nicht erwarten, fließend Französisch zu sprechen. Aber man weiß, wie es geht. Je nachdem wieviel die Teilnehmer lernen wollen, brauchen sie Praxis, um fließend zu sprechen. Ich biete auch ein Programm für Fortgeschrittene an, vier Monate lang, je ein Wochenende pro Monat."

Carol beschreibt ihre Unterrichtsmethode folgendermaßen:

Zuerst reden wir über Telepathie: wie Tiere telepathisch kommunizieren, wie es uns gelingt, besser mit ihnen telepathisch zu kommunizieren, wie wir unsere Beziehung zu Tieren intensivieren können. Ich stelle verschiedene Techniken vor und Einsichten, die ich Tieren verdanke, Dinge, die sie mich gelehrt haben, und Fallstudien über telepathische Kommunikation.

Wenn wir die Grundlagen abgehandelt haben, machen wir einige Übungen. Zuerst müssen die Teilnehmer ihren Geist und Körper entspannen, ihren Geist beruhigen: Das ist die wichtigste Voraussetzung für uns Menschen. Dann üben wir, wie man Botschaften aussendet und empfängt.

Danach kommunizieren wir untereinander über Farben. Ich habe diese Übung vor Jahren konzipiert und in Penelope Smiths Zeitschrift Species Link *veröffentlicht. Sie gefiel Penelope so gut, daß sie mich bat, sie in ihren Kursen verwenden zu dürfen. Inzwischen dürften wohl alle Lehrer diese Farbenübung in ihren Kursen einsetzen. Die aussendende Person muß z.B. die Farbe Orange spüren. Dann frage ich den Empfänger, wie sich die Farbe anfühlt, weich, kühl, hell, feucht oder naß. Welchen Ton hat die Farbe? Ist sie kräftig oder matt, hell oder dunkel? Ist Ihnen neben*

der Farbe ein Gedanke oder ein Bild aufgefallen? Das ist Kommunikation auf der Ebene von Gefühlen, auf visuellem und geistigem Niveau. Sie senden ihre Gedanken, Gefühle und Bilder aus.
Nach einer Pause folgt dann die Kommunikation mit jeweils einem Tier. Nach und nach treten Erfolge ein, und manche Menschen können Verbindung mit mehreren Tieren aufnehmen.

Carol geht davon aus, daß es mehrere Möglichkeiten gibt, telepathisch mit Tieren zu kommunizieren: über Worte, Gefühle oder Bilder. „Manche Lehrer legen Wert auf Bilder", sagte sie. „Sie meinen etwa: ‚Wenn du wissen möchtest, was dein Hund gerne fressen will, dann sende ihm das Bild seines leeren Freßnapfes.' Das ist wie ein mentaler Diavortrag. Dann wartest du, ob sich die Schale mit etwas Freßbarem füllt."
Carol erwähnte weitere Möglichkeiten:

Du kannst auch die Gestalttherapie verwenden, eine psychologische Methode. Dabei wirst du zu der Person oder dem Tier. Wenn du Probleme mit deinem Partner hast, dann bittet dich der Therapeut, dir diese Person in einem Sessel des Raumes vorzustellen. Dann erzählst du dieser Person, wie du dich fühlst. Danach setzt du dich in den Sessel, und er fragt nach deinen Gefühlen. Du mußt dir vorstellen, du wärest diese Person. Du fühlst und siehst durch deren Augen, spürst deren Emotionen. Diese Art der Kommunikation ist ungeheuer wirkungsvoll. Also habe ich sie für Tiere adaptiert. Stell dir vor, jemand hat Schwierigkeiten, ruhig zu bleiben und aus sich herauszugehen. Er müßte dem Tier eine Frage stellen und sich danach vorstellen, er wäre selber dieses Tier. Auf diese Weise geht er aus sich heraus und sieht die Dinge wie ein Tier.
Ich nenne diese Technik Kommunikation mit dem Herzen. Ich leite meine Schüler an, eine kontrollierte Meditation abzuhalten. Deren Ziel ist es, mit ihrem Innern in Kontakt zu treten, mit ihrem Herzen, ihren Leidenschaften und ihrer Liebe. So beginnt die Kommunikation vom Herzen aus, nicht vom Gehirn – eine völlig andere Form der üblichen Kommunikation. Wenn es uns gelingt, bis zum Herz vorzudringen, kommt die Kommunikation mitten aus uns, sie geht durch unseren

Carol Gurney

Geist, unser Herz, unsere Seele und den physischen Körper. Wir erfahren reine Liebe. Auf diese Weise teilen wir mit einem Tier alle Arten der Information auf unterschiedlichen Ebenen. Das Tier wird sich bei dir absolut sicher fühlen, es wird dir die Dinge enthüllen, die du wissen möchtest.

Diese Technik ist auch bei Menschen möglich. Ich übe es zunächst bei Menschen, dann bei Tieren. An meinen Workshops nehmen viele Therapeuten teil, die mir sagen: „Carol, ich habe mitgemacht, ohne genau zu wissen, warum. Ich wollte nicht mit Tieren arbeiten. Aber nun kann ich besser mit meinen Patienten arbeiten, denn ich kann ihnen telepathisch zuhören und weiß, was sie wirklich bewegt."

Ich habe Carol gegenüber erwähnt, daß ich als Anhänger der New-Age-Bewegung an eine Veränderung unseres Bewußtseins glaube, an ein Erwachen. Ich fragte sie: „Könnte die Kommunikation mit Tieren nicht ein Teil dieser kosmischen Veränderungen sein?“
„Ich glaube schon“, antwortete sie. „Die Menschen wachen auf, sie wollen wissen, wer ihre Tiere wirklich sind. Im Grunde genommen wollen sie aber sich selbst kennenlernen. Denn Tiere sind eine Spiegelung unserer selbst. Tiere sind vor allem deswegen Teil unseres Lebens, weil sie uns durch ihre Liebe vermitteln, wie wir uns selbst lieben müssen. Sie lehren uns durch ihr Verhalten, durch ihre Taten alles über uns selbst. Sie sind unsere besten Spiegel, die besten Therapeuten auf unserer Erde.“

Einige merkwürdige Geschichten auf dem Weg zur Kommunikation

Wie Sie bemerkt haben, ist dies ein sehr umfassendes Buch. Es befaßt sich mit dem ganzen nordamerikanischen Kontinent und geht noch darüber hinaus. Es enthält Interviews und Beobachtungen zahlloser Beteiligter, Hunde, Katzen, Pferde, Lamas und anderer Tiere ebenso wie einiger Pflanzen.

An diesem Punkt möchte ich kurz innehalten und Ihnen wie auch mir eine Pause gönnen – mit einigen leicht zu lesenden, leicht zu schreibenden Anekdoten, die nicht recht zu meinen anderen Kapiteln passen wollen. Für mich sind diese Geschichten jedoch zu faszinierend, erstaunlich, aufregend, geheimnisvoll und anrührend, um sie zu verschweigen. Sie umfassen ein Spektrum vom verstopften Hund, der sich selbst heilte, bis zu einem akrobatischen Schwein.

Während eines meiner vielen Interviews mit Jeri Ryan erzählte sie mir von einem Hund, der an Verstopfung litt. Er kannte aber auch das richtige Heilmittel.

„Ich fragte ihn, wie ich ihm helfen könne", sagte Jeri, „und er antwortete: ‚Geriebene Möhren'. Ich dachte, woher er das bloß weiß? Aber ich erzählte seiner Besitzerin von den geriebenen Möhren. Sie gab sie ihm, und er war von der Verstopfung geheilt. Seit damals frißt er regelmäßig seine Möhren."

Ich fragte Jeri, ob ihm vielleicht ein Geist geraten hätte.

„Ich habe ihn nicht gefragt", antwortete sie. „Vielleicht. Wenn ich eine Information erhalte, weiß ich nie, woher sie kommt. Mir ist zwar klar, daß sie von dem Tier ausgeht, ich kann aber nicht entscheiden, wie das Tier dazu kommt. Es ist immer möglich, daß ein Tier diese Information Menschen abgelauscht hat."

Jeri Ryan und Ryan Patrick O'Ryan

„Ich denke, ich behalte diesen Tip bis zu meiner nächsten Verstopfung", sagte ich ihr.
„Genau daran habe ich auch gedacht", antwortete Jeri.

Vor einigen Jahrzehnten besaß ich einen wunderschönen Irischen Setter mit Namen Seyde, der selbst für diese prächtige Rasse eine Schönheit war. Ich kam nachmittags von der Arbeit nach Hause, ging nach oben in meine Höhle, fiel in einen bequemen Lehnstuhl und versuchte zu meditieren oder – viel wahrscheinlicher – ein Nickerchen zu machen. Seyde pflegte sich neben mich auf den Boden zu setzen, mit dem Schwanz zu schlagen und zu fiepen, um mir damit unmißverständlich klarzumachen, es sei Zeit, spazierenzugehen. Zu diesem Zeitpunkt war ich nie bereit und ignorierte sie teilnahmslos.

Ich lehnte mich zurück, forschte nach dem Alpha-Zustand, doch stets hörte ich ihr Gemurmel, unterdrücktes Gejaule, Klagen, Winseln. Meist hielt ich es zwei bis drei Minuten aus. Dann dachte ich, es sei Zeit aufzustehen und mit ihr spazierenzugehen.

Noch ehe ich meine Augen öffnete, hörte ich bereits, wie Seyde die Treppe hinunterraste, sich neben der Haustür postierte und vor lauter Freude hechelte. Jeden Nachmittag passierte dasselbe.

Langsam fragte ich mich, warum sie so prompt reagierte. Ich suchte bei mir nach Veränderungen – nein, ich behielt mein Pokerface. Ich öffnete meine Augen einen Spalt, um zu sehen, ob ich mich bewegte – nein, ich schien so ruhig zu liegen wie eine Leiche.

Also begann ich zu witzeln, ob Seyde meine Gedanken lesen konnte. Aber das war wohl kein Scherz, sie konnte es wirklich.

Meine Freundin Eugenia Macer-Story, sie lebt in New York, ist ein begabtes Medium, eine Dichterin und Stückeschreiberin. (Ihre Stücke sind etwas merkwürdig. Ich habe mit einem Freund einmal als Hinterteil eines Drachens mitgespielt.) Als ich für dieses Buch recherchierte, rief ich Eugenia an und bat sie um eine Stellungnahme zur Kommunikation mit Tieren. Sie hat immer interessante Ideen.

„Als ich ungefähr fünf war“, erzählte sie mir, „lebten wir in Texas. Eines Tages besuchte ich ein paar Freunde in der Nachbarschaft. Sie hatten einen großen, freundlichen Dalmatiner. Als ich bei ihnen ankam, ging ich den Fahrweg hoch. Der Hund kam mir entgegen und ließ mich nicht weiter. Er knurrte nicht, aber jedesmal, wenn

Eugenia Macer-Story

ich versuchte, um ihn herumzugehen, trat er zur Seite und ließ mich nicht vorbei. Ich konnte das Grundstück nicht betreten. Ich versuchte, ihn beiseite zu drücken, aber er war größer und stärker. Schließlich gab ich auf und ging wieder nach Hause."

„Später am Tag stellte sich heraus, daß der Vater durchgedreht war. Er hatte sich mit einem Gewehr im Haus verbarrikadiert und drohte damit, sich und seine Familie zu erschießen, wenn jemand das Haus betrat. Zum Glück wurde er entwaffnet, bevor er Schaden anrichten konnte. Der Hund hatte verhindert, daß ich ins Haus gelangte und gefährdet wurde."

Als ich die Animal Communicator Anita Curtis nach ihren Anfängen befragte, erzählte sie mir folgende Geschichte:

Als ich versuchte, die Kommunikation mit Tieren zu erlernen, stellte ich fest, daß ich es bereits seit Jahren konnte. Als Mädchen sprach ich regelmäßig mit einem Pferd. Es wußte, was passieren würde, wann es krank würde, wann es Schwierigkeiten mit seinen Augen bekäme usw., viele Dinge, die es betrafen. Es war sehr genau, aber ich dachte, es sei das einzige Pferd, das so etwas konnte.

Viele Jahre später sah ich im Fernsehen einen Hund, der erstaunliche Tricks konnte. Die Dame sagte, sie hätte es ihm mit mentalen Bildern beigebracht. Kurz darauf hörte ich, daß Jeri Ryan in Virginia Tierkommunikation lehrte – genau da wollte ich hin.

Ich nahm an ihren Workshops teil, und als ich kurz darauf zu Hause die Ställe ausmistete, sah ich die Pferde zurückkommen. Es war mir nicht recht, daß sie durch die Tür kamen, denn genau dort wollte ich noch saubermachen. Also teilte ich ihnen mit, sie sollten draußen warten, und als ich wieder hinsah, standen sie alle dort. Ich fand dieses Erlebnis prima, hielt es aber für einen Zufall. Also teilte ich einem Pferd mit, es solle einen Kreis laufen und durch die Stalltür schauen. Wieder befolgte es meinen Befehl – noch ein Zufall. Also bat ich es, nochmals dasselbe zu tun. Ich vermutete, weil es eben erst nachgeschaut hatte, würde das Pferd es nicht

nochmals versuchen. Aber es sah nach. Schließlich begann ich zu glauben. Ich ließ es im Kreis laufen, drei Schritte nach rechts, drei nach links. Ich trieb das arme Tier zum Wahnsinn.
Später ging ich in den Stall, wo es mit einem Pony hinter sich stand. Ich bat es, mein Gesicht mit seiner Nase zu berühren. Genau das tat es nicht. Wahrscheinlich hatte es mich satt, weil ich es hin und her hatte laufen lassen. Wir standen uns gegenüber, sahen uns in die Augen, und ich sandte ihm die Bilder. Schließlich lief das Pony um es herum und berührte mein Gesicht mit seiner Nase. Es sah das Pferd genau an, als wollte es sagen: „Bist du blöde, oder was?“

Während des Workshops von Dawn Hayman erzählte sie die traurigste Geschichte, die ich je von einem Rennpferd gehört hatte. Zumindest war es traurig für den Besitzer. Dawn war geholt worden, um ein junges Pferd, Gypsy, zu untersuchen, das zwar sein erstes Rennen überlegen, danach aber nie wieder gewonnen hatte. Dawn redete mit Gypsy und erfuhr ihr Problem: Sie konnte es nicht leiden, wenn andere Rennpferde hinter ihr liefen.

In diesem Kapitel folgt eine Geschichte über Hängebauchschweine. Anders als viele andere Menschen mag ich Schweine, daher wollte ich über sie schreiben und so ihr Image aufbessern.
Meine Neigung für Schweine geht auf einen Zeitungsartikel zurück, den ich vor vielen Jahren als junger Reporter schrieb. An einem bitterkalten Wintertag fuhr ich zu einem Hof im Staat New York, um einen Mann zu interviewen, der ein Kunststück mit Schweinen zeigen konnte. In der Tat hatte er sechs Schweine dressiert und war mit ihnen auf vielen Kontinenten aufgetreten. Im Winter durften sich die Schweine auf dem Hof seines Bruders erholen. Mir fiel auf, daß dieser Bruder nicht viel Respekt für den Schweinedompteur empfand.

„Erzähl ihm, wie du in Südamerika gestrandet bist und deinen Hauptdarsteller gegessen hast“, drängte er.
„Beachten Sie ihn gar nicht“, sagte mein Interviewpartner, „er war schon immer neidisch auf meine Karriere.“
Dieser Artist eröffnete mir eine ganz neue Sichtweise auf Schweine. Er hielt sie für intelligente, liebenswerte und bewußte Lebewesen –, den Menschen weit voraus, was nicht schwer zu begreifen ist. Schweine sind in der Tat sehr sauber, erst durch die Menschen wurden sie schmutzig.
Ich erinnere mich noch immer an den Höhepunkt der Vorstellung. Die Schweine kletterten auf eine Kinderrutschbahn und rutschten alle hintereinander herunter. Es war sehr spektakulär. Besonders erinnere ich mich an ein riesiges Schwein, das ausrutschte und von oben mit einem mächtigen Bums herunterknallte. Aber es wußte, was geschehen war! Es lief herum, völlig erledigt, fast außer sich, weil es die Vorstellung geschmissen hatte. Dann rannte es zurück zur Rutsche, kletterte hinauf und sauste wieder herunter. *The show must go on!* Seither weiß ich, daß Schweine großartig sind.

Vielleicht war es die Erinnerung an jenen Nachmittag und das tapfere Schwein, die mich vor ein paar Monaten beeinflußte. Damals hatte ich zugesagt, als Briefkastenonkel für eine New Yorker Werbefirma on line Fragen über Geister zu beantworten. Immerhin hatte ich mehrere Bücher darüber geschrieben. Diese Art von Promotion hatte ich schon im Fernsehen und im Radio gemacht, aber noch nie on line am Computer. Ich hielt es für eine gute Idee und hoffte, dadurch ein paar Bücher mehr zu verkaufen.
Irgendwann während der Veranstaltung hatte ich auf die Frage nach meinem nächsten Projekt geantwortet, ich würde an einem Buch über die Kommunikation mit Tieren arbeiten. Ein Wort ergab das andere, und schon bald erzählte ich, daß ich von Animal Communicator wußte, daß Tiere wiedergeboren werden, daß manche Menschen früher Tiere waren und vielleicht auch wieder zu Tieren werden.

Auf dem Bildschirm erschien die Frage: „Glauben Sie, es ist eine Strafe, als Tier wiedergeboren zu werden?“
Ich antwortete: „Nein, eher eine Belohnung.“
Am nächsten Tag rief mich die verantwortliche Dame an und meinte, mein Kommentar zur Wiedergeburt eines Menschen in ein Tier sei der Höhepunkt der Veranstaltung gewesen. Sie habe schon erwogen, eine eigene Nachricht auf den Schirm zu tippen – etwa „Kicher, kicher!“ oder „Genau, weiter so!“ –, aber sie glaubte, neutral bleiben zu müssen.

Meine Freundin Velsa Watterson redet häufig mit einem ihrer besten Freunde, einer Gans namens Herman. „Wir haben seit zehn Jahren eine enge Beziehung“, sagt sie. „Ich habe ihn von meinem Onkel geerbt.“
Herman ist 35, was mich sehr überraschte. Ich wußte nicht, daß Gänse so alt werden. Velsa glaubt, das liege an seiner gesunden Ernährung. „Ich kaufe nur organisch angebautes Gemüse für Herman“, erzählte sie mir, „außer ab und zu etwas Salat aus dem Restaurant. Ich denke, daß Tiere und Menschen bei der richtigen Ernährung älter werden.“
Ich fragte Velsa, was für eine Art Gans Herman sei. „Eine weiße Gans“, sagte sie, „ich habe keine Ahnung, welche Rasse. Er ist einfach wunderschön.“
Einmal erzählte sie mir von einem interessanten Abenteuer mit Herman. Sie hatte Lärm in ihrer Garage gehört. Als sie nachschaute, entdeckte sie, daß ein Kardinalvogel hereingeflogen war und Schwierigkeiten hatte herauszufinden. Er flog gegen ein Fenster und flatterte in Panik. Velsa ging zum Fenster und versuchte, den Vogel durch die Tür zu treiben – jedoch ohne Erfolg. Dann wollte sie den Vogel fangen, um ihn draußen freizulassen, doch er war nicht besonders kooperativ, er hatte panische Angst. Dann entschied sich Velsa, Herman zur Hilfe zu holen.
Herman hatte ihr schon einmal mit einem Murmeltier geholfen,

das sich vor Velsa fürchtete. Es hatte so ausgesehen, als ob er dem Murmeltier von Velsa und ihren guten Absichten erzählt hätte. Herman war draußen im Hof, als Velsa ihn holte.

„Ich legte meine Arme um ihn und sagte, da ist ein kleiner, ängstlicher Vogel in der Garage. Erzähl ihm bitte, er soll sich nicht ängstigen, dann hole ich ihn raus. Herman watschelte zum Eingang der Garage und blieb stehen. Ich ging hinein und redete im Geist mit dem kleinen Vogel, der immer noch gegen das Fenster flog: ‚Alles ist in Ordnung.‘ Dann legte ich meine Hände unter ihn, er ließ sich nieder und blieb ruhig auf meiner Hand stehen. Ich brachte ihn heraus und ließ ihn frei. Er flog weg, direkt in einen Baum."

Ich fragte Velsa, ob Herman einen Kontakt zu dem Vogel hergestellt habe. „Ich weiß nicht, was er gemacht hat", antwortete sie, „es war, als ob wir drei eins wären. Ich wußte es, die Gans wußte es und der kleine Vogel wußte es: Alles ist o.k. Nachdem ich mit Herman geredet hatte, war eben alles anders. Ich ging mit einer ganz anderen Einstellung in die Garage. Diesmal wußte ich, der Vogel würde sich nicht fürchten. Es schien, als ob wir drei einer Meinung seien."

Jim Worsley ist ein Animal Communicator aus Richmond (Virginia). Als Kind verfügte er über ein ungewöhnliches Talent. Er konnte Dinge finden. Das kann er zwar heute auch noch, aber nun weiß er auch, warum.

„Als Kind", sagte mir Jim, „bekam ich immer eine Belohnung, wenn ich etwas fand, kleine Dinge, wie Ohrringe oder so etwas. Später, als Erwachsener, bemerkte ich, daß meine Haustiere mir sagten, wo die Dinge lagen. Ich brauchte nur noch hinzugehen. Damals waren mir aber die Zusammenhänge noch nicht klar."

Als Heranwachsender hatte Jim eine Wiedergeburtserfahrung. Dies beeindruckte ihn so sehr, daß er heute Menschen professionell bei ihren Wiedergeburtserfahrungen hilft. Durch die Erfahrung einer Wiedergeburt achten Menschen mehr auf die Dinge, die ihnen zustoßen, und was sie tun.

Jim Worsley

Schon als Kind fühlte sich Jim zu Tieren hingezogen. „Meine Kindheit war nicht besonders glücklich", erzählte er mir. „Wir hatten einen Hund und eine Katze. Ich saß regelmäßig im Hof und erzählte ihnen meine Probleme. Damals kam es mir so vor, als würden sie einfach ihre Zeit mit mir verbringen, während ich redete. Ich hatte keine Ahnung, daß ich auch Antworten bekommen konnte. Später, vielleicht als Folge meiner Wiedergeburtserfahrungen, bemerkte ich, daß sich die Tiere anders verhielten, wenn ich aufmerksam war. Nun konnte ich ihnen zuhören, was sie über Dinge oder sich selbst erzählten."

Jim erzählte mir auch, wie er das erste Mal ein Tier nach einem verlorenen Gegenstand gefragt hatte. „Ich besaß eine Hündin, die sich verletzt hatte und nun einen großen Kunststoffkragen tragen mußte. Solche Kragen leiht man sich vom Krankenhaus, sie sind sehr teuer. Als sie wieder ins Freie durfte und ohne den Kragen zurückkam, fragte ich erstmals bewußt ein Tier nach einem Gegenstand. Darauf lief ich sofort zu einem Zaun, etwa 90 m weit weg. Und fand ihn dort."

Neulich wachte ich gegen 1.00 Uhr nachts auf und konnte nicht mehr einschlafen. Ich schaltete den Fernseher ein. In einer Late-Night Talkshow von Conan O'Brien kam mir eine attraktive Frau bekannt vor. Es war Dr. Joyce Brothers, mit der ich in den 60er Jahren in Verbindung stand, als ich einen Artikel über sie schrieb. Sie sieht noch immer sehr gut aus.

Vor 30 Jahren kam mir Joyce in der Öffentlichkeit immer steif und ernst vor. Daher war ich überrascht, sie in der Show sehr witzig und fröhlich zu erleben. Vielleicht war sie durch all die Jahre in der Öffentlichkeit etwas abgeklärter geworden. Jedenfalls bot sie in der Talkshow etwas sehr Seltenes im Fernsehen: Intelligenz, Bildung und viel Humor.

Joyce begann mit einem Bericht über einen Zoobesuch. Zwei Gorillas paarten sich. Die Mütter schnappten sich ihre kleinen Kinder und suchten das Weite. Ich dachte, nun würde Joyce ihre Sicht der Sexualität vorstellen. Daß es keinen Sinn macht, Kinder vor Sex abzuschirmen, sondern die Gorillas als erzieherisches Beispiel einzusetzen. Es ging ihr aber gar nicht um diesen erzieherischen Aspekt, sondern sie beschrieb einfach, was sie im Zoo gesehen hatte.

Die Gorillas paarten sich Angesicht zu Angesicht, sagte Joyce. Sie ging nicht weiter ins Detail, aber es war interessant. Conan und sie unterhielten sich weiter über sexuelle Signale. Joyce erzählte, daß der weibliche Gorilla das Männchen am Fuß gefaßt hatte. Damit schien alles anzufangen. Dann gab es eine Diskussion über menschliche sexuelle Signale. Joyce glaubte, das eindeutigste

Signal, das eine Frau aussenden könne, sei ihre Kleider auszuziehen.
Dann bemerkte sie noch, daß der Gorilla sehr schnell zu Ende war. Conan protestierte, es sei nicht fair, die fehlende sexuelle Erfahrung des männlichen Gorillas landesweit bloßzustellen. Vielleicht komme es zu einem lebenslänglichen Trauma, wenn das arme Tier erfahre, daß sein Versagen öffentlich gemacht wurde.
Immerhin hatte ich das Gefühl, Joyce und Conan hätten eine interessante Diskussion geführt, etwas wirklich Witziges im langweiligen Fernsehallerlei der Talkshows.

Animal Communicator müssen alle Arten von Botschaften an Tiere weitergeben. Ein gutes Beispiel ist die kanadische Katze Spudders. Sie gehört zur Familie von Brenda und John Colebrooke in British Columbia, die wir bereits kennengelernt haben. Die beteiligte Animal Communicator ist Sharon Lunde.
Brenda erzählte mir von Spudders Neigung, sich auf das Gesicht eines schlafenden Menschen zu legen. Dabei handelte es sich zwar um ein sehr freundliches Verhalten, aber Brenda hatte Angst, daß dabei jemand ersticken könnte, insbesondere eines der Kinder.
„Wir baten Sharon, mit Spudders zu kommunizieren“, sagte Brenda. „Sie sollte fragen, warum er das tat. Seine Antwort lautete, er wolle uns in der Nacht nahe sein, um uns vor nächtlichen Geistern zu beschützen. Sharon half ihm dabei, diese Angst zu bewältigen. Sie erklärte ihm unser Problem mit diesem Verhalten, und seither hat er es nie wieder getan. Wenn du jetzt wach wirst, spürst du zwar seine Schnurrhaare, aber er liegt nicht mehr auf dem Gesicht.“

Dann gab es da noch den Mann, der ins Kino ging. Als sich seine Augen an die Dunkelheit gewöhnt hatten, sah er einen Hund auf dem Sitz vor sich. Er saß aufrecht und sah sich aufmerksam den

Film an. Neben ihm saß eine Frau. Nach einigen Minuten beugte sich der Mann nach vorn und tippte der Frau auf die Schulter. „Entschuldigen Sie bitte“, sagte er, „aber ich bewundere die Intelligenz Ihres Hundes. Er hat seine Augen nicht einmal abgewendet.“ „Ich weiß“, sagte die Frau, „es ist auch für mich überraschend. Denn er hat das Buch gehaßt.“

Wenn ein geliebtes Tier stirbt

Teresa Wagner, eine Animal Communicator aus Monterey (Kalifornien), beschreibt sich selbst als Spezialistin für „Euthanasie, Tod, Verlust und Trauer". Sie ist ausgebildete Unternehmensberaterin und hält Workshops über Trauerarbeit und den Verlust von Tieren ab.

„Wenn jemand stirbt, den wir lieben, machen wir eine schmerzliche Erfahrung durch", sagt sie. „Ich fühle genau, daß jemand, der sein Tier – oder einen anderen, den er wirklich liebt – verliert, eine Menge Zuwendung von anderer Seite braucht und verdient. Niemand kann die emotionale Seite dieses Problems einfach übergehen, es kann eine wunderbare Gelegenheit sein, zu wachsen. Wenn jemand aus unserem Leben verschwindet, den wir wirklich schätzen, dann besteht eine Möglichkeit zur Veränderung. Nun ist ein Teil von dem, was uns ausmacht, in dieser Form nicht mehr vorhanden. Und wir bekommen die Chance, neue Dinge zu tun."

„Die frühe Literatur über die Trauerarbeit betont, wie wichtig es ist, alles wieder so zu sehen, wie es war. Das mag in bezug auf den direkten Verlust sicher richtig sein. Heute gehen wir davon aus, daß uns das Gefühl des Schmerzes und der Trauer mehr Möglichkeiten eröffnet, als einfach nur damit fertig zu werden. Ich denke, man kann nach einem Verlust viel weiter gehen, man wächst an der Trauer und kann sich verändern."

Teresa hat auf Anraten von Jeri Ryan mit der Arbeit als Animal Communicator begonnen, bei ihr hat sie auch gelernt. Sie hatte bereits Erfahrungen mit der Trauerarbeit, z.T. auch schon bei Menschen, die ihr Lieblingstier verloren hatten oder zu verlieren drohten.

Ausgebildet als Unternehmensberaterin, wagte sie sich von ihrer konventionellen Arbeit auf der klassischen Karriereleiter auf das esoterische Gebiet der Tierkommunikation vor. Sie hatte ihren Abschluß an der Villanova University in Pennsylvania gemacht, dann für die RCA in New York als Trainee und Entwicklungsmanager gearbeitet und Karriere gemacht.

„Auf halbem Weg meiner Karriere", berichtet sie, „habe ich meine erste Katze als Erwachsene verloren. Ich war tieftraurig. Ich konnte es nicht überwinden. Ich ging zu einem Therapeuten und begann über Trauer nachzulesen. Ein befreundeter Tierarzt riet mir, Trauerarbeit zu leisten und eine Selbsthilfegruppe für Menschen zu gründen, die Tiere verloren hatten. 1989 begann ich dann damit, mit Tieren zu arbeiten. Ich berate aber immer noch das Management einiger Firmen. Außerdem halte ich Workshops zur Trauer über Tierverluste ab. Ich arbeite mit Menschen, die ihr Tier verloren haben, häufig auch mit Angestellten von Tierasylen, mit Menschen, die immer wieder Tiere töten müssen. Gerade die Angestellten von Tierasylen sind einem unglaublichen Leidensdruck ausgesetzt."

Wie viele andere Animal Communicator und natürlich auch zahlreiche normale Tierliebhaber hatte Teresa eine schwierige Kindheit. „Zum Glück", so sagt sie, „wurde ich mit der Gabe und dem Trost geboren, mit Tieren Kontakt aufnehmen zu können. Es war von Anfang an ein sehr, sehr starkes Gefühl. Meine Mutter erzählte mir, daß ich bei Zoobesuchen vor lauter Mitleid mit den Tieren ständig weinte. Ich trat in dieses Leben, um bestimmte Lektionen zu lernen und mein Karma zu erweitern, aber mein Puffer, meine Süße und meine Sanftheit waren von Anfang an die Tiere."

„Es gibt viele Menschen um mich herum – Menschen, die Tiere verloren haben, oder Angestellte von Tierasylen –, die ähnliche Erfahrungen haben wie ich. Manchmal – nicht in allen Fällen – geht ihre enge Bindung an Tiere auf frühe Erfahrungen zurück; sie trauen Tieren mehr als Menschen. Dennoch glaube ich, daß auch wir, die wir uns Tieren sehr nahe fühlen, unsere eigene Heilung nur mit der Hilfe anderer Menschen erreichen."

Die Geschichte der verwilderten Katze Cal und ihrer Besitzerin Sheila ist ein gutes Beispiel, wie Teresa Krisen und Trauer auflöst. „Cal war sehr feindselig", bemerkt Teresa. „Sie hatte nie ein Zuhause. Verwilderte Katzen leben im Freien. Sie sehen zwar aus wie Hauskatzen, aber wilde Katzen haben nie mit Menschen zusammengelebt. Die meisten wollen auch weiterhin wild leben und haben ein ganz anderes Temperament als Hauskatzen. Sie sehen genauso aus, aber viele fürchten sich davor, in einem Haus leben zu müssen. Sie verhalten sich wie kleine Luchse."

„Überall im Land gibt es Menschen, die sich aus Mitleid um verwilderte Katzen kümmern. Cal gehörte zu einer Gruppe, um die sich Sheila kümmerte. Sie brachte ihnen Futter und kannte jede Katze. Sie fotografierte sie und wußte sofort, wenn eine fehlte."

„Cal war eine Zeitlang verschwunden. Schließlich stöberte Sheila sie auf und brachte sie zu einem Tierarzt, der bei ihr eine lebensgefährliche Krankheit feststellte. Was sollte sie tun? Was wäre das Beste für Cal? Sollte sie sie freilassen und in Freiheit sterben lassen, oder sollte sie helfen?"

Sheila und der Tierarzt baten Teresa, mit der Katze zu reden und ihre Wünsche herauszufinden.

„Menschen zu helfen, deren Tiere kurz vor dem Tod stehen, ist eine der wirklich hilfreichen und praktischen Seiten der Tierkommunikation", sagte Teresa. „Sie müssen eine Entscheidung treffen. Soll das Tier natürlich sterben, oder sollte es besser eingeschläfert werden? Darin liegt eine große Verantwortung."

Manche Menschen verzweifeln über diesem Dilemma. Es beinhaltet Liebe, Kummer – viele schwierige und schmerzvolle Emotionen. Teresas Kommunikation mit Cal konnte alle Beteiligten sehr entlasten.

„Als wir mit Cal redeten", sagte Teresa, „und ihr sagten, was bevorstand, sagte sie: ‚Ja, ich möchte, daß ihr mir sterben helft.' Der Tierarzt war erstaunt, daß diese sonst so wilde Katze – sie biß, kreischte und kratzte – nun ruhig in seinen Armen lag und auf die Spritze wartete."

„Besonders bewegend waren Cals Botschaften für Sheila", meinte

Teresa. „Sie sagte wunderbare Dinge über Sheila, wie sehr die Katzen sie liebten und zu schätzen wußten, was Sheila für sie tat. Diese Liebe war weit mehr als nur Dankbarkeit für das tägliche Futter."

Mehrere Dutzend Animal Communicator, mit denen ich gesprochen habe, glauben, daß der Tod für Tiere weniger drückend ist als für uns Menschen. Phil Roberts, der ehemalige Milchbauer aus New Hampshire, sagte mir: „Ich kann den Menschen ehrlich sagen, für Tiere ist es keine große Sache, sich hinzulegen und zu sterben. Sie haben kein Gefühl für den Tod. Sie erinnern sich an ihr vergangenes Leben. Sie wissen, es wird ein zukünftiges Leben geben. Sie können uns viel über Leben und Tod, Geburt und Sterben lehren."
„Wenn ein Tier Schmerzen hat, reist es im Geist an einen bequemen Ort. Wir Menschen mit unserer modernen Medizin verlängern nicht das Leben, wir zögern nur den Tod hinaus."
Wie andere Animal Communicator redet auch Phil häufig mit toten Tieren oder ihren Geistern.
Ich sollte hier bemerken, daß diese Animal Communicator gebildete und intelligente Menschen sind. Sie gehören zu den Menschen, denen erfahrene, recherchierende Reporter vertrauen und glauben. Es sind Menschen, die nicht nur alle Tassen im Schrank haben, sondern die auch genau wissen, wo die Tassen stehen. Und das ist mehr, als ich von den meisten von uns sagen kann. Mit anderen Worten, sie haben Aspekte ihres Unbewußten unter Kontrolle gebracht, von denen die meisten von uns überhaupt nichts wissen.
„Ich weiß", sagte Phil, „ob das Tier, mit dem ich (aus der Entfernung) rede, lebt oder tot ist. Das Gefühl ist anders. Vor kurzem sprach ich mit einem Pferd, das in eine Tierklinik eingeliefert worden war. Jeder war sich sicher, es müsse eingeschläfert werden. In der Nacht redete ich mit ihm, und es lebte noch. Auch am nächsten Tag sprachen wir miteinander, doch da war es schon gegangen. Das Tier war einfach großartig nach seinem Tod. Es hatte keinen

Schmerz, es war glücklich. Es fragte sich, was wohl seine Leute machten, es wollte ihnen keinen Schmerz bereiten."

Winterhawk, die kalifornische Animal Communicator, die ihren Namen Liz abgelegt hat, erzählte mir: „Ich bin gerne bei Menschen, deren Tiere gerade ihren Körper verlassen. Es ist eine zärtliche, aber auch zugleich harte Zeit. Häufig sind die Tiere noch nicht bereit, ihren Körper zu verlassen, sie brauchen nur eine andere Art der Behandlung, z.B. Chiropraxis oder etwas Ähnliches. Sie können alle Fragen beantworten, die man stellen möchte. Sie werden ihre Meinung mitteilen."

Winterhawk hält manche dieser Meinungen für besonders wertvoll. Sie erzählte von einem Pferd, das sehr schwierig geworden war. Es hatte seine Besitzerin abgeworfen. Es verhielt sich äußerst feindlich und biß jeden, der ihm zu nahe kam.

„Normalerweise hatte dieses Pferd einen ganz anderen Charakter", meinte Winterhawk. „Der Tierarzt fand nichts Ungewöhnliches. Es sollte eingeschläfert werden. Mir erschien es jedoch nicht ernstlich krank, es wollte noch nicht sterben. Also redete ich mit ihm. Es sagte, sein Rücken täte ihm so weh, daß es keinen Reiter aushalten könne. Deswegen hatte es seine Besitzerin abgeworfen. Ich schlug ihr vor, einen bestimmten Chiropraktiker aufzusuchen, und schon nach einer Behandlung ging es dem Pferd besser, es hatte keine Schmerzen mehr."

Eine andere Animal Communicator mit einem ungewöhnlichen Namen nennt sich Sananjaleen. Sie lebt in Rectortown (Virginia) und spricht mit starkem britischen Akzent. Als ich nach der Herkunft ihres ungewöhnlichen Namens fragte, lachte sie und gab mir eine sehr interessante Erklärung.

„Er fiel mir bei einer Meditation zu", sagte sie. „Ich gehöre zu einer

Meditationsgruppe. Wir nennen diese Namen unser höheres Selbst, unsere Engelsnamen. Mein normaler Name ist June Hughes. Als wir zum ersten Mal auf diese Namen stießen, waren wir sehr aufgeregt. Ich benutze ihn für meine Veröffentlichungen. 1962 bin ich hierhergezogen. Ich bin ein Pferdemensch, habe immer mit Pferden gearbeitet, und jetzt schreibe ich über sie."
Sananjaleen sagt, sie sei spezialisiert auf „Worte des Trostes von Tieren, die den Übergang gemacht haben". Sie sagte mir:

Es stellte sich erst vor kurzem heraus, daß ich diese wunderbaren Botschaften von Tieren empfange. Damit kann ich den Kummer der Menschen lindern. Manche Menschen fühlen sich unglaublich schuldig, weil sie glauben, nicht alles unternommen zu haben. Meine Botschaften scheinen noch immer tiefer zu gehen; vielleicht werden sie auch tiefer, weil ich mit der Aufgabe wachse. Mir kommt es so vor, als seien die

Sananjaleen

Menschen, die sich zu mir hingezogen fühlen, auch jene, die eine tiefere Botschaft empfangen könnten. Man weiß nicht, wo der Kreis beginnt.
Schon als Kind wollte ich mit den Tieren reden. Ich glaube jedoch, ich habe mich nicht angestrengt, weil ich Angst vor dem hatte, was ich erfahren könnte. Ich hatte Angst zu hören, daß sie unglücklich seien. Erst als mein kleiner Langhaardackel Gretel starb, änderte sich das. Ich hatte gelernt zu meditieren und hatte eine Menge spiritueller Bücher gelesen. Ich begann damit, Gretel meine Liebe zu senden, und sie lehrte mich drei Jahre lang. Sie erzählte mir, was sie tat. Ich erzählte meinen Freundinnen davon, und sie wollten über Gretel etwas von ihren eigenen Hunden erfahren.
Später spürte ich, daß es auch ohne Gretel funktioniert. Als Kind war ich mir meiner übersinnlichen Fähigkeiten nicht bewußt. Erst die Geschichte mit Gretel hat mich darauf gestoßen.
Heute arbeite ich fast ausschließlich mit toten Tieren. Wenn mich jemand anruft, mache ich ein paar Notizen. Und dann, während ich meditiere, rufe ich den Geist des verstorbenen Tieres.
Einmal wollte eine Frau von mir wissen, ob ihre Katze zu ihr zurückkommen würde. Die Katze sagte etwas wie: „Sie wird die Präsenz meiner Energie spüren, denn ich werde einen Ton spielen." Für die Besitzerin war diese Nachricht besonders wertvoll, denn sie war, was ich damals nicht wußte, eine Flötistin.
Oftmals übermitteln die Tiere Botschaften, die ihren alten Besitzern etwas sagen. So wie das Pferd, das seiner Besitzerin bei dem Tanz durch das Leben helfen wollte: Sie war Ballettänzerin.
Ein Tier ließ übermitteln: „Wenn die Dinge weder fließen noch sich leicht bewegen, dann vielleicht, weil alles abgeschlossen ist und es Zeit wird für etwas Neues." Ihre ehemalige Besitzerin nahm dies als Hinweis, ihren Beruf aufzugeben, und begann mit einer ganz anderen Art von Arbeit.

Ich fragte Sananjaleen, ob sie an die Wiedergeburt von Tieren glaube. Sie antwortete: „Natürlich werden Tiere wiedergeboren. Oft, wenn ich den Geist eines Tieres rufe, erfahre ich, daß es nun zu einer Emanation, zu einem winzigen Teil eines mächtigen Engels geworden ist. Oder, ebenso oft, zu einem höheren Selbst oder Lehrer seiner alten Besitzer. Viele Menschen haben Schwierigkeiten mit der Idee, ihr Hund könnte ein Engel sein. Wenn man ihnen jedoch erzählt, daß dieses Tier als Sendbote, als Teil eines mächtigen Engels gesandt wurde, um ihnen zu helfen und Freude zu bringen, dann akzeptieren sie es leichter."

Häufig sorgt das Tier für den Menschen und nicht umgekehrt, meint Sananjaleen. „Menschen fühlen sich oft sehr schuldig, wenn sie ein Tier einschläfern lassen. Sie kommen damit nicht zurecht. Dann bleibt das Tier in der Nähe, es hilft den Menschen, ihr Leben in den Griff zu bekommen und die Entscheidung zu treffen. Mehr als einmal habe ich erlebt, daß ein Mensch eine Entscheidung getroffen hatte und den Tierarzt rief. Und dann starb das Tier, noch ehe der Tierarzt im Haus war. Das Tier sagt: ‚Es geht nur darum, daß sie eine Entscheidung treffen, danach kann ich beruhigt gehen.'"

Sananjaleen erzählte mir ein weiteres Beispiel, in dem ein Tier die Rolle des Lehrers übernimmt. Es geschah während eines Workshops über Tierkommunikation, den sie in ihrem Haus gab.

Ich wußte von dieser Frau nichts weiter, als daß sie zehn streunende Hunde von der Straße geholt und ihnen ein Zuhause gegeben hatte. Sie nahm an dem Workshop teil. Dabei hielt sie meinen ältesten Hund, Tibby, im Arm. Tibby war ein 14 Jahre alter Langhaardackel. Sie schlief mit dem Kopf auf der Brust der Frau. Da hörte die Frau Tibby sagen: „Ich bin am Ende meiner Mission angelangt. Mein Leben ist beinahe beendet, und ich bin in guter Form. Aber deine Katze ist ebenfalls am Ende ihrer Mission, und ihr geht es nicht gut. Du mußt sie einschläfern lassen."

Niemand von uns wußte, daß diese Frau eine 15 Jahre alte krebskranke Katze hatte und sich mit der Entscheidung quälte, sie leben oder einschläfern zu lassen.

Soll ich an all das glauben? Ich bewahre mir zumindest einen offenen Geist.
Und ich versuche, mich an den Rat zu erinnern, den mir vor rund 15 Jahren ein Parapsychologe gab. Damals schrieb ich mein erstes Buch über okkulte Phänomene. Boyce Batey aus Bloomfield (Kalifornien) sagte mir: „Auf diesem gesamten Gebiet bewegt man sich auf einem schmalen Grat. Entweder ist man aufgeschlossen, oder man hat ein Loch im Kopf."
In der Einleitung habe ich erwähnt, daß meine Bücher über Geister im Massachusetts Institute of Technology recht bekannt sind, dieser Bastion des linksseitigen Denkens. Viele der Menschen, mit denen ich die letzten 25 Jahre verbracht habe – sprituelle, rechtsseitig denkende Menschen –, halten mich daher für einen Spion in ihrer Mitte. Aber ich versuche, mich in beiden Welten zu behaupten. Dabei kann es aber leicht zu einem Bruch kommen.
Ich bemühe mich ständig, die beiden Hälften meines Gehirns miteinander bekannt zu machen, bislang ohne sichtbaren Erfolg. Ich habe mit verschiedenen Gurus gearbeitet: Meditations-, Yoga- und anderen östlichen oder New Age Lehrern sowie mit unterschiedlichen Esoterikern. Vor kurzem schrieb ich einen Artikel über einen jungen Mann namens Alan Schultz aus Worcester (Massachusetts), einen meiner frustrierten Lehrer. Wir haben gemeinsam Bäume und Felsen umarmt. Bis jetzt haben sie noch nicht zu mir gesprochen, aber ich bleibe am Ball. Ich habe Alan gefragt, was er von mir als Schüler hält. Hier seine Antwort:

Du bist der widerspenstigste Schüler, den ich je hatte. Immer wieder streifst du die Heilerfolge ab. Lange Zeit habe ich den Fehler bei mir gesucht, weil du einfach keine Fortschritte machtest. Du hast versucht, spirituell zu wachsen, aber für jeden Schritt nach vorn hast du zwei zurück gemacht. Immer wenn du auf unbekanntes Gelände stößt, befaßt du dich intellektuell damit. Du sagst: „Das kann nicht real sein", und die Magie ist verschwunden. Wir wandern in der Meditation durch das Universum, durch andere Lebenszeiten, und alles, was du sagst, ist: „Das muß ich mir eingebildet haben. Vielleicht ist es wahr, aber ich weiß es

nicht.“ Du rationalisierst mystische Ereignisse zu Tode, bis sie nicht mehr real sind.
Du mußt dich entscheiden, zu glauben, daß du ein Geist in einem Körper bist, nicht ein Gehirn, das nur über den Geist nachdenkt. Wenn du dich für eine andere Realität entscheidest, wirst du ein spirituelleres Wesen sein. Doch du wirst fast verrückt, weil du so viele Informationen aufgenommen hast. Du bist ein wandelndes Lexikon des Spiritismus, aber du nutzt dein Wissen nur intellektuell. Du mußt lernen, die Logik aus der Intuition herauszuhalten.

Einmal hatte ich jedoch eine Erfahrung mit meiner geliebten Hündin Seyde, kurz nach ihrem Tod. Sie war ein prachtvoller Irischer Setter. Damals war ich verheiratet, und wir hatten Seyde und eine Katze. Die Katze hieß Pooka. Als wir uns trennten, bekam meine Frau Pooka und ich Seyde; wir durften die Tiere aber jeweils besuchen. Wir wohnten in Pittsfield, Berkshire County, am westlichen Rand von Massachusetts. Da ich wieder Single war, mietete ich ein Haus in Lenox, sechs Meilen südlich, behielt aber ein Postfach in Pittsfield. Jeden Morgen fuhr ich nach Pittsfield, um nach der Post zu sehen. Seyde begleitete mich.
Etwas später zog ich in die Gegend von Boston. Dort trat ich, mehr aus Neugier, einer Spiritualistenkirche bei. Ab und zu veranstalteten sie einen Meditationstag, um die Kirche zu finanzieren. Verschiedene Medien – meist Gemeindemitglieder – standen für zehnminütige Séancen zur Verfügung.
Bei einem dieser Tage entschied ich mich für einen jungen Mann, der später Jura studierte. Sein Name war Jim Apostle.
Jim erzählte mir, daß der Geist eines Hundes anwesend sei. Er sagte, er sehe mich, wie ich das Haus verließ und eine Treppe zum Wagen hinunterging. Ständig sprang der Hund an mir hoch und gab vor, mich in den Arm zu beißen. Dabei packte er leicht die Ärmel meiner Jacke. Das war unser Spiel.
Dann öffnete ich die Autotür, und sofort änderte sich das Verhalten

des Hundes. Er stieg ruhig und gemessen in den Wagen und setzte sich auf den Vordersitz.
Dann sah Jim, wie ich einstieg und den Wagen startete. Ich setzte zurück und fuhr die Straße entlang. Dann griff ich zur Seite und streichelte dem Hund über den Kopf. Nach etwa ein oder zwei Minuten fuhr der Hund mit dem Spiel fort. Er kam zu mir herüber und legte seinen Kopf an meine Brust. Wieder fuhren wir einige Minuten, dann änderte sich das Spiel erneut. Der Hund setzte sich wieder aufrecht und schaute sehr ernst auf die Landschaft.
Seyde und ich hatten dies nur an einem Morgen erlebt. Jim beschrieb alles genauso, wie es geschehen war. Hatte er meine Gedanken gelesen? Als die Séance begann, hatte ich auf keinen Fall an Seyde gedacht. Wahrscheinlich war Jim wirklich ein Medium. Er hatte den Kontakt zu einer anderen Welt hergestellt. Seydes Geist war erschienen und hatte einen Morgen in Lenox neu aufleben lassen.
Ich hatte Angst, Jim zu fragen, was für einen Hund er gesehen hatte. Ich wollte mir diese Erfahrung nicht verderben.

Griffin Kanter aus Houston (Texas) haben wir bereits kennengelernt. Sie erzählte mir:

Ich habe häufig mit verstorbenen Tieren gearbeitet, und ich genieße diese Art der Kommunikation. Es ist eine wunderbare Gabe, einem Menschen in dieser Stunde helfen zu können, wenn seine physische Zeit zusammen mit einem Tier endet. Man fühlt sich wunderbar eingeschlossen, es kommt zum Austausch von Liebe, und die gemeinsam verbrachte Zeit lebt wieder auf.
Manchmal komme ich erst, nachdem das Tier den Übergang bereits vollzogen hat. Dann reden wir, und das Tier hat die Möglichkeit, aus einer anderen Perspektive zu berichten, denn es ist nicht mehr an seinen physischen Körper gebunden. Es ist nicht mehr krank, nicht mehr alt. Manchmal reden sie auch über ihre Aufgabe im Leben des Menschen.
Vor kurzem sprach ich mit einer Frau, die einen jungen Hund durch

einen Unfall verloren hatte. Es war ein kleiner Terrier. Er sprang aus dem Wagen, landete unglücklich und verletzte sich den Rücken so übel, daß er eingeschläfert werden mußte. Der Hund sprach davon, wie sein Leben unterbrochen wurde. Wie er sich fühlte. Noch kam er nicht mit der neuen Situation zurecht. Zwei Wochen später versuchte ich es erneut. Er war noch immer im Stadium des Übergangs und versuchte, sich an die Energie statt an seine physische Existenz zu gewöhnen.

Dieser winzige Hund hieß Rambo. Er schien sehr niedlich zu sein, war aber eine starke Persönlichkeit, daher paßte der Name durchaus. Er sagte, er könne seiner Besitzerin helfen, zu lieben wie niemals zuvor. Dank seines unerwarteten Todes konnte die Frau nun auch über andere Dinge trauern, die vorher verschlossen waren. Sie hatte sich nicht mitteilen können. Manchmal findet unsere Trauer merkwürdige Wege.

Ich schlage den Menschen vor, Traumarbeit zu leisten, d.h. im Traum Kontakt mit dem Tier aufzunehmen. Im Traum können wir Dinge tun, zu denen wir im Wachen nicht in der Lage sind. Manchmal erscheint das Tier, und man erinnert sich an den Traum, daß man sein Tier berührt, gehalten oder liebkost hat.

Rambo wollte, daß sich seine Besitzerin baldmöglichst einen neuen Hund zulegte. Er bat sie nicht zu warten, denn er wollte, daß sie diese Form der Liebe empfindet. Und er plante so rasch wie möglich zurückzukommen, denn er fühlte, daß sein Leben unterbrochen worden war. Er war ganz sicher wiederzukehren.

Dawn Hayman erzählte mir eine ähnliche Geschichte über die Gewissensbisse, wenn man ein Tier einschläfern läßt:

Etwa um das Erntedankfest bat mich eine Frau, mit ihrem Pferd zu reden, das vor einigen Jahren gestorben war. Sie fühlte sich sehr schuldig. Es hatte eingeschläfert werden müssen, und sie hatte sich immer gefragt, ob die Entscheidung richtig war. Ich stellte die Verbindung zu dem Pferd her, und es sagte: „Sage ihr, ich denke in dieser Woche oft an sie. Sage ihr, ich höre immer noch die Glocken.“

Ich erzählte der Frau, was ich gehört hatte. Sie war eigentlich sehr skeptisch in bezug auf Kontakte mit verstorbenen Tieren. Doch nun begann sie zu weinen. Ich sagte, es höre sich an wie Schlittenglocken. Nun erfuhr ich, daß sie regelmäßig um den Erntedanktag, wenn die Jagdsaison begann, Sattel und Pferd mit großen Schlittenglocken behängt hatte, bevor sie durch die Wälder ritt. So waren sie sicherer vor den Jägern. Jeder in der Nachbarschaft hatte davon gewußt, man hörte sie kilometerweit.

Wie immer spielte ich meinen üblichen Skeptizismus aus und fragte Dawn, ob diese Information nicht auch aus dem Gedächtnis der Frau stammen könnte.
„Das werde ich häufig gefragt", antwortete Dawn. „Ich weiß es nicht. Aber diese Botschaft war der Frau sehr wichtig. Es passiert mir immer wieder, daß ein totes Tier Kontakt mit mir aufnimmt und möchte, daß ich seinem ehemaligen Besitzer etwas Wichtiges mitteile."
Sie war auch nicht verärgert über meinen Einwurf.
„Ich bin sehr aufgeschlossen", sagte sie, „doch ich bin selbst skeptisch. Man muß mich erst mit der Nase darauf stoßen, ehe ich etwas glaube."

Donetta Zimmerman, die Animal Communicator aus Cincinnati, erzählte mir, es sei durchaus üblich, daß ein bereits verstorbenes Tier seinem kranken Freund beim Übergang in eine andere Welt hilft.
„Ich erinnere mich an einen Husky, der im Koma lag", sagte sie. „Mit schlafenden Tieren kann ich nicht reden, aber im Koma sind die Gedankenmuster anders, und ich kann mit ihnen kommunizieren. Dieser Hund sagte: ‚Die Hündin meiner Freundin (der Besitzerin), die Hündin, mit der ich aufgewachsen bin, kommt zu mir zurück. Sie ist hier und möchte, daß ich sie begleite, und ich will mit ihr gehen. Ich will gehen, kann aber nicht, denn meine Besitzerin ist so traurig. Sie will mich nicht freigeben.'"

Donetta redete mit der Frau. Sie antwortete: „Ich ertrage es nicht, mich von dem Hund zu trennen."
Donetta drang in die Frau, mit dem Tierarzt zu reden und das Tier gehen zu lassen. Und sie tat es.

Carol Wright hat bei Griffin Kanter gelernt. Heute arbeitet sie selbst als Animal Communicator in San Francisco. Carol traf Griffin, als sie beide noch in Texas lebten, und Griffin erklärte ihr, wie man ein verlorenes Tier findet. Carol beschreibt es so:

Meine Katze Lucy war verschwunden. Ich rief Griffin an und bat sie, mir zu helfen. Sie versprach, Kontakt mit der Katze aufzunehmen und sie zurückzuschicken. Am nächsten Tag war die Katze wieder zu Hause. So begann ich mit der Tierkommunikation.
Griffin besuchte mich zu Hause und redete mit all meinen Tieren – ich hatte viele. U.a. hatte ich einen Kater, dessen Lebensqualität mich sehr beunruhigte. Er war sehr krank, und ich wollte ihm klarmachen, daß ich ihn nicht zurückhalte. Griffin half mir. Sie fragte den Kater: „Bist du glücklich? Möchtest du deinen Körper verlassen, oder willst du bleiben? Wie fühlst du dich? Ist dein Leben noch lebenswert?"
Seine Antworten waren „ja", bis zu dem Tag, als er eingeschläfert werden sollte. Mir war klar, daß er große Sorgen hatte, aber er war bereit. Griffin half mir telefonisch, denn ich reagierte verständlicherweise sehr emotional. Wir brachten ihn zum Tierarzt, und er streckte selbst seine Pfote aus, um die Spritze zu bekommen. Er war bereit.

Carol nahm an einem kurzen Workshop bei Griffin teil, der nur ein paar Stunden dauerte. Ich fand es überraschend, daß sie nach so kurzer Zeit kommunizieren konnte.
„Im Grunde genommen", erklärte Carol, „gab mir Griffin nur die Erlaubnis, etwas zu tun, was ich bereits konnte. Ich hatte nur nie darüber nachgedacht."
Carol gehört zu den Glücklichen – oder, je nach Sichtweise, auch Unglücklichen –, die natürlicherweise medial veranlagt sind.

„Ich kann mich nicht daran erinnern, diese Fähigkeit nicht gehabt zu haben", erzählte sie mir. „So wußte ich beispielsweise immer, was geschehen würde, noch ehe es geschah. Ich erzählte meinen Eltern von der Krankheit meiner Großmutter; wenige Stunden später klingelte das Telefon. Ich war umgeben von solchen Phänomenen."

Carol ist Krankenschwester, sie sagte: „Ich wußte erst, daß Tiere übersinnlich sind, nachdem ich mit ihnen kommunizieren konnte. Ohne Hemmungen reden sie sehr deutlich."

Ich vermutete: „Offenbar kommt es darauf an, zuzuhören."

Carol stimmte lebhaft zu: „Genau!"

„Von dieser Fähigkeit", fuhr sie fort, „erzählt man gewöhnlich anderen Menschen nichts. Aber Griffin gab mir die Erlaubnis. Ich hatte immer den Verdacht, ich könne Tiere deutlich verstehen, aber ich hatte mir nicht erlaubt, das zuzugeben."

Carol erzählte mir von einem Pferd, dem sie geholfen hatte, seine irdische Existenz zu beenden.

„Diese Frau", sagte Carol, „hatte ein altes Pferd mit Namen Buck, das unter schlimmer Arthritis litt. Sie wußte, es war Zeit, das Tier zu erlösen, also fuhr ich hin und redete mit ihm darüber. Es hatte Angst, jemand würde ihm einen Hammer auf den Kopf schlagen. Davon hatte ich noch nie gehört. Mir war nicht klar, daß man Pferde manchmal auf diese Weise tötet. Also erklärten wir ihm, was geschehen würde, und das Tier bat um zwei Wochen. Es wollte seinen Freunden Bescheid sagen und ihnen näher sein. Dann kam der Tierarzt und gab ihm eine Spritze."

Carol erzählte mir auch einige Geschichten über Hängebauchschweine. Von ihnen hatte ich noch nie gehört, fand den Namen aber faszinierend. Sie berichtete, wie drei Schweine einem anderen physischen und emotionalen Trost gespendet hatten. Es war von Hunden angefallen worden und hatte starke Beschwerden. Carols Version wurde von Marcy und Chris Christianson, den Besitzern der Schweine, bestätigt. Marcy überprüft Betriebe für eine Feuerversicherung, Chris ist Lehrer. Außerdem arbeitet Marcy für die Kalifornische Hängebauchschweingesellschaft. „Wir retten Schweine und suchen ihnen ein hübsches Zuhause", erklärte sie.

Carol begann mit ihrer Erzählung von den Hängebauchschweinen. „Sie machen viel Freude", sagte sie. „Sie sind aber auch sehr arrogant. Kleine vietnamesische Hängebauchschweine. Inzwischen sind es fast Designer-Schweine. Sie werden bis 68 kg schwer, sind aber sehr süß und intelligent. Mit einem habe ich viel gearbeitet. Es hatte ernste Schwierigkeiten mit seinem Bein. Es hieß T. S., nach T. S. Eliot."

Ich fragte, ob T.S. auch Gedichte machte, und Carol sagte: „Bis jetzt noch nicht. Vermutlich ist er noch nicht auf diese Idee gekommen. Er ist sehr mürrisch und stolz darauf; außerdem hat er eine feste Meinung. Irgendwie erinnert er mich an einen Schweine-Intellektuellen."

Ich fragte bei Marcy nach und erfuhr, daß T.S. nicht T.S. Eliot, sondern T.S. Pigliot hieß. Allerdings hatte der berühmte Dichter beim Namen Pate gestanden. Marcy sagte, sie sei sehr beeindruckt gewesen, als Carol mit einem der Schweine sprach und es nach einem bestimmten Hund fragte.

Das Schwein sagte: „Für einen Hund mit drei Beinen war er in Ordnung."

„Carol konnte nicht wissen, daß der Hund nur drei Beine hatte", erzählte mir Marcy. „So begann unsere Bekanntschaft mit Carol."

Marcy berichtete, daß sie Puppen und Spielzeug in T. S.' Stall gelegt hatte, um ihn bei Laune zu halten. „Er hat sich sehr für die Fernsehberichte über den O.J.-Simpson-Fall interessiert", sagte Marcy. „Immer wenn ein Bericht kam, wedelte er mit dem Schwanz. Hängebauchschweine haben gerade Schwänze und können damit vor Freude wie Hunde wedeln. Wenn der Bericht anfing, begann T.S. zu wedeln. Bei Werbung oder wenn er eine Freßpause machte, hörte er damit auf. Er ist ein cleveres Schwein."

„Eines Tages gab ihm Chris ein Kissen für den Kopf. In dieser Nacht redete er mit Carol und lies uns bestellen: ‚Danke, Daddy, für das

Kissen.‘ Das konnte sie nur von dem Schwein selbst erfahren haben.“

Marcy erzählte mir von einem weiteren Schwein, mit dem Carol gearbeitet hatte. Es hieß Sheriff of Rottingham und hatte eine gespaltene Wirbelsäule. „Wir waren mit ihm in der UC-Davis-Tierklinik“, sagte Marcy. „Dort wurden seine Vorderbeine geröntgt. Als Carol mit Sheriff darüber redete, meinte er, es wäre besser, sie würden seine Hinterbeine röntgen, und sie erzählte es Chris und mir weiter.“

Aber erst die Geschichte mit Timothy hat die Christiansons endgültig von Carols übersinnlichen Fähigkeiten überzeugt. „Wir waren beide skeptisch“, erzählte mir Marcy, „aber dank Timothy wurden wir endgültig überzeugt.“

Carol und Marcy telefonierten gerade, als sich die Vermittlung einschaltete und von einem Notfall berichtete.

„Ich sagte Marcy, sie solle den Anruf übernehmen“, erzählte mir Carol, „doch bevor ich auflegen konnte, spürte ich einen fürchterlichen Schmerz. Ich konnte noch nicht einmal auflegen. Ich sah ein kleines Schwein vor mir, das schreckliche Schmerzen hatte und blutete.“

Marcy bestätigte, daß Carol nicht gehört haben konnte, als sie von dem Schwein erfuhr.

„Ich rief Marcy nach etwa einer Stunde wieder an“, erzählte mir Carol. „Das Schwein war von zwei Rottweilern angefallen und schwer verletzt worden. Es hatte mir seinen Namen, Timothy, genannt. Sie brachten das Schwein in die UC-Davis-Klinik und schläferten es am nächsten Tag ein. Nach seiner Rettung hatte es sich beruhigt, weil es mit mir sprechen konnte. Es war von irgendwoher in mein Bewußtsein eingedrungen.“

Besonders ungewöhnlich an dieser Geschichte ist das Verhalten von drei anderen Schweinen, die Timothy in seinem Schmerz beistanden. Marcy erzählte: „Diese drei Schweine – T.S., der Sheriff und ein Schwein namens Chuckles – halfen Timothy übersinnlich, seinen Schmerz zu ertragen. Carol berichtete, daß die drei Schweine bis zu Timothys Tod ständig bei ihm waren, obwohl sie sich zu

Hause, 70 Meilen entfernt, aufhielten. Sie halfen ihm, sein Leben loszulassen. Am Ende war er friedlich und ruhig."

Adele Tate ist eine Animal Communicator aus Byron (Illinois), etwa 90 Meilen nordwestlich von Chicago. Sie befaßt sich mit spiritueller Erkenntnis, ganz anders als konventionelle Religionen.
„Ich rede mit Bäumen und Flüssen", erzählte sie mir. „Das nenne ich spirituelle Erkenntnis. Es hat sicher etwas damit zu tun, die Dinge hinter der körperlichen Welt zu sehen."
„Die Reinkarnation gehört zu den Grundlagen meines Glaubens. Es ist schwierig, Menschen zu helfen, die nicht wissen, daß ein Tier mehrmals während eines Menschenlebens bei ihnen sein kann. Dafür habe ich mehrere Beispiele."
„In letzter Zeit gab es eine Menge hysterischer Reaktionen. Die Leute warfen mir vor, übersinnlich zu sein. Für sie ist das etwas Schlechtes. Religiöse Menschen fürchten solche Einstellungen."
Adele leitet eine Fluglotseneinrichtung für die Federal Aviation Administration. Ihr Mann ist Lehrer für Literatur, Schauspiel und Sport.
„Er schätzt meine Arbeit sehr", sagt Adele. „Heute morgen habe ich ihn gefragt, ob er auch glaube, ich betreibe Schwarze Magie. Er lachte und sagte: ‚Nein, das kann doch jeder; nur wir anderen haben es vergessen.'"
Adele erzählte mir eine bewegende Geschichte über das Quarterhorse Windstan aus Iowa:

Seine Besitzerin rief mich an und sagte, daß Windstans Hufe fürchterlich wehtun. Er hatte eine schmerzhafte Hufrollenentzündung. In seinem Fall war das Vorderbein betroffen. Der innenliegende Schleimbeutel bildet sich zurück. Als letzten Ausweg macht man einen Nervenschnitt, so auch bei Windstan. Er ging aber noch lahm und konnte nicht geritten werden. Die Dame liebte ihr Pferd, es war ihr seelenverwandt und sehr weise.
Susan rief mich an. Ich sollte herausfinden, ob Windstan einverstanden

war, eingeschläfert zu werden. Sie hatte vor beiden Antworten Angst. Es ging um starke Emotionen, daher wollte ich sichergehen, es allen Seiten recht zu machen. Also nahm ich mir viel Zeit, mit dem Tier zu reden. Windstan bat mich, Susan einen Brief zu schreiben. Dann diktierte er mir einen Brief über seinen Tod und sein Leben.

Windstan erzählte mir viel über Susan und die Dinge, die sie gemeinsam unternommen hatten. Susan bestätigte dies. Er bat darum, in Gegenwart seiner Kinder zu sterben. Er wollte eingeschläfert werden. Ich fragte ihn nach dem Zeitpunkt. Er nannte mir die Mondphase und meinte, sein Leben würde enden, wenn das Ende beginnt und der Anfang endet.

Susan machte sich Sorgen, was mit seinem Körper geschehen sollte; sollte man ihn begraben? Sie war völlig aufgelöst.

Das Ende fand an einem Montag statt. Am Morgen rief ein etwa 17jähriger junger Mann an. Er kannte das Pferd, seit er Kind war. Sein Vater hatte es zeitweise trainiert. Windstan war ein gutes Westernpferd und hatte mit Rindern gearbeitet. Er hatte alles gemacht, was ein Pferd tun kann, und war überall bekannt. Windstan war sehr berühmt.

Der Junge wollte dabeisein und brachte seinen Freund mit. Beide arbeiteten als Cowboys. Sie kamen mit ihren Gürtelschnallen, den Stiefeln und Hüten. Sie hatten ein Halsband aus Stroh geflochten und legten es Windstan um.

Susan sagte: „Was soll ich tun, wenn ich die Stalltür öffne und er sieht die Grube, die wir für ihn ausgehoben haben? Wird er sich aufregen? Wird er weglaufen? Was machen wir, wenn er sich sträubt?“

Ich beruhigte sie, denn er wollte gehen, und dies sei sein Tag. Als sie die Stalltür öffnete, ging er zielstrebig zum Rand der Grube. Sie lag am Hang eines Hügels, und er würde nicht tief hineinfallen. Susan wollte seinen toten Körper nicht herumzerren.

Windstan hatte mir erzählt, daß er nicht mit seinem teuren Lederhalfter begraben werden wollte. Susan lachte, als ich ihr das erzählte. In diesem Stall trugen alle Pferde solch teure Lederhalfter, und sie wollte nicht, daß sich Windstan geringer vorkam. Deshalb hatte sie 125 Dollar dafür ausgegeben. Er bat, sie möge es für ihn verwahren, wenn er zurückkäme. Susan war in die Stadt gegangen und hatte ein einfaches Nylonhalfter gekauft, eigentlich nur ein Seil, und damit wurde er begraben.

Er starb zwischen Vollmond und Neumond. Das hatte er gemeint mit „der Anfang endet und das Ende beginnt".

Ich fragte Adele, ob Windstan zurückgekommen sei, und sie antwortete: „Er hatte seine Mutter ausgewählt, sie gehörte Susan. Eigentlich wollte er gleich zurückkommen, doch dann lief alles anders, denn man fand keinen geeigneten Vater. Susan glaubt jedoch, er sei in einem anderen Pferd ganz in der Nähe reinkarniert."

Ich fragte Adele, was ihre Eltern von ihrer übersinnlichen Begabung hielten; hier ihre Antwort:

Beide taten sich zunächst sehr schwer damit. Beide sind auf Farmen aufgewachsen, wo Tiere als Ware galten. Mein Vater glaubte, Pferde seien nur für die Arbeit gut. Als ich ihm von meiner neuen Arbeit schrieb, rief er mich an und meinte besorgt, ich würde dafür hoffentlich nicht meinen sicheren Job aufgeben – eine seiner größten Befürchtungen.
Später rief er mich wieder an und erzählte mir von einem Mann, der viel meditiert hatte. Er respektierte die Überzeugungen dieses Mannes. Und er hatte ihm erzählt, daß seine Tochter mit Tieren redet. Der Mann hörte interessiert zu, er hörte auch von den vielen anderen Geschichten über Kommunikation mit Tieren. Mein Vater kannte sie von mir. Als mein Vater eine Geschichte über einen Hund in Florida erzählte, begann der Mann zu weinen. Mein Vater fragte: „Warum weinen Sie?"
Und der Mann sagte: „Machen Sie nie mehr Witze über Ihre Tochter. Sie hat eine sehr, sehr kostbare göttliche Gabe. Darüber sollte man sich nicht lustig machen."
Nach diesem Erlebnis versprach mein Vater, mich und meine Arbeit zu respektieren und nie wieder Witze über mich zu machen.

Gibt es eine Wiedergeburt von Tieren?

Gibt es die Wiedergeburt bei Tieren – haben sie mehrere Leben? Fast alle Animal Communicator, denen ich diese Frage stellte, antworteten mit ja. Einmütig bestätigten sie mir, daß man im Geist der Tiere auch in ihren vorherigen Leben lesen könne, sofern die Tiere dies zuließen. Viele seien dazu bereit.

Diese Idee hörte ich schon von meinem ersten Interviewpartner für dieses Buch, Sean Ebnet, einem offenbar sehr ernsten jungen Mann mit naturwissenschaftlicher Ausbildung. Ich hatte mit der Arbeit am 1. April begonnen. Einen Augenblick lang dachte ich, er mache einen Aprilscherz. Aber er blieb dabei, und fast jeder, den ich anschließend befragte, bestätigte seine Sichtweise.

Zu einem frühen Zeitpunkt meiner Recherche interviewte ich auch Teresa Wagner. Sie hat sich auf Menschen spezialisiert, die durch den Tod ihres Tieres in tiefe Trauer verfallen. Ich fragte sie, ob sie an die Wiedergeburt von Tieren glaube, und sie antwortete mir: „Absolut, sie kommen zurück. Hört man zum ersten Mal von der Reinkarnation, erscheint es lächerlich, aber die Tiere haben es mir oftmals bestätigt."

Während ihrer Ausbildung zum Animal Communicator hat Teresa mit zwei Kapazitäten, Penelope Smith und Jeri Ryan, gearbeitet. „Die beiden werden es bestätigen", sagte sie mir.

Als ich Penelope auf das Thema ansprach, schickte sie mir ihr Buch *Animals ... Our Return to Wholeness,* in dem sie der Wiedergeburt ein ganzes Kapitel widmet.

„Ohne Ausnahme", erzählte mir Teresa, „kein Tier, mit dem ich vor oder nach seinem Tod gesprochen habe, hatte Angst vor dem Tod. Sie wissen, daß sie gelebt haben und wieder leben werden. Darin unterscheiden sie sich von den Menschen. Ich glaube, viele Menschen fürchten sich aus religiösen Gründen vor dem Tod."

Wir Menschen haben so viele Informationen verdrängt, daß unser Geist kaum noch alles bewältigen kann. Teresa meinte auch, daß der Tod, selbst ein gewaltsamer Tod, für Tiere kein Schrecken ist, da sie ihr Bewußtsein vom Körper trennen können. „Tiere haben gewöhnlich keine Angst vor dem Tod", sagte Teresa. „Sie verlassen ihren Körper bereits, ehe es zu einem emotionalen oder physischen Trauma kommt, selbst wenn sie noch nicht klinisch tot sind. Manche Kojoten können regelrecht auseinandergerissen werden, ohne Schmerz zu empfinden."

Meine Informanten gehen davon aus, daß Tiere nicht unbedingt in derselben Form wiedergeboren werden. Hunde werden zu Pferden, Katzen zu Hunden. Sogar als Menschen werden manche wiedergeboren, oder sie waren Menschen in ihrem früheren Leben – unglaublich! Diese Hinweise stammen von Animal Communicator. Sie haben mich früh auf diesen Aspekt aufmerksam gemacht, und er zog sich durch alle meine Interviews.
Zunächst ein einfaches, leicht zu verstehendes Beispiel: Katze zu Pferd. Adele Tate hat es Penelope Smith erzählt, die es in ihr Buch aufnahm.
Sally, eine Freundin von Adele, hatte ein Pferd namens Dee. Es war, wie Adele es formulierte, ein Springbock auf vier Beinen, sobald jemand es zu reiten versuchte. Adele redete mit Dee, und die Stute wollte wissen, warum die Menschen nicht einfach neben ihr hergehen wollten. „Das wäre doch viel lustiger", meinte sie.
Also fragte Adele nach ihrem früheren Leben und empfing das Bild einer wunderschönen weißen Katze. Dee erwähnte, daß ihr damaliger Besitzer sie ständig allein ließ, um reiten zu gehen. Die Katze war neidisch auf die enge Beziehung zwischen dem Menschen und dem Pferd und wollte daher unbedingt selbst ein Pferd sein.
Als ich Adele interviewte, meinte sie, daß Dee das Pferdeleben gar nicht so gut gefalle, die Arbeit sei ihr zu schwer. Offenbar war sie

sich nicht über ihre Größe im klaren und konnte nicht verstehen, warum die Menschen auf ihr reiten wollten.
„Eigentlich wollte sie den Pferdekörper verlassen und wieder eine Katze sein“, meinte Adele. „Also schlug ich ihr vor, sie solle doch ihr Leben nicht vergeuden, sondern etwas daraus machen und so viel Erfahrung sammeln wie möglich.“

Den ehemaligen Milchbauern Phil Roberts aus New Hampshire hatte ich recht früh interviewt. Er hat mich in einige dieser Konzepte eingeführt. Ich komme immer wieder auf Phil zurück, weil ein Milchbauer in meinen Augen den Typus des bodenständigen Menschen besonders gut repräsentiert. Er ist kein überspannter Schriftsteller, der irgendwo im städtischen Boston oder New York lebt. Hier folgen noch zwei Passagen meiner Interviews mit ihm. Zunächst ein einfacheres Phänomen, das man leicht akzeptieren kann.
„Ein Husky hat mir erzählt“, meinte Phil, „daß er in all seinen früheren Leben ein Arbeitshund gewesen sei. Jetzt ist er ein Schoßhund. Er wollte arbeiten und das führte zu dem Problem. Er wollte ein Geschirr tragen, er wollte einen Schlitten ziehen.“
Skeptiker unter Ihnen meinen nun vielleicht, hier geht es nur um Instinkt, um gesunden Menschenverstand. Obwohl „gesunder Menschenverstand“ vielleicht schon ein Widerspruch in sich ist.
Was halten Sie jedoch von dieser Geschichte von Phil?

Im Tierasyl von Camden habe ich mit einem winzigen Terrier geredet. Seine Besitzerin war auch dort. Es stellte sich heraus, daß dieser Hund und diese Frau schon immer zusammen waren. Einmal waren sie Mutter und Tochter, ein andermal war er der Mensch und sie der Hund. Manchmal waren sie beide Menschen, aber immer waren sie ein Paar.

Ich wagte vorsichtigen Widerspruch, aber Phil verbürgte sich für die Richtigkeit.

„Sie sagten, wir leben in Gruppen", sagte Phil. „Wir treffen in unseren Leben immer wieder auf dieselben Seelen."

Auch Nedda Wittels unterstützt diese Auffassung. Nedda ist eine kultivierte Frau, geistig genauso gesund wie wir alle, vielleicht noch gesünder. Sie hat einen Bachelor-Abschluß von der Cornell University und Masters-Abschlüsse von der New York University und der State of New York University in New Paltz. Sie hat an einer Schule unterrichtet und dann, ehe sie sich für eine Karriere als Animal Communicator entschied, zehn Jahre lang in einer Computerfirma gearbeitet, wo sie auf Softwareentwicklung spezialisiert war. Mit folgenden Bemerkungen machte sie mich hellhörig:

Ich glaube an die Wiedergeburt. Ich weiß ein wenig über einige meiner früheren Leben. Sicher ist, daß mein Pferd Echo und ich bereits früher zusammen waren. Manchmal war sie das Pferd, manchmal ich. Wir haben viele, viele Male eine liebende, auf gegenseitiger Hilfe basierende Beziehung gehabt. Die meiste Zeit war wohl sie das Pferd. Sie ist gerne ein Pferd.

Sharon Lunde ist eine Animal Communicator aus British Columbia. Auch sie gehört zu meinen überzeugendsten Interviewpartnern. Sie erzählte mir von der Beziehung zu ihrem Pferd Bonn Jovi und rezitierte ein Gedicht, das von ihm stammt. Ein gutes Gedicht. Ich wollte den Gedichten von Tieren ein Kapitel widmen, hatte aber zunächst nur wenig Material. Ich fragte Sharon, wie ein Tier dichten kann. Sie antwortete:

Für Menschen ist das kaum zu verstehen. Für mich ist das leicht, denn Tiere kommen immer wieder. Sie werden wiedergeboren. Vielleicht war Bonn Jovi in einem früheren Leben ein Mensch – ob es stimmt, weiß ich nicht, wir sind noch nicht so weit zurückgegangen –, vielleicht zu einem bestimmten Zeitpunkt. Da ich mit Tieren kommunizieren und auch in ihre Vergangenheit eindringen kann, weiß ich, daß manche Menschen waren. Sie haben mir von ihrem Leben erzählt. Sie waren zu bestimmten Zeiten Menschen und haben sich entschieden, vielleicht weil sie die Freiheit lieben oder weil Pferde so viel Grazie besitzen, ein Pferd zu sein. Tiere haben viele Leben hinter sich. Sie werden in immer wieder neuen Arten geboren. Wenn du Ratte warst und in die Welt der Geister übergehst, kommst du vielleicht als Schmetterling zurück. Es geht nicht um ein langes Leben, es geht darum, wiedergeboren zu werden. Sie möchten die Erfahrung kennenlernen, eine andere Art zu sein. Daher macht es mir keine Schwierigkeiten, ein Gedicht von Bonn Jovi zu hören.

Während meiner Recherchen stieß ich häufiger auf das Phänomen, daß ein Tier mehrmals demselben Besitzer gehörte. Diese Geschichte stammt von Sue Goodrich, einer Animal Communicator aus Escondido, einem Vorort von San Diego.

Einmal suchte ein sehr depressiver Mann den Kontakt mit mir. Er meinte, seine einzige Freude im Leben sei ein Hund gewesen, und dieser Hund sei vor einem Jahr gestorben. Er hatte seinen Glauben verloren und seine Ehe stand auf der Kippe. Ich konnte den Geist des Hundes kontaktieren und sagte ihm, er solle zurückkommen. Das erzählte ich dem Mann, doch ihm schien diese Idee völlig fremd zu sein.
Ich sagte ihm, der Hund habe mir versprochen, als Cocker-Mischling zurückzukehren, wie vorher. Er solle in Zeitungen nach einer entsprechenden Anzeige suchen. Ich erzählte ihm, daß der Geist des Hundes sich ihm offenbaren würde. Ein Freund des Mannes nahm die Sache ernst und suchte nach einem solchen Wurf Welpen. Dann ging er mit dem Hemd des Mannes dorthin, legte es ab und wartete. In der Tat gab es einen Wurf mit einem Männchen, das sich sofort auf dem Hemd niederließ. Er brachte das Tier in das Haus des Mannes. Es rannte ins Haus, flitzte ins Schlafzimmer, unter das Bett und fand seinen Napf. Und alle übrigen Haustiere verhielten sich, als wollten sie sagen: „Hallo, bist du wieder da?“

Der Mann rief einen Priester, den er noch von früher kannte, und auch er bestätigte: „Absolut, dein Hund ist wieder zurück." (Ein merkwürdiger Priester, übersinnlich oder parapsychologisch oder beides).
Der Mann fand zur Religion zurück und erneuerte seine Freundschaft mit dem Priester. Er vertrug sich wieder mit seiner Frau und erzählte, er sei so glücklich wie nie. Und er danke dem Hund jeden Tag für diese Lektion.

Mary Esther Borie ist eine Animal Communicator aus Santa Rosa (Kalifornien). Sie berichtete mir, wie ein Tier zu ihr persönlich zurückkam:

Ich habe eine Katze, die schon in ihrem früheren Leben mit mir zusammen war. Ursprünglich gehörte sie mir, als ich noch ein Teenager war. Es war ein rötlich-weiß getigerter Kater mit langem Haar. Er war sehr groß und wunderschön. Ich nannte ihn Jean-Tom. Mit Ende Dreißig hatte ich dann Visionen von einer rötlich-weißen Katze. An Jean-Tom dachte ich nicht mehr, dazu war zu viel Zeit vergangen.
Dann bekamen meine Nachbarn gegenüber, ein Vater mit seinem erwachsenen Sohn, ein rötlich-weißes Kätzchen. Sie nannten ihn Zachary. Er blieb aber nicht bei ihnen, sondern kam ständig zu mir. Er saß in meiner Küche und sagte: „Kann ich etwas Futter haben?" Er kletterte auf mein Bett, schlief dort, kurz, er fühlte sich wie zu Hause. Ich mußte ihn über die Straße tragen und sagen: „Ihr Kater hat mich besucht."
Immer wenn ich ihn zurückbrachte, wurde er wütend. Eines Tages kam er schwer verletzt von einem Kampf zu mir. Er hatte einen Riß in der Brust und einen im Fuß. Ich begann, seine Wunden zu behandeln, und er ließ das gerne zu. Also ging ich wieder über die Straße und sagte: „Es scheint, daß Ihre Katze bei mir leben möchte."
Sie sagten: „Das macht nichts, behalten Sie ihn ruhig."
Einen Tag später fragte er mich: „Weißt du nicht, wer ich bin?" Da fiel es mir wieder ein, und ich sagte: „Ich weiß, wer du bist, du warst Jean-Tom."

Als ich Anita Curtis aus Gilbertsville (Pennsylvania) nach Beispielen lebender Tiere fragte, die wiedergeboren wurden, erzählte sie mir zwei Geschichten. Hier sind sie:

Ein Hund war von einem Wagen überfahren und getötet worden. Sein Besitzer hatte von Anitas Fähigkeiten gehört und rief sie an.

„Der Mann war völlig verstört, weil er seinen Hund verloren hatte", erzählte mir Anita. „Man hatte mich ihm empfohlen, um einen Kontakt herzustellen. Der Kontakt kam zustande, und der Hund gab an, er komme in sechs Monaten als Golden Retriever zurück. Er war vorher ein Mischling gewesen. Der Hund sagte, er werde dem Mann ein Zeichen geben. Der Mann glaubte mir nicht wirklich, war aber höflich genug, meine Arbeit anzuerkennen."

„Dennoch, einige Monate später rief er wieder an, um mir zu sagen, er habe nun einen Golden-Retriever-Welpen. Es gäbe einige Ähnlichkeiten mit seinem alten Hund, aber er sei nicht sicher. Es sei aber etwas passiert, worüber er mit mir sprechen wolle. Seine Frau arbeitete als Krankenschwester, und der alte Hund hatte sie immer zur Arbeit begleitet. Die Kollegen hatten ihm ein eigenes Namensschild gemacht, er hatte es aber verloren."

„Als das neue Tier alt genug war, nahm seine Frau ihn wieder mit zur Arbeit. Schon am ersten Tag war er zu einem Haufen alten Zeugs gelaufen, hatte darin herumgewühlt und war mit dem Namensschild hervorgekommen, das sie seit Monaten vermißten. Nun wollte der Mann wissen, ob das das versprochene Zeichen gewesen sei. Ich konnte es nur bestätigen, der neue Hund wußte, wo das Namensschild war." „Darauf fragte der Mann, ob er an meinen Workshops teilnehmen könne. Das war sein Schlüsselerlebnis."

Manche Menschen sind emotional sehr stark von ihren Tieren abhängig, selbst wenn diese bereits tot sind. Eine Frau bat Anita, den Kontakt mit einem verstorbenen Hund aufzunehmen. Der Hund, so Anita, versprach ihr zurückzukommen, aber nicht vor sechs Monaten.

„Vor etwa drei Wochen rief mich die Frau völlig aufgelöst an“, sagte Anita. „Sie hatte ihre Wagenschlüssel verloren und fragte, ob ich den Hund danach fragen könne.“
Ich fragte Anita, ob der lebende Hund ähnliches getan hatte.
„Ich glaube nicht, aber die Frau ist nun sehr abhängig von ihm.“
Ich war fasziniert und bat Anita fortzufahren. Sie erzählte:

Das erste Wort, das mir der Hund sandte, war „Küche“. Das hatte die Frau auch gedacht und die Küche abgesucht. Dort war der Schlüssel nicht. Als nächstes empfing ich das Bild eines Polsterstuhls. Ich fragte, ob ein solcher Stuhl in der Küche stehe. Sie meinte, jetzt nicht mehr, aber früher. In ihrem Wohnzimmer standen einige Polsterstühle. Dort war der Schlüssel auch nicht.
Sie ging zurück in die Küche und suchte an der Stelle, wo der Stuhl früher gestanden hatte. Unter einem Regal in der Nähe fand sie schließlich den Schlüssel.

„Hat sie den Stuhl noch?“, fragte ich Anita.
„Nein, ihr Exmann hat ihn mitgenommen.“
„Das ist eine gute Möglichkeit, Schlüssel zu finden“, meinte ich.
„Genau“, antwortete Anita, „frag nur einen toten Hund.“

Der Hund, der den Schlüssel gefunden hatte, war ein schwarzer Labrador Retriever. Er hatte Anita gesagt, er komme genauso wieder zurück.
„Vermutlich hält sie nun Ausschau nach schwarzen Labrador-Welpen“ sagte ich.
„Das stimmt“, meinte Anita, „und einer wird sie auswählen. Das ist nicht ungewöhnlich. Vielleicht gibt es einen Wurf, und einer kommt herbei, setzt sich auf deinen Schoß, berührt dich oder etwas Ähnliches. Das wird der Hund sein. So etwas kommt häufig vor.“

Eine interessante Geschichte, in der sich ein wiedergeborenes Tier seinem ehemaligen Besitzer zu erkennen gibt, stammt von Becky Ferris, einer Animal Communicator, die in der Bastion der linksseitigen Denker – Los Alamos (New Mexico), dem Geburtsort der Atombombe – lebt. Die Ferris hatten mehrere Tiere, darunter auch drei Wölfe. Außerdem gehörte ihnen ein blaues Zwergkaninchen. „Wir nannten sie Mouse", sagte Becky. „Sie war klein und grau, sie wog noch nicht mal ein Pfund. Eines Tages wurde sie von einem der Wölfe getötet."

Einige Wochen später bat Beckys Mann, sie möge doch Kontakt mit dem Geist von Mouse aufnehmen. Er vermißte das Tier und wollte wissen, ob es zu ihnen zurückkomme. Mouse sagte ja. Becky erzählte weiter:

Sie sagte: „Schaut in der Zeitung nach." Wir fanden eine Anzeige über blaue Zwergkaninchen. Wir gingen hin und fanden um die 50 Zwergkaninchen in einem Gehege mit einem 60 cm hohen Zaun. Ich hatte Mouse gefragt, wie wir sie erkennen könnten, und sie hatte geantwortet: „Ihr werdet sehen."

Als wir dort ankamen, raste ein kleines Kaninchen von der anderen Seite des Geheges auf uns zu und kletterte auf den Zaun, uns entgegen.

Die Besitzerin wunderte sich über dieses Verhalten. Ich erklärte Ihr lieber nicht, worum es ging, denn Los Alamos ist eine sehr wissenschaftliche Gegend. Übersinnliches Zeug ist hier verpönt.

Die Dame sagte: „Dieses Kaninchen gehört offenbar zu Ihnen. Nehmen Sie es mit, ich will auch keine Bezahlung."

Als wir sie nach Hause brachten, wußten alle Tiere sofort: „Mouse ist zurück." Sie küßten sie und waren froh, sie wieder bei sich zu haben.

Ich fragte Denise Kinch, eine professionelle Animal Communicator aus Groveland (Massachusetts), nach ihren Erfahrungen mit wiedergeborenen Tieren, und sie erzählte: „Die meisten Tiere, mit denen ich es zu tun hatte, hatten schon einmal gelebt, allerdings

kannte ich sie nicht aus ihrem Vorleben. Die meisten erzählten, sie wollten zurück zu ihren alten Besitzern, wenn die dazu bereit seien. Nur einmal habe ich ein Pony wiedererkannt, das meinen Nachbarn, den Eskels, gehörte. Es wurde als Hund wiedergeboren."
Ich unterhielt mich mit Denise und Carol Eskel über das Ereignis. Denise erzählte:

Bevor das Pony Champagne starb, hatte ich mich lange mit ihm beschäftigt. Es hatte seine Wiedergeburt angekündigt, sagte aber, es komme in anderer Gestalt wieder. Etwa ein Jahr nach seinem Tod kauften die Eskels einen belgischen Schäferhund, und es gab keinen Zweifel: Das war das Pferd. Ich erkannte es telepathisch und Carol und ihre beiden Kinder an zahllosen kleinen Eigenheiten, die der Hund genauso machte wie das Pferd, wie er den Familienmitgliedern folgte, der Art der Begrüßung, Haltung. Vor allem jedoch an der Haltung, dieser Hund war eher ein Pony als ein Hund. Carol und ihre Kinder riefen aus: „Das ist Champagne!" Es gab neun Welpen, aber es kam nur dieser eine in Frage.

Carrie und Sara Eskel mit Rikki, die in einem früheren Leben ihr Pony war

Carol Eskel bestätigte Denises Erzählung und fügte noch einige interessante Details hinzu. Denise hatte Sue Goodrich aus Escondido (Kalifornien) eingeladen, um einen Workshop abzuhalten. Champagne war sehr krank, und Carol hatte Sue gebeten, mit dem Pony zu reden.

Carol erzählte mir: „Sue meinte, das Pony wisse, es müsse sterben, komme aber binnen eines Jahres zurück. Mir war nicht klar, wie das funktionieren sollte, denn ich wollte kein neues Pferd kaufen. Aber unser Familienhund starb ein Jahr später, und wir entschieden uns, einen neuen zu kaufen. Ich wollte einen belgischen Schäferhund und hörte von einem Züchter in Maine. Ich bat Denise mitzugehen, denn sie versteht mehr von Hunden als wir." Sie entschieden sich aus einer Auswahl von neun Welpen für den genannten Hund. „Aber erst zu Hause", so Carol, „wurde uns klar, was geschehen war."

„Als ich Rikki, so nannten wir den Hund, aus dem Wagen holte", sagte Carol, „ritt gerade ein Kind auf einem unserer Pferde in der Koppel. Der Welpe war an einer Leine, begann zu zerren und wollte in die Koppel zu dem Pferd. Als er noch Champagne war, war dieses Pferd einer seiner Freunde gewesen."

„Rikki fügte sich ein, als hätte sie schon immer hier gelebt. Wir brauchten sie nicht einmal einzugewöhnen, auch nicht während der Nacht. Meistens winseln Welpen die ersten paar Nächte, weil sie sich einsam fühlen. Sie machte keinerlei Probleme dieser Art."

„Wir nahmen sie mit in den Stall, und innerhalb einer Woche wälzte sie sich in den Spänen. Genau wie es Champagne getan hatte. Normalerweise wälzen sich Hunde nicht ständig in Spänen herum."

Ich erzählte Carol von der ponyhaften Haltung des Hundes. Carol lachte und sagte: „Das stimmt. Wir bewegen den Hund sehr viel. Rikki springt gerne, genau wie Champagne. Dieser Hund wird höher springen, als er groß ist."

Während eines unserer Gespräche erwähnte Denise Kinch, daß man gelegentlich mit Veränderungen rechnen muß, wenn ein Tier wiedergeboren wird. „Ich bemerke“, sagte sie, „daß manchmal nur ein Teil des Geistes, nicht der gesamte Geist des Tieres zurückkommt. Es kann auch zu Überlagerungen mit anderen Geistern kommen. Und dann gibt es noch das Phänomen des Einwanderns.“
„Mein Dobermann war gestorben“, fuhr Denise fort, „und ich kaufte mir wieder einen Dobermannwelpen. Sue Goodrich hatte behauptet, wenn ich mir meinen ersten Dobermann mit aller Kraft zurückwünschte, dann könnte er den Körper des Welpen benutzen. Dazu hätten wir drei – die beiden Hunde und ich – uns einig sein müssen. Soweit Sue, ich war anderer Meinung. Ich respektiere jedes Individuum so, wie es ist. Obwohl ich meinen anderen Dobermann sehr geliebt hatte, wollte ich nicht den Geist des neuen Hundes im Austausch gegen ihn fortschicken. So etwas kommt auch bei Menschen vor. Und es geschieht bei Tieren, wenn der Besitzer wirklich tief trauert und sich sein totes Tier zurückwünscht. Dann kommt es gelegentlich vor. Der Geist des neuen Tieres verläßt den Körper, und der Geist des toten Tieres nimmt dessen Stelle ein.“
Dieses Phänomen des Einwanderns berührte mich tief, denn ich kenne zwei Menschen, die in einer solchen Situation waren. Einer davon ist Ann Valukis aus Natick (Massachusetts). Der andere ist Alex Tanous, ein weltberühmtes Medium, der vor einigen Jahren starb. Er lebte in Portland (Maine) und gab dort häufig an der Universität Vorträge über Parapsychologie. Im Laufe der Jahre habe ich Alex zweimal interviewt – er kommt in zwei meiner Bücher über Geister und Parapsychologie vor.
Ann ist ein Medium und bewundert Alex sehr. Neulich hörte ich, daß Ann Liebesbriefe erhält, von Alex über einen Computer. Ich habe bei Ann nachgefragt und erfuhr, daß es wohl stimmt. Alex kommt über das Schreibprogramm eines Freundes von Ann, einem ehemaligen Highschool-Rektor.
Die Sache mit dem Schreibprogramm ist schon merkwürdig, für unsere Diskussion ist jedoch wichtiger, daß Alex auch in andere Körper einwandert. Ann erzählte mir, daß er ein paar Monate im

Körper eines jungen Mannes war, der später an Aids starb. Heute lebt Alex im Körper eines Geschäftsmannes in einer westlichen Vorstadt von Boston. Ich hatte zuvor schon von Einwanderungen gehört, aber zum ersten Mal kannte ich die beteiligten Personen.

Ich selbst bin nicht medial veranlagt. Aber ich interessiere mich seit fast 30 Jahren für dieses Gebiet und habe die breite, oberflächliche Kenntnis eines Außenstehenden. Dadurch bin ich oft ein besserer Detektiv als ein direkt Beteiligter. Nach diesem Vorwort möchte ich Ihnen die Geschichte von zwei – oder ist es nur einer – Windhunden aus Cincinnati erzählen.

Sie gehörten Barbara Wright, einer Autorin und Herausgeberin, die Tiere im Sport verabscheut. Vor allem Windhunde werden in ihren Augen extrem gequält. Sie selbst besitzt drei Windhunde, die sie über Tierschutzorganisationen bekommen hat.

Damals besaß sie einen Hund namens Echo. Als Echo an Leukämie starb, nahm Barbara dies sehr schwer, aber sie hatte eine Intuition, daß Echo zurückkäme, daß Echo irgendwo auf sie wartete. Sofort ging sie auf die Suche nach einem ähnlichen Hund, einem rehroten weiblichen Windhund.

Zuerst besuchte sie Tierschützer, die eine Gruppe von Windhunden von einer Rennstrecke in West Virginia befreit hatten. Sie wählte einen rehroten mit schwarzer Färbung aus. Schon bald war sie sich sicher, daß er ihr erster Hund war – wiedergeboren. Sie nannte ihn ebenfalls Echo.

Sie engagierte Donetta Zimmerman, eine bekannte Animal Communicator aus Cincinnati. Sie sollte zu ihr nach Hause kommen und die drei Hunde routinemäßig untersuchen. Von ihrer Vermutung über Echo erzählte sie nichts. Meine erste Information zu diesem Fall erhielt ich von Donetta; sie sagte: „Barbara hat drei Windhunde. Mit zweien habe ich kommuniziert. Der dritte, Echo, beschrieb mir eine frühere Existenz, die er mit zwei freundlichen Damen in New Hampshire verbracht hat. Sie waren Renntrainerinnen. Der Hund sagte, er habe ein Rückenproblem und sei deshalb vom Rennen zurückgezogen worden.“

Als Donetta Barbara davon erzählte, sagte diese: „Das ist nicht das Leben dieses Hundes. Das ist das Leben meines ersten Hundes, der bei zwei freundlichen Damen lebte und es gut hatte. Dieser Hund hatte ein schreckliches Leben.“ Er hatte unter fürchterlichen Bedingungen gehaust und war beinahe verhungert. Sein Besitzer war bankrott gegangen, und die Hunde hatte man ins Heim gesteckt. Barbara hatte das Tier über eine Tierschutzorganisation erworben.

Barbara erzählte mir, daß Donetta keinerlei Vorwissen gehabt hatte. Dann fragte ich Barbara, warum sie so sicher sei, daß es sich bei dem neuen Hund um die Wiedergeburt von Echo I handele. Sie gab mir einige interessante Hinweise:

Sie spielt genauso wie Echo I.
Sie spielt im selben Teil des Eßzimmers.
Sie hat denselben Ausdruck.
Sie begleitet mich genauso zu Bett, wie Echo I dies getan hat.
Ihre Eigenheiten, Gesten und der Gesichtsausdruck sind genau wie bei Echo I.

Außerdem sagte Barbara: „Die zweite Echo hat Donetta von Spaziergängen am Strand erzählt, die wir gemacht haben. Als wir noch in Salem (Massachusetts) wohnten, sind Echo und ich jeden Abend an den Strand gegangen. Die zweite Echo erzählte von einer nächtlichen Autofahrt von Salem nach Cincinnati. Sie erzählte Donetta viele Dinge von den beiden Damen in New Hampshire.“

Nachdem ich die Informationen von Barbara und Donetta geordnet hatte, glaubte ich an eine Einwanderung. Viele Merkmale stimmten: Ein erschütterter Besitzer, der den Tod des ersten Hundes nicht verwinden konnte; ein zweiter Hund mit einem schwierigen Leben, der sicher froh war, seinen Körper verlassen zu dürfen; und der Geist eines Hundes, der unbedingt zu seinem Besitzer zurückkehren wollte.

Als Donetta mit Echo II arbeitete, fand sie keinen Beweis für das unglückliche Leben von Echo II. Dieses Leben schien aus dem Gedächtnis von Echo verschwunden zu sein. Was Donetta telepathisch empfing, waren die schönen Seiten aus dem Leben von Echo I. Beide Hunde schienen mit der Einwanderung einverstanden zu sein, dem Austausch der Seelen.

Als ich Donetta und Barbara meine Theorie vorstellte, stimmten beide zu – und dies so rückhaltlos, daß ich vermutete, sie hatten ohnehin dieses Gefühl, wollten es aber einem Außenstehenden nicht sagen.

Gibt es Geister von Tieren?

Gibt es Geister von Tieren?
Da ich bereits sechs Bücher über Geister von Menschen geschrieben habe, kommt mir dies durchaus logisch vor.
Ich bin daran gewöhnt, gefragt zu werden: „Haben Sie schon einmal einen Geist gesehen – von einem Menschen oder einem Tier?"
Ich gebe meine Antwort immer in zwei Teilen: „Das nicht, aber ..."
Der erste Teil meiner Antwort lautet stets, daß ich rund 200 Fälle von Heimsuchungen recherchiert und mit fast 1000 Menschen gesprochen habe. Sie hatten alle scheinbar Geister gesehen, gehört, gerochen, gespürt, hatten einen berührt oder waren berührt worden. Mir kamen diese Menschen weder verrückt noch verschroben vor. Die meisten waren nüchterne Bürger, die von der Tatsache, daß sie Kontakt zu einer anderen Dimension hatten, nicht profitieren konnten. Für einige ergaben sich dadurch eher Schwierigkeiten.
Andere Menschen, die ich nicht direkt interviewte, Freunde und Bekannte, die meine Vorliebe für andere Welten kennen, erzählten mir von ihren Erfahrungen mit Geistern. Eine meiner Freundinnen glaubt nicht an Geister. Allerdings sieht sie dauernd welche. Mir ist nie ganz klar geworden, wie sie damit fertig wird.
Der zweite Teil meiner Antwort, warum ich zwar keine Geister sehe, aber über sie schreibe, beruht auf einem anderen Phänomen: Wenn ich an Büchern über Geister arbeite, bin ich in meinem Arbeitszimmer von Poltergeistern umringt. Das passiert nie bei anderen Themen. Wenn ich ein Buch über Geister schreibe, verschwinden ständig meine Unterlagen – wenn ich Glück habe, tauchen sie wieder auf. Eine Filmrolle löste sich in Luft auf, und ward nie mehr gesehen. Sie lag definitiv auf dem Schreibtisch, und in der nächsten Sekunde war sie weg. Dummerweise habe ich genau den Augenblick ihres Verschwindens verpaßt. Ein ganzes Kapitel eines

fertigen Manuskriptes verschwindet. Erst ein talentiertes Medium hebt den Zauber wieder auf, und ich schimpfe mit dem verantwortlichen Geist. Dieses faszinierende Ereignis kenne ich somit aus erster Hand.
Auch am Telefon passieren mir seltsame Dinge, meist wenn ich ein Interview aufnehme. Manchmal läuft das Band verkehrt herum, oder die Stimme ist kaum zu hören. Einmal befragte ich eine Frau am Telefon nach ihrem kurz zuvor verstorbenen Geliebten, einem berühmten Tänzer. Als ich das Band später abhörte, stellte ich fest, daß die Stimme der Frau stets klar und deutlich war, wenn wir über Tanz im allgemeinen sprachen, wie eine Tournee südamerikanischer Tänzer, die sie plante, oder eine berühmte Tanzgruppe, die ich in Mexico City gesehen hatte. Immer wenn ich jedoch eine spezielle Frage über ihren verstorbenen Geliebten stellte, schwieg das Band, obwohl ich sie am Hörer deutlich verstanden hatte. Stellte ich danach wieder eine allgemeine Frage, war die Stimme auf dem Band wieder zu hören. Offensichtlich wollte der Geliebte nicht in dem Buch auftauchen. Natürlich war er drin, aber ich verschwieg vorsichtshalber seinen Namen.

Als ich mit der Arbeit über das Übersinnliche begann, besuchte ich den übersinnlichen Elwood Babbit in Westmassachusetts. Er hatte sehr viele Tiere und erzählte mir, daß gelegentlich eines seiner verstorbenen Ponys durch das Wohnzimmer galoppiert. Als ich das zu Hause meiner Frau erzählte, meinte sie nur: „Die müssen ein schönes Chaos anrichten." Sie war schon immer ein Witzbold.

In einem meiner ersten Bücher über das Okkulte, *The Ghostly Register,* tauchen die Geister einer Katze und einer Ratte auf. Ich benannte das Kapitel: „Manche Katzen sind mit neun Leben nicht zufrieden". Die Katze bewohnte zusammen mit mehreren menschlichen Geistern ein elegantes viktorianisches Herrenhaus in Midland Park (New Jersey). Mehrere Menschen glaubten, dieses gelbweiße Kätzchen gesehen zu haben. Andere haben es gefühlt, zumindest den Hauch von Fellhaaren. Und Hunderte anderer Menschen hatten den warmen Fleck gefühlt, auf dem die Katze gelegen hatte – oder noch lag. Warme Flecken zu spüren, ist in Midland Park eine beliebte Freizeitbeschäftigung, so scheint es zumindest. Von 1952 bis 1979 gehörte das Haus Ethelyn Woodlock, einer hervorragenden Malerin. Das Bild der Geisterkatze hing in einem kleinen Raum im dritten Stock. Mrs. Woodlock erzählte, daß dort nacheinander vier verschiedene Betten standen, aber die Katze paßte sich stets an – sie hinterließ einen warmen Fleck. Berühmte Parapsychologen, u.a. Karlis Osis, Keith Haray und Ingo Swann, haben das Haus untersucht.

Vielleicht ist es erwähnenswert, daß sich Mrs. Woodlock als übersinnliche Malerin bezeichnete. In ihren Bildern tauchen häufig Geister auf. Es kommt immer wieder vor: Wenn medial begabte Menschen in ein Haus ziehen, dann treten dort auch Spukphänomene auf. Sie nehmen Dinge wahr, die uns nicht auffallen, und vielleicht ziehen sie in solchen Fällen die Geister sogar an.

Diese Theorie paßt auch auf den Fall der Geisterratte aus Genesee (Idaho), die von Sara Joyce beobachtet wurde. Sara fühlt sich übersinnlichen Phänomenen zugetan. „Ich habe indianische Vorfahren. Die Mutter meines Vaters war Indianerin. Meine übersinnliche Einstellung ist sehr stark."

Kurz nachdem Sara ein Haus an der Hauptstraße der Stadt gekauft hatte, entdeckten sie und ihre Familie mehrere menschliche Geister. Das Sahnehäubchen war jedoch die Ratte. Sara erzählte:

Eines frühen Morgens kam ich die Treppe herunter, bog um die Ecke zur Küchentür, als blitzschnell etwas auf meinen Arm sprang. Es war eine Ratte! Eine riesige, silbrige, glänzende, goldene, durchsichtige Ratte. Sie hatte dichtes Fell, und ich fühlte ihre Krallen auf meinem Arm. Als ich schrie, verschwand sie. Ich blieb mehrere Minuten wie angewurzelt und ungläubig stehen. Was war das? Ich begann zu zweifeln, ob ich die Ratte

wirklich gesehen hatte. Ich fand auch keine Spuren auf meinem Arm, hatte aber noch immer das Gefühl der Krallen.
Nach unserem Umzug in ein ruhiges und stilles Haus, ohne Lärm und Erscheinungen, kam unser Sohn Bill aus Hawaii zurück und zog in die alte Wohnung ein, um sie umzubauen. Als er die Bretter aus dem Küchenfußboden entfernte, fand er die Mumie einer riesigen Ratte, noch immer mit Fell und einem langen Schwanz. Vielleicht war die Ratte dort vor langer Zeit gestorben, und ihr Geist hatte sich genau in dem Moment befreit, als ich die Küche betrat. Sie hatte meinen Arm zum Aufstieg nach oben benutzt.

Wenn man Übersinnliches recherchiert, tauchen Tiere in verschiedensten Formen in den Geistergeschichten auf. Manchmal sind sie selbst Geister, manchmal lebende Zeugen. Ich halte Hunde für besonders vertrauenswürdige Zeugen. Hunde lügen nicht. Wenn sich ein Hund irgendwo fürchtet, dann ist dieser Platz verhext – davon gehe ich aus.
Bei einem verhexten Kino in Tupelo (Mississippi), über das ich geschrieben habe, kamen beide Aspekte vor: Tiere als Geister und als Zeugen. Mike Curtis, der Manager des Kinos, erzählte mir folgende Geschichte über seine Frau Vicki: Als sie die Räume säuberte, öffnete sie einen Schrank im Projektionsraum und hörte merkwürdige Töne.
Vicki erzählte mir: „Da waren bellende Hunde. Meine Schwester war in dieser Nacht bei mir. Wenn man den Besenschrank schloß, war nichts zu hören. Öffnete man ihn, hörte man sieben oder acht bellende Hunde. Es war unser ganz normaler Besenschrank mit all seinen Bürsten. Es ist auch nur einmal passiert."
An einem anderen Abend nahm Vicki ihren Dobermann Raven zum Schutz mit ins Kino. Raven war genauso übersinnlich wie jeder andere Hund auch, aber an jenem Abend fürchtete er sich. Vielleicht war es einer der menschlichen Geister, vielleicht auch die unsichtbaren, lauten Kläffer. Wie auch immer, Vicki erklärte:

Unten war alles o.k., also ging ich nach oben, um den Projektionsraum zu kontrollieren. Schon am Fuß der Treppe sträubten sich die Haare des Dobermanns. Ich konnte nichts hören oder sehen, aber der Hund knurrte und fletschte die Zähne, was er sonst nie tut. Diese Nacht war er wie verrückt. Er trug eine Halskette, die ich mir um die Hand gewickelt hatte. Der Hund riß mir die Kette aus der Hand, so daß meine Hand zu bluten begann. Er raste mit voller Wucht gegen die schwere Eingangstür aus Glas und drückte sie auf – eine solche Tür ist wirklich nicht einfach zu öffnen. Er raste hinaus, die Straße hinunter. Schließlich fing ich ihn ein und setzte ihn ins Auto. Ich mußte noch mal zurück, denn das Licht war noch an und die Tür offen. Der Hund war nicht bereit, den Wagen zu verlassen, ich versuchte es nicht einmal. Er blieb sitzen, bellte, jaulte und knurrte die ganze Zeit, während ich in dem Kino war. Ich hörte ihn von innen, denn die Tür war noch offen – ich gehe nie bei geschlossener Tür dort hinein. Dann brachte ich den Hund nach Hause. Am nächsten Abend nahm ich ihn wieder mit, und alles war wieder wie immer. Der Hund hatte vorher nie Angst vor dem Kino gehabt, er war fast jeden Abend mit mir dort.

Ich fragte Vicki, ob jemand anderes in dem Kino gewesen sein konnte. Sie verneinte das und fügte hinzu: „Raven fürchtet sich nicht vor Menschen, er hätte einen Menschen weder angeknurrt noch gebellt." Vielleicht sollte ich erwähnen, daß Vicki offensichtlich übersinnlich ist. Sie und ihre Tochter Ann können über größere Entfernungen kommunizieren. Sie denken aneinander, und dann greift eine der beiden zum Telefon.

Vor einigen Jahrzehnten war der Holländer Pierre van Paassen ein bekannter Autor. Er beschreibt eine persönliche Erfahrung mit dem Geist eines Hundes, einem sehr aktiven Geist. Eines Abends saß er mit zwei Nachbarn in einem der oberen Zimmer seines Hauses. Plötzlich hörten sie das Tappen von Tierfüßen. Sie schauten die Treppe hinab und sahen unten einen großen schwarzen Hund. Als sie hinuntergingen, verschwand der Hund.

Danach kam der Hund noch häufiger zu Besuch, schreibt van Paassen, meist gegen 23.00 Uhr. Er sagt, daß er den Hund einmal sogar spürte, ehe er ihn sah. Er ging die Treppe hinauf und spürte seine Berührung. Erst dann sah er ihn. Der Hund lief die Treppe herunter, die er gerade hinaufgestiegen war.
Eines Abends brachte van Paassen zwei seiner eigenen Hunde ins Haus und wartete mit ihnen am Fuß der Treppe. Schon bald hörte man wieder das Tappen der Pfoten. In dieser Nacht sah van Paassen den Hund zwar nicht, aber er verfolgte den Kampf, den sich seine beiden Hunde mit dem Unsichtbaren lieferten: Sie sahen nicht gut dabei aus.

Ähnlich wie in dem Kino von Tupelo trug sich in einem kleinen Theater in der Nähe meines Wohnortes eine Geschichte mit einem Hund als Zeugen zu. Ich habe sie in mein Buch *A Ghosthunter's Guide* aufgenommen.
Das Vokes Theatre steht in Wayland (Massachusetts). Dort spielt seit langem eine Gruppe von Amateurschauspielern. Das Theater wurde 1904 von einer englischen Schauspielerin erbaut, die einen wohlhabenden Amerikaner geheiratet hatte und nach Wayland gezogen war. Sie ließ dieses hübsche kleine Theater bauen und schenkte es später der Gemeinde. Beatrice Herford, so hieß die Schauspielerin, benannte ihr Theater nach der damals sehr bekannten englischen Komikerin Rosina Vokes.
Beatrice kannte viele berühmte Theaterpersönlichkeiten ihrer Zeit wie Katherine Cornell, Ellen Terry, Lotte Crabtree, George Arliss, Nora Bayes und Ethel Barrymore. Ihre Autogramme zieren die Wände. Noch auffälliger ist ein großes Porträt von Beatrice am Kopf der Eingangshalle. Beatrice starb 1952.
Viele Leute glauben, daß Beatrice im Vokes spukt. Ich jedenfalls glaube daran. Genauso steht es mit einem Deutschen Schäferhund. Bobsie Mitton, seine Besitzerin, ist seit langem in der Theatergruppe aktiv. Sie erzählte mir:

Kennen Sie das Porträt von Beatrice Herford in der Eingangshalle? Ich hatte einen sehr großen Deutschen Schäferhund mit Namen Jeffie, der überall herumstöberte. Eines Abends nahm ich ihn zu einer Probe mit. Er ging mit mir hinein, doch dann drehte er sich nach rechts und blieb wie angewurzelt stehen. Er starrte auf das Bild, richtete sich auf, drehte herum und raste durch die Tür wieder ins Freie. Er ließ sich nicht bewegen, wieder hereinzukommen.
Er war ein sehr ernster Hund, der völlig abgeklärt im Hof sitzen konnte. Dann sah er aus wie ein Rechtsanwalt. Aber an diesem Abend mußte ich ihn in den Wagen bringen. Er war wie versteinert.

Nachdem ich über meine alten Fälle tierischer Geister berichtet habe, möchte ich nun zu den Geistergeschichten kommen, die ich von meinen Interviewpartnern für dieses Buch erfahren habe.
Jim Worsley, ein Animal Communicator aus Richmond (Virginia), erzählte mir die Geschichte einer Geisterkatze, die sehr gemein zu einer Katze war, mit der sie viele Jahre zusammengelebt hatte. Jim erzählte:

Voriges Jahr hatte ich eine Klientin in Ohio, deren Katze das Katzenklo partout nicht benutzen wollte. Es stellte sich heraus, daß der Geist einer Katze, die lange dort gelebt hatte und jüngst verstorben war, die andere Katze ärgerte. Das war schon so, als sie noch lebte. Die beiden hatten fünf oder sechs Jahre miteinander verbracht.
Der Geist der toten Katze lebte immer noch dort, und die lebende Katze hatte Angst, das Klo zu benutzen, weil sie dabei stets von dem Geist geärgert wurde. Die Geister-Katze trieb weiterhin ihre Spielchen. Wir beschlossen, die beiden sollten sich vertragen. Wir erzählten dem Geist der Katze, daß er hingehen könne, wohin er wolle. Soweit ich weiß, gab es später keine Probleme mehr, die lebende Katze benutzte ihr Klo.

Unfug aus dem Jenseits ist aber nicht auf Tiere beschränkt, auch menschliche Geister treiben ihre Späße. Insbesondere Mary Esther Borie, eine Animal Communicator aus Santa Rosa (Kalifornien), fühlte sich betroffen.

„Tiere sind sehr sensibel, wenn es um Geister geht", erzählte sie mir. „Ich sehe sie auch, viele Leute jedoch nicht. Mich rief eine Frau aus Washington State an. Sie war in großen Schwierigkeiten, weil ihr Hund ständig bellte und die Nachbarn sich deshalb beschwerten. Sie bekam bereits Anzeigen. Sie liebte ihren kleinen Hund und hatte Angst, ihn weggeben zu müssen. Der Hund bellte drinnen und draußen. Noch im Haus war sein Bellen so laut, daß sich die Nachbarn gestört fühlten. Sie fragte mich, warum ihr Hund dauernd bellte."

„Also redete ich mit dem kleinen Hund. Er war sehr aufgeregt, weil der Geist des verstorbenen Ehemannes noch immer im Haus lebte. Der Frau war nicht klar, daß der Geist da war. Der Ehemann war sehr besitzergreifend. Sie hatte wieder geheiratet, war geschieden und hatte neue Tiere gehabt. Immer wenn sie von Menschen oder Tieren umgeben war, versuchte der Geist ihres Mannes, sie loszuwerden. Sie hatte bereits zwei oder drei Hunde gehabt. Einer wurde direkt vor dem Haus getötet. Tragische Dinge waren passiert."

Ich fragte Mary Esther, ob sie glaube, der Geist habe dies verursacht.

„Offensichtlich ging hier etwas vor", antwortete sie. „Der Geist übte einen Einfluß aus. Er mochte es nicht, daß der kleine Hund da war, denn er beanspruchte die Aufmerksamkeit und Liebe seiner Frau."

Ich fragte Mary Esther, was sie unternommen hatte.

„Es war für den Geist Zeit zu gehen", gab sie zurück. „Ich sagte der Frau: ‚Du mußt ihn bitten, zu gehen.' Ich zeigte ihr, wie man vorgeht. Immer wenn sie seine Energie spürte, sollte sie ihn auffordern zu gehen."

„Es war sehr wichtig, daß die Frau die Initiative ergriff. Nur sie konnte den Geist vertreiben. Ich sagte ihr: ‚Bitte ihn, den nächsten Schritt zu tun, zu gehen und zu wachsen.' Und es funktionierte."

Ich fragte Mary Esther, ob sie schon mit anderen Wesen, mit Engeln, Schutzengeln oder anderen, gearbeitet hatte.

Mary Esther Borie und Katy

„Ich kann“, sagte sie, „wenn es die Situation erfordert. Wenn ich spüre, daß sich ein Engel einmischen will, dann frage ich ihn. Viel wichtiger ist mir aber, den Leuten zu zeigen, wie sie selbst damit fertig werden.“

Donetta Zimmerman, die Animal Communicator aus Cincinnati, erzählte mir von zwei Frauen, die eine Erfahrung mit einem toten Hund gemacht hatten. Er wollte einem Freund den Übergang in die andere Welt erleichtern. Die beiden heißen Anna Roo und Pat North. Donetta erzählte:

Die beiden hatten drei Hunde, Kelly, eine alte Chow-Chow-Hündin, die bald sterben würde; einen jungen, kräftigen männlichen Chow-Chow und einen sehr alten, blinden Schnauzer. Als Kellys Zeit kam, wollten sie alles richtig machen, bevor sie sie einschläfern ließen. Also sollte ich kom-

men und ein letztes Mal mit Kelly reden. Sie sagte: „Ich bin bereit zu gehen. Mein Freund wird sich um mich kümmern.“
Am Abend vor dem Tierarztbesuch waren die beiden Damen mit ihren drei Hunden im Haus, als die alte Hündin plötzlich zu grinsen begann. Der blinde Schnauzer sprang auf und wedelte mit dem Schwanz, als würde er einen alten Freund sehen, und der sehr junge Hund bellte die nackte Wand an.
Die Frauen sagten, sie spürten die Gegenwart ihres alten Hundes. Sie hätten das Gefühl, er komme, um Kelly abzuholen. Am nächsten Tag brachten sie Kelly zum Tierarzt und waren sehr glücklich darüber.

Ich wollte von Anna Roo etwas über die Erscheinung wissen, und sie sagte: „Von dem, was die Hunde Donetta erzählt hatten, wußten wir, daß ein großer roter Hund kommen würde, um Kelly zu holen. Wir hatten früher einen Chow-Chow, der an Krebs gestorben ist. Er ist schon ein paar Mal zurückgekommen. Unsere jetzigen Hunde sehen ihn. Er möchte mit den lebenden Hunden spielen, kann aber nicht. Wir wissen aber, daß er da ist.“
„Wir hatten schon viele Erlebnisse mit verstorbenen Hunden. Einmal, als ich zu Bett ging, schaute ich in den Flur und sah vier rote Pfoten. Daraus erschien ein Körper. Einer unserer verstorbenen Hunde begann, sich langsam zu materialisieren. Ich erschrak und ging ins Bett. Ich konnte ihn sehr gut sehen. Ich sprang ins Bett, bevor der Kopf erschien, aber ich wußte, es war Bear, denn ich erkannte ihn an seinen charakteristischen Zeichnungen. Ich war sehr erschrocken.“
Beide Damen sind sehr intuitiv und wissen von den Geisterhunden in ihrem Haus, doch Anna ist besonders übersinnlich. Sie kommt aus einer Familie mit vielen Übersinnlichen. Ich fragte sie, warum sie Donetta geholt hatten, wenn sie so sicher waren und sogar mit den Geistern reden konnten.
„Vermutlich“, meinte Anna, „weil wir den Hunden so nahe sind. Manchmal ist es entmutigend, wenn man ihnen emotional so nahe ist. Und wir sind nicht so gut ausgebildet wie Donetta. Von ihr bekommen wir viel tiefere Einsichten. Wir selbst bleiben nur an

der Oberfläche. Donetta liefert uns Hintergründe über die Geschichte der Hunde, was mit ihnen passiert ist und wie sie sich jetzt fühlen."

Die Animal Communicator Kate Solisti lebt zwar in Santa Fe, kommt aber weit herum. Sie berichtete mir von einem köstlichen Erlebnis mit einem Geister-Schnauzer. Es passierte in England, wo die Geisterjagd fast zum Nationalsport gehört. Kate erzählte die Geschichte so:

Als ich in England war, wohnte ich bei einer Dame mit Namen Lavender Dower. Sie war 88 Jahre alt und wohnte in einem 400 Jahre alten Cottage in den Cotswolds. Sie hatte eine Schwester, Rosemary, und die Dorfbewohner nannten sie die Herbs (Kräuter).
Lavender und ihr Partner hatten ihre Tiere jahrelang energetisch behandelt. Sie führte eine gutgehende – ich meine wirklich gut gehende – Praxis, in der sie Spitzenpferde aus ganz Großbritannien behandelte. Als ihr Partner starb, hinterließ er ihr zwei Schnauzer. Sie wurden älter, und schließlich starb einer davon. Lavender sah, wie sich der Schnauzer und ihr verstorbener Partner im Garten trafen und dann verschwanden: Sie gingen gemeinsam fort.
Lavender glaubte, daß der zweite Schnauzer nur aus Pflichtgefühl bei ihr blieb. Er traute ihren beiden Siamkatzen nicht zu, daß sie gute Arbeit leisteten. Außerdem lebte in dem Haus der Geist eines alten Mönches, den ich aber nie gesehen habe. Als ich das Haus besuchte, meinte ich: „Ich bin nicht an Geistern von Menschen interessiert, damit kann ich nicht umgehen. Aber ich komme gut mit Tieren aus."
Eines Abends deckte ich den Tisch ab und brachte das Geschirr vom Eßzimmer in die Küche. Die beiden Räume sind durch ein Foyer getrennt. An dem Essen hatte eine junge Frau teilgenommen, die ihren Hund mitgebracht hatte, einen großen Schäferhundwelpen namens Bea. Als ich das Foyer durchquerte, hörte ich Schritte hinter mir und dachte, es wäre Bea. Vor mir war eine Schwingtür mit einem verglasten

oberen Teil. Ich sah in das Glas, um die Spiegelung von Bea zu sehen, in der Tat sah ich aber einen sehr kleinen schwarzen Schnauzer. Als ich mich herumdrehte, sah ich nur noch einen kleinen verschwindenden Schatten. Das war das einzige Mal, daß ich dort einen Geist gesehen habe. Er wollte mich nur überprüfen. Scheinbar folgte er jedem dort im Haus.

Während ich über den Notizen für dieses Kapitel saß, erhielt ich eine kurze Nachricht von Barbara Meyers, einer Animal Communicator, die auf Staten Island gegenüber von Manhattan wohnt. Die Nachricht lautete: „Dr. Alan Sacerdote aus Brooklyn hatte Erscheinungen von Tieren, die die Grenze überschritten hatten." Außerdem gab sie mir eine Telefonnummer. Die Nachricht war interessant, wenn auch etwas rätselhaft. Ich rief die Nummer an, und ein Mann antwortete. Ich fragte, ob er Dr. Sacerdote sei, und er bejahte.
„Sind Sie Tierarzt?" fragte ich.
„Nein", antwortete er und kicherte, „ich bin Endokrinologe."
Ich fühlte mich etwas verloren und stotterte: „Barbara Meyers hat mir eine Nachricht über Sie zukommen lassen", sagte ich. „Erzählen Sie mir bitte, was Sie wissen."
„Ich erzähle Ihnen, was wir erfahren haben", gab er zur Antwort. „Das ist das Beste, was ich tun kann."
Mir erschien dieser Kommentar äußerst einsichtig. Wir alle erfahren so viel und wissen so wenig.
„Als Tabatha, unsere erste Katze, starb", fuhr er fort, „bemerkten wir zwei Tage später, daß aus ihrem Freßnapf, den wir nicht gesäubert hatten, Fressen verschwunden war. Es schien, als wollte Tabatha mit uns Kontakt aufnehmen. Sie war über 17 Jahre bei uns."
„Wie viele Leute waren im Haus?" fragte ich.
„Vier."
„Sie und Ihre Frau?"
„Und unsere beiden Kinder."
„Wie alt sind die Kinder?"

Barbara Meyers

„Heute sind sie 21 und 17. Das Ganze geschah vor etwa 5 Jahren."
„Wie kommen Sie darauf, daß Ihnen nicht jemand einen Streich gespielt hat?"
„Damals hatten wir keinen Besuch. Außerdem trauerten wir alle zu sehr, um einen solchen Spaß zu machen."
„War es denn Katzennahrung?"
„Ja. Wir waren alle ziemlich deprimiert, und keiner nahm sich ein Herz, ihren Napf zu säubern. Das war aber erst der Anfang."
„Was geschah dann?"
„Wir begruben sie im Garten, und eines Nachts, etwa eine Woche später, sah ich aus dem Fenster auf Tabathas Grab. Es könnte zwar eine Halluzination gewesen sein, aber ich sah einen bläulichen Wirbel genau über der Stelle, wo sie lag. Ich kann es nur so beschreiben. Andere Leute, darunter auch Barbara Meyers, sagten, sie hätten an der Stelle schimmernde Energie gesehen."
„Ich habe sie auch selbst gesehen", fuhr Alan fort. „Selten von

Angesicht zu Angesicht, häufiger aus dem Augenwinkel. Mein Sohn hatte nie diese Visionen; vielleicht ist er etwas nüchterner als wir übrigen. Meine Frau sah sie ungefähr sechs Monate oder ein Jahr nach ihrem Tod, immer aus dem Augenwinkel. Meiner Tochter und mir erscheint sie immer noch."

„Bei Ihnen zu Hause?" fragte ich.

„Ja", antwortete er. „Bei Gelegenheit macht sie auch andere Dinge. Man hört sie miauen, ohne daß eine Katze im Haus ist – eine echte Katze. Ihren Duft nimmt man sehr deutlich wahr. Wir halten in einem abgeschlossenen Raum eine Reihe von Feigenbäumen, tropische Zimmerpflanzen. Normalerweise ist es im Winter windstill im Haus, denn Tür und Fenster sind geschlossen. Dann hängen die Blätter schlaff von den Zweigen. Doch eines der Blätter bewegte sich geradewegs in Richtung auf unser Wohnzimmer."

„Als Tabatha noch lebte, würgte sie regelmäßig Haarballen aus.

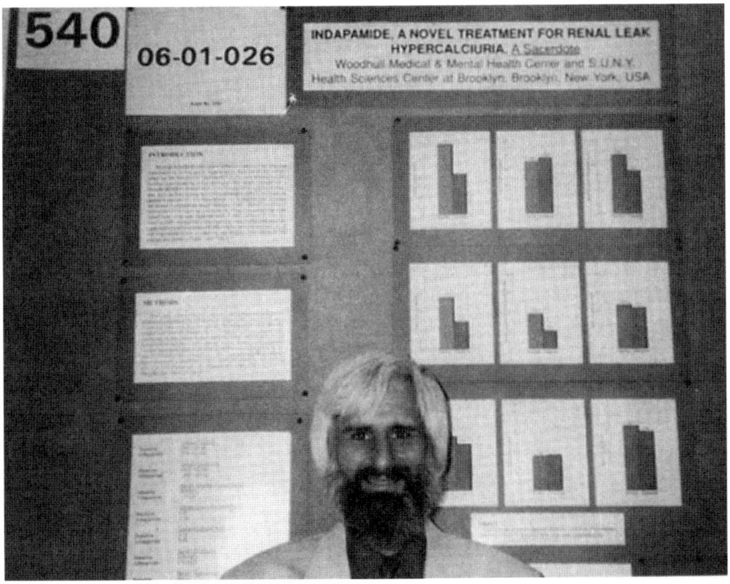

Dr. Alan Sacerdote. Das Foto wurde während einer Präsentation auf einem internationalen Endokrinologenkongreß in Nizza aufgenommen. Dr. Sacerdote bemerkt: „Ich dachte, der Widerspruch zwischen einem klinischen Forscher, der manchmal Geister sieht, könnte dem Ganzen etwas Pfeffer verleihen."

Einige Tage nach ihrem Tod fanden wir frische Haarballen auf dem Teppich. Seit sie 1990 starb, passieren diese Dinge."

„Schließlich hatten wir eine neue Katze, die wir Zoe nannten. Sie starb schon als Jungtier an einer Infektion. Auch sie haben wir sehr geliebt. Ihre Besuche waren aber anders."

„Die erste Erscheinung kam am Tage ihres Todes. Meine Tochter sah sie, wie sie die Eingangsstufen zu ihrem Katzenklo hinunterging. Es war eine astrale Zoe, die das Klo benutzte."

Er sagte, daß Barbara Meyers, eine Freundin der Familie, die das Haus oft besucht, Zoe ebenfalls gesehen hat. Ich redete mit Barbara, und sie erwähnte ein solches Ereignis.

„Ich sah, wie Zoe durch die Küche ging", sagte sie. „Sie war räumlich aber nicht klar umgrenzt. Sie lief in die Speisekammer und verschwand. Alan, der mit mir in der Küche saß, sah sie auch."

Alan erwähnte eine Erscheinung, die sich während einer Zeremonie zum Jahresgedächtnis von Zoes Tod ereignete. „Ich zündete eine Kerze auf dem Tisch an", sagte er. „Nach etwa fünf Minuten erschien ein anderes Objekt auf dem Tisch – ich weiß nicht mehr, was es war – und bewegte sich auf die Kerze zu."

Ich fragte Alan, ob er und seine Familie andere übersinnliche Erscheinungen gehabt hätten, und er antwortete, ja. Er beschrieb mehrere Ereignisse, an denen seine Frau, seine Tochter und er selbst beteiligt waren.

Während der Arbeit an meinen früheren Büchern über Geister hatte ich folgendes herausgefunden: Wenn mehr als eine intuitive Person in einem Haus lebt – meist Familienmitglieder –, dann kommt es nicht nur gelegentlich zu übersinnlichen Manifestationen, sondern sie nehmen überhand. Mir hat ein hochgeschätztes Medium versichert, daß sich die Energien mehrerer übersinnlicher Personen vereinen können, um einen Kanal durch den Vorhang zwischen den Dimensionen zu öffnen, durch den dann ein Wesen in unsere physische Dimension einbricht. Vielleicht war das auch im Hause der Sacerdotes passiert.

Verschwundene Tiere durch Telepathie finden

Animal Communicator haben mir häufig erzählt, daß die Suche nach einem verlorenen Tier sehr frustrierend und undankbar sein kann. Viele versuchen daher, solche Aufträge abzulehnen.
„Tiere zu finden gehört zu den schwierigsten Dingen überhaupt“, sagte Phil Roberts aus Maine. „In 80% aller Fälle ist das Tier tot. Das sind schwierige Zeiten, denn wir werden intensiv mit dem Schmerz der Menschen konfrontiert. Manchmal lebt das Tier noch und will nicht mehr nach Hause kommen, aber die Leute wollen das nicht hören. Sie hören einfach nicht zu, wenn ich ihnen das sage. Tiere zu finden, ist ein wirklich harter Job.“
Ich fragte Phil, ob er denn überhaupt erfolgreich im Finden von Tieren sei.
„Manchmal schon“, sagte er, „ich habe bessere Chancen, wenn ich gleich informiert werde. Einmal rief mich ein Freund an. Sie waren auf einer Wandertour. Der Hund ging eigene Wege, kam aber immer innerhalb einiger Minuten zurück. Diesmal blieb er aus. Sie riefen mich nach einer halben Stunde an. Sie hatten ihren Van geparkt, bevor sie losgingen. Ich konzentrierte mich telepathisch auf den Hund und bat ihn, zum Van zu gehen. Als sie den Wagen erreichten, war der Hund schon da.“

Manchmal ist ein verschwundenes Tier gar nicht weg, es will nur nicht gefunden werden. Aus dem einen oder anderen Grund glaubt es, es sei Zeit für einen Wechsel. Judy Meyer aus Santa Fe (New Mexico) erklärt dies so:

Katzen und Hunde erzählen mir, daß eine Beziehung nicht lebenslang dauern muß. Wie bei Menschen. Manchmal verschwinden Katzen und Hunde und entscheiden sich dafür, bei anderen Menschen zu leben. Nicht, daß man etwas falsch gemacht hätte. Die Tiere glauben, ihre Arbeit getan zu haben, und suchen sich eine neue. Auch einige meiner Katzen haben mich verlassen und leben nun anderswo. Menschen können sich nicht vorstellen, daß Tiere ihr Heim verlassen wollen, aber die Tiere wissen, was sie tun.

Ich erwähnte Judy gegenüber, daß ich immer wieder gehört hätte, manche Tiere seien Geister, die uns helfen.
„Natürlich sind sie das", antwortete sie. „Das sollte der Kernpunkt deines Buches sein: Tiere sind intelligente Wesen, die mit uns leben, um uns zu helfen. Sie beschenken und lehren uns. Dazu gehört auch, daß wir uns um sie kümmern und sie sich um uns und daß sie uns zeigen, wie wir über Menschen denken." Judy erzählte mir dazu folgende Geschichte:

Sylvia, eine Frau aus Santa Fe, rief mich an und sagte, daß sie ihre zwölf Jahre alte Katze Kiwi vermisse. Ich stellte einen telepathischen Kontakt mit der Katze her. Sie beschrieb mir die Umgebung ihres Hauses. Sie sei einen Hügel hochgelaufen, dann wieder herunter, und nun sei sie auf dem Weg in die Stadt. Ich erzählte dies der Frau, und sie war sehr erleichtert, denn sie hatte gefürchtet, die Katze wäre in den Wald gelaufen und von einem Kojoten zerrissen worden.
„Nein", sagte ich, „sie ist auf dem Weg in die Stadt."
Kiwi wollte nicht mehr nach Hause, also fragte ich, warum. Sie erzählte, daß sie niemand gefragt hatte, ob sie nach Santa Fe wolle. Niemand hatte sie gefragt, ob ihr das neue Haus gefalle. Außerdem gebe es ständig Gäste in dem neuen Haus. Sylvia bestätigte das. Sie entschuldigte sich bei Kiwi, aber die Katze wollte immer noch nicht nach Hause. Ich riet Sylvia, es mit konventionellen Methoden zu versuchen – einer Anzeige in der Zeitung, Handzetteln mit ihrer Telefonnummer und Kiwis Beschreibung und einer Nachricht an das Tierasyl. Nichts geschah. Sylvia hatte die Handzettel nur in der Nähe ihres Hauses ausgehängt, also riet ich ihr, sie in der Stadt zu verteilen. Das tat sie, aber Kiwi blieb ver-

schwunden. Also redete ich zum dritten Mal mit der Katze. Nun war ich cleverer: „Was ist der wirkliche Grund für dein Verschwinden?“ fragte ich.
Kiwi sprach durch mich zu Sylvia: „Ich will dir zeigen, wie man sich fühlt, wenn man jenen Teil seines Herzens vermißt, den man braucht, um sein Leben völlig zu genießen. Es hat etwas mit deinem Vater zu tun.“
Bis hierher war Sylvia sehr ruhig gewesen, aber jetzt brach sie zusammen und weinte am Telefon. Sie sagte: „Das konntest du nicht wissen. Mein Vater starb, als ich 14 war. Ich wußte immer, daß ich diesen Teil meines Herzens vermisse. Mein Herz ist gebrochen. Ich wollte immer etwas dagegen tun, habe es aber nie getan.“
Also sagte ich zu Kiwi: „Würdest du nach Hause kommen, wenn Sylvia in eine Therapie geht?“ Und Kiwi sagte ja.

Am nächsten Tag ging Sylvia zu einem Kristallheiler und begann eine Therapie, die ihr sehr half. Am selben Abend redete sie über Judy wieder mit Kiwi. Wie mir Judy erzählte, gab Kiwi nun die Straßennamen an, wo sie sich herumtrieb.
„Soll das heißen, Kiwi kann Straßenschilder lesen?“ fragte ich Judy. Judy war sich nicht ganz sicher, aber sie konnte einige Straßennamen nennen, die Kiwi angegeben hatte. Daraus schloß Judy, daß sich die Katze in der Nähe des St. John's College aufhielt. Sie bat Sylvia, auch dort einige Suchanzeigen aufzuhängen.
Am nächsten Morgen war Kiwi zurück. Ein Mann, der im College arbeitete, hatte die Plakate gesehen. Er sagte zu Sylvia: „Die Katze kam zu mir und wollte, daß ich sie aufnehme.“

Carol Gurney aus Agoura (Kalifornien) ist eine bekannte Animal Communicator. Sie schätzt, daß sie ihre Fähigkeiten während der letzten neun Jahre an über tausend Menschen weitergegeben hat. Sie lehrt überall in den USA. In ihren Workshops behandelt sie auch, wie man verschwundene Tiere wiederfindet.

„Meine Schüler arbeiten an meinen augenblicklichen Fällen mit", sagte Carol. „Manche der Tiere sind nicht wirklich verschwunden, sondern gehen nur auf Abenteuersuche. Manche verschwinden, weil sie ihrer aktuellen Familie genug beigebracht haben. Manche wollen nicht mehr nach Hause. Es kommt darauf an, diese Unterschiede zu spüren. Wenn sie sich wirklich verlaufen haben, können wir ihnen helfen zurückzufinden oder aber sagen, wo sie sind."
Carol zeigte mir den Brief einer zufriedenen – tatsächlich begeisterten – Kundin. Hier ein Auszug aus Sylvia Reynaerts Brief:

Liebe Carol,
vielen Dank, daß du mit meiner Belgischen Schäferhündin Chula kommuniziert hast. Sie hat die Farm niemals verlassen, bis zu dem Tag, als sie draußen spielte und einen Schuß hörte – darauf lief sie weg.

Als ich Sylvia interviewte, erzählte sie mir:

Nachdem weder Anzeigen in unserer Zeitung noch Handzettel etwas gebracht hatten, rief ich Carol Gurney an. Carol stellte einen telepathischen Kontakt mit Chula her und konnte uns den Weg beschreiben, den sie genommen hatte. Sie beschrieb eine überdachte Brücke, einen Reitstall und eine Hauptstraße. In deren Nähe rannte Chula durch einen sumpfigen Wald. Es dauerte acht Tage, dann hatten wir die Gegend gefunden, die uns Chula über Carol beschrieben hatte. Chula kam an einem verregneten Sonntag aus dem Sumpf heraus. Dank Chulas Gedanken und Carols Fähigkeiten konnten wir Wiedersehen feiern.

Auch Richard Segal aus Santa Monica (Kalifornien) gehörte zu Carols Klienten. Als er Carol anrief, war sein tauber, weißer Kater Willy bereits zwei Wochen verschwunden.
„Willy lebte noch", berichtete Carol. „Ich sah, wie er angewurzelt an einem Platz saß. Er hatte Angst, sich zu bewegen. Ich sah ihn unter einem Haus – es sah sehr sauber aus. Willy sagte, er sehe die Räder

eines Wagens links neben dem Haus. Außerdem sah er ein rotes Auto und Gitter am Fuß des Hauses. Er erzählte mir, er sei aus Ärger über den neuen Welpen fortgelaufen, den Richard mitgebracht hatte."

„Ich erklärte Richard, wenn er nach Willy suche, müsse er ganz ruhig sein, denn Willy sei sehr ängstlich. Eben weil der Kater taub war, waren seine übrigen Sinne – Tastsinn und Augen – besonders scharf."

„Richard hatte allen möglichen Leuten in der Nachbarschaft fünf Dollar gegeben, damit sie nach Willy Ausschau hielten – Obdachlosen, Briefträgern, Müllmännern. Er teilte 500 Handzettel aus. In der Nacht, als in Los Angeles die großen Straßenkämpfe ausbrachen, fand er Willy unter dem Haus, das ich beschrieben hatte."

„Alles, was Willy angegeben hatte, war dort: drei rote Autos und das Gitter."

„In dieser Nacht war die Straße sehr ruhig, denn die Polizei hatte wegen der Kämpfe eine Sperrstunde ausgerufen. Willy war sicher einer der wenigen Einwohner von Los Angeles, die in dieser Nacht glücklich waren."

Patty Breed aus Stuart (Florida) sagte: „Ich betreibe die Kommunikation mit Tieren nur aus Neugier und rede ständig mit meinen eigenen Tieren. Ich selbst habe ein Pferd, zwei Hunde und eine Katze. Wenn mich jemand bittet, rede ich mit seinen Tieren."

Als Pattys Katze verschwand, rief sie sofort Phil Roberts in Maine an. „Es ist sehr schwierig, Kontakt zu seinen eigenen Tieren zu bekommen", sagte sie. „Man ist zu ängstlich."

Ihre Katze hieß K-Marty, denn sie hatte sie als Jungtier hinter einem K-Mart Supermarkt in einer Mülltonne gefunden.

„Als K-Marty verschwand, war ich sehr bestürzt", sagte sie. „Also rief ich Phil an. Er rief sofort zurück und sagte, meiner Katze gehe es gut, sie sei bald zurück. Noch während ich telefonierte, hörte ich ein Miauen. K-Marty war durch die Katzentür gekommen. Er sagte: ‚Ich entschied, früher nach Hause zu kommen.'"

Raphaela Pope aus Berkeley (Kalifornien) stimmte Phil Roberts zu, daß das Aufspüren verlorener Tiere harte Arbeit sei.
„Viele Animal Communicator machen diese Arbeit nicht gerne", sagte sie. „Es ist schwierig und die Resultate sind sehr unterschiedlich."
Außerdem kann es sehr deprimierend sein.
Raphaela erinnerte sich: „Einmal suchte ich nach einem verschwundenen Hund und wurde überschwemmt mit Gefühlen von Verlorenheit, Trauer und Verwirrung. Es war hart. Sie war eine ältere Hündin. Als sie mich rief, war sie bereits vier bis fünf Tage verschwunden und völlig verwirrt. Sie hatte ihren Körper verlassen und starb. Ich empfing ein Gefühl, als warte sie auf den Tod."
„Ich empfing nur wenige Bilder von der Gegend, in der sie war. Es gab einen Hof und einen leeren Parkplatz am Ende einer Straße. Manchmal helfen solche Bilder, denn sie beschreiben den Aufenthaltsort. Das kann doch nur der Parkplatz von A&P sein! Manchmal sind die Bilder aber auch nichtssagend und wenig hilfreich. Diese Hündin fanden wir nie. Sie teilte mir mit, sie verlasse jetzt ihren Körper, den man dann nie fand. Solche Fälle sind besonders hart, denn es gibt keine Aufklärung."
Raphaela hat einige Erfahrung im Auffinden verschwundener Tiere, sagte jedoch: „Ich glaube, daß hier die Telepathie am wenigsten hilft. Ich kann nicht sagen, daß ich eine hohe Erfolgsquote habe. Vielleicht 20 bis 30%. Wenn es jedoch gelingt, dann ist das ein Ereignis. Mein erster Erfolg war so dramatisch, daß ich es noch oft versuchte – leider scheiterte ich vielfach kläglich."
Ich ermunterte Raphaela, über ihre Erfolge zu sprechen. Sie erzählte mir:

Einen meiner großen Erfolge hatte ich mit einer kleinen Manx-Katze in

Arcata (Kalifornien). Das sind die ohne Schwänze. Ihr Name war Bobbie. Sie sandte mir das Bild eines Hinterhofes. Sie zeigte mir eine kleine Gartenhütte, in der sie sich versteckt hielt. Außerdem empfing ich eine Art verrücktes Verhalten: Ihr Besitzer war gerade umgezogen und überall gab es Menschen, die in dem neuen Haus ein und aus gingen.
Sie war nicht sehr glücklich als Camper. Ich gab die Informationen an Christina, ihre Besitzerin, weiter. „Ganz Bobbie", sagte sie, „sie ist eine richtige Primadonna!" Wie die meisten Katzen.
Am nächsten Morgen reinigte ich mich und versuchte es noch einmal. Bei verlorenen Tieren sind immer starke Emotionen beteiligt. Die Menschen regen sich sehr auf. Als Animal Communicator muß man seine Objektivität bewahren.
Diesmal sagte Bobbie, sie habe in der Nacht versucht, nach Hause zu finden, habe aber den Weg nicht gefunden. Nun war sie unter einen parkenden Wagen gekrochen. Ich sah, wie um sie herum Zeitungen im Wind flatterten. Offenbar gab es hier einen Entlüftungsschacht. Am interessantesten waren die Parkuhren. Ich erzählte es Christina und sie rief aus: „Parkuhren? Das ist eine sehr kleine Stadt. In Arcata gibt es keine Parkuhren!"
Bobbie hatte aber gemeint, sie sei nicht weit entfernt.
Also setzte sich Christina in ihren Wagen, fuhr herum, und in weniger als einer Meile Entfernung fand sie den Parkplatz der Universität – mit Parkuhren!
Sie sprang aus dem Wagen, rannte los und rief Bobbie. Und Bobbie tauchte auf! Eine glückliche, schmutzige, hungrige Katze!

Carol Wright aus Lafayette, einem Vorort von San Francisco, ist eine professionelle Animal Communicator, aber das erste Tier, das sie jemals fand, war ihre eigene Katze Lucy. Sie hörte eine Stimme – Lucys Stimme.
„Eigentlich", erzählte mir Carol, „war es Lucy, mit der meine Kommunikation begann. Ich saß mit einem Freund auf dem Sofa und sah fern. Plötzlich hörte ich Lucy sagen, sie habe sich verlaufen. Ich

sah mich um, und sie war wirklich verschwunden. Das war das erste Mal, daß sie nicht heimfand. Wenn sie nicht im Haus war, hielt sie sich nur im Hof auf."

„Es war ganz schwach. Es war nur ein plötzlicher Gedanke in meinem Kopf, und ich wußte, er kam nicht von mir. Es war sehr unheimlich. Heute erschreckt mich so etwas nicht mehr, aber damals erwartete ich es nicht. Es kam wie aus heiterem Himmel. Und wenn sich dann herausstellt, daß man recht hat, wird es noch verwirrender. Es ist wie ein Gedanke, der von außen in den Kopf gelangt."

Carol lebte damals in Houston (Texas). Sie hatte von Kommunikation mit Tieren gehört, kannte aber keine professionellen Animal Communicator. Also rief sie in New-Age-Buchläden und ähnlichen Orten an und erfuhr den Namen von Griffin Kanter, die damals in Katy, einem Vorort von Houston, lebte.

„Griffin erzählte mir, wie ich Lucy mental wieder nach Hause holen könne", erzählte mir Carol. „Tatsächlich war sie am nächsten Tag zurück."

Griffin hatte ich bereits zu verschiedenen Aspekten ihrer Karriere als Animal Communicator befragt. Das Thema verschwundener Tiere war aber noch unangesprochen. Also rief ich sie wieder an und bat sie um eine Stellungnahme.

„Bei mir fing es mit meinem Kater Casey an", sagte sie. „Er war seit etwa fünf Tagen verschwunden. Damals rief ich ihn mental von zu Hause: ‚Komm zurück, Casey, komm nach Hause.' Ich wollte, daß er sich auf meine Energie konzentriert und heimfindet. Ich habe regelmäßig mit ihm geredet, wenn er weg war. Ich wohnte draußen in einer Vorstadt, am Westrand von Houston, wo es reichlich unbebautes Weideland gibt. Casey konnte mir nur sagen, daß er über Weiden lief und daß die Sonne hinter ihm unterging. Er mußte also von Westen kommen. Das reichte aber als Information noch nicht aus."

„Als er fünf Tage später nach Hause kam, setze ich mich mit ihm hin, und wir redeten über das, was geschehen war. Er sagte mir, meine Rufe seien wie ein Leuchtfeuer gewesen, das ihn geleitet habe. Als Carol rief, wußte sie, daß ihre Katze Lucy in der Nähe war. Weiter konnte sie nicht helfen, denn ihre eigenen Emotionen waren zu stark. Daher sagte ich: ‚Stell doch ein weißes, blinkendes Licht an deinem Haus auf und sende Lucy die Botschaft, nach Hause zu kommen.' Damit gelang es ihr, das richtige Bild zu senden, in das sich Lucy einklinken konnte."

Ich fragte Griffin und Carol, ob sie sich häufig mit der Suche nach verlorenen Tieren befassen. Beide sagten nein. Griffin erzählte mir: „Ich befasse mich nur selten mit verirrten Haustieren, denn darin liegt nicht meine Stärke. Ich kann zwar das Bild empfangen, wo sie sind, sehen, was sie sehen, und ich kann mit ihnen reden. Aber ich finde keinen Kontakt, wenn sie sich bewegen. Animal Communicator, die besser sind auf diesem Gebiet, haben irgend etwas, was ich offenbar nicht habe."

Carol sagte: „Ich suche nicht nach verlorenen Tiere, weil es zu schwierig ist. Wir sehen die Dinge anders als Tiere."

Wie hatte Phil Roberts gesagt? „Ein harter Job."

Trotz der Schwierigkeiten reizen den Animal Communicator Tim Beihoff aus Sussex (Wisconsin) solche Aufgaben. Er hat schon viele verschwundene Tiere gesucht. Tim gehört zu den wenigen Männern, die dieses Geschäft betreiben. Ich fragte ihn, warum es so wenig männliche Animal Communicator gibt, und er antwortete: „Ich glaube, daß es nicht zu dem Macho-Image der Männer paßt. Wenn ein Mann bemerkt, daß er über diese Fähigkeit verfügt, redet er nicht darüber. Ich habe kein Problem damit. Dennoch, ich glaube, daß sich die Menschen immer mehr öffnen – Frauen wie Männer."

Tim ist Anfang 30, er hat an der Polizei-Akademie studiert. „Ich wollte Polizist werden", sagte er. „Heute habe ich immer noch einen festen Beruf als Vertreter. Als Hobby präsentiere ich Hunde auf Hundeausstellungen, meine eigenen, aber auch für andere Leute. Ich bin den Tieren sehr nah. Weil ich so viel Zeit auf Hundeaus-

stellungen verbringe, habe ich die Polizei-Akademie aufgegeben."
„Als ich zum ersten Mal auf die Kommunikation mit Tieren stieß, war ich nur Zuschauer. Ich wollte, daß man mir beweist, was dabei geschieht. Heute gehöre ich selbst zu den Verrückten."
Tim glaubt, daß jeder von uns Erfahrungen mit telepathischer Kommunikation hat – mit Tieren, Menschen oder was auch immer –, wir bemerken es nur nicht. Er selbst hatte sein Schlüsselerlebnis vor einigen Jahren, nicht mit Tieren, sondern mit Menschen. Er erzählte mir:

Eigentlich ging alles ganz schnell. Beim ersten Mal hatte mir eine Freundin eine Nachricht auf den Anrufbeantworter gesprochen. Sie könne mich am Abend nicht mehr anrufen, denn sie müsse ihre Schwester besuchen. Diese Botschaft erhielt ich erst einige Stunden später. In der Zwischenzeit sah ich sie jedoch mit ihrer Schwester in einer Bar sitzen – ich sah die Bilder, Farben, zählte die Drinks, sah, wo sie saßen, eine Lampe zwischen ihnen. Dabei war sie eine Frau, die nicht viel Alkohol trinkt und nicht in Bars geht. Als ich am nächsten Tag mit ihr redete, stellte sich alles als wahr heraus. Was ich gesehen hatte, war geschehen. Das war im August 1993. Damals bemerkte ich es zum ersten Mal.
Wenn man mit so etwas konfrontiert wird, betrachtet man alles aus einem anderen Blickwinkel. Man wird achtsamer. Dann erhielt ich kurze Botschaften von meinen Hunden. Die Kommunikation mit den eigenen Tieren ist gewöhnlich sehr schwierig, das gilt für die meisten meiner Kollegen. Da man sie so gut kennt, meint man, man hätte es selbst gesagt. Ich war aber völlig unerfahren. Es fällt mir noch immer schwer, mit einem Tier zu kommunizieren, das mir direkt gegenübersitzt, es lenkt mich zu sehr ab.
Entfernung spielt keine Rolle. Ich habe in Prag zwei verlorene Katzen gefunden, und alles lief genauso ab, wie ich es vorhergesagt hatte.
Meist sehe ich die Umgebung des Tieres. Es ist schwierig, vermißte Tiere zu finden. Man muß möglichst emotionslos bleiben. Ich bin immer persönlich beteiligt. Manchmal sehe ich durch die Augen des Tieres. Ich sehe ihre Umgebung, sehe alles, was das Tier mir zeigen möchte. Meist sind es Bilder, manchmal auch Gerüche, manchmal nur ein Gefühl. Ich brau-

che den Namen des Tieres, des Besitzers, den Ort, wo es lebt, und wie das Tier aussieht – Farben usw. Man muß sicher sein, daß man nicht das falsche Tier erreicht – ein anderes mit gleichem Namen und ähnlichem Aussehen. Vieles an der Verbindung hängt von dem Besitzer ab. Man empfängt die Emotionen. Wenn man also nach Sparky fragt, und der Besitzer sitzt direkt in der Nähe, wird man sicher das richtige Tier erreichen. Wenn es mit Hilfe des Besitzers oder einer anderen Person, die dem Tier sehr nahe steht, zum ersten Kontakt gekommen ist, kann ich allein weitermachen.

Ein besonders bemerkenswerter Fall war ein gestohlener Malamut-Mischling aus Santa Fe (New Mexico). Der Hund hieß Spirit. Er war schon mehrere Monate verschwunden. Als sie mit mir Kontakt aufnahmen, konnte ich den Dieb beschreiben, und es stellte sich heraus, daß ich recht hatte. Ich beschrieb seinen Eigentümer – korrekt.

Fast zwei Monate lang war ich auf der Spur des Tieres. Er übermittelte mir, er sei in einem kleinen, dunklen Haus. Man sagte mir, dort unten gebe es diese Lehmhäuser. Für mich fühlte es sich jedoch eher nach einem Wohnwagen an. Als der Hund später befreit wurde, stellte sich heraus, daß der Dieb in der Tat eine Zeitlang in einem Wohnwagen gelebt hatte. Schließlich entkam der Hund. Der Mann stellte sich – daher weiß ich, daß meine Beschreibung richtig war – und half mir, den Hund zu finden.

Mir kam es so vor, daß der Hund nun bei einer Frau mit mehreren Kindern war. Er gab mir sogar Richtungen an. Es ging um einen Hund, den ich nie gesehen hatte, um Orte, die ich nicht kannte. Die ganze Angelegenheit dauerte zwar eine Weile, aber schließlich fand ich den Hund, und er war überall dort gewesen, wo ich ihn gesehen hatte.

Vor einigen Wochen war ich in Santa Fe und habe Spirit besucht. Die meisten gestohlenen oder verlorengegangenen Tiere werden nicht mehr gefunden, aber dieser schon, und ich durfte ihn treffen.

Ich fragte Tim, ob er auch direkt beim Auffinden von Spirit hatte helfen können.

„Vermutlich“, meinte er. „Sie richteten sich nach meinen Anweisungen, nach den Beschreibungen von Häusern, Menschen und

Orten. Dort hängten sie Suchmeldungen auf. Jemand von der Elektrizitätsgesellschaft hatte den Hund gesehen, dann sah er die Anzeige und rief an."

Auch beim Fall einer gestohlenen Katze in Chicago hatte Tim mitgewirkt. Er erzählte mir:

Der Kater war mehrere Monate verschwunden. Schließlich sah ich den Mann, der ihn gestohlen hatte. Ich beschrieb ein Haus bis zu den genauen Farben. Die Besitzerin glaubte mir nicht. Sie sagte, ein Haus mit diesen Farben gebe es in Chicago nicht. Solche Häuser mit Veranda oder Vorbau würden hier nicht gebaut.
Ich hatte das Gefühl, die Leute, die den Kater gestohlen hatten, wollten ihm nur Gutes tun. Es war ein sehr übergewichtiger Kater, der nur im Haus lebte. Sie hatten das Gefühl, die Besitzerin würde ihn durch Freundlichkeit töten. Ich erzählte der Besitzerin: „Sie haben den Kater auf Diät gesetzt. Sie wissen, daß er gesucht wird, sie haben die Plakate gesehen. Aber sie wollen den Kater nicht mehr hergeben, weil sie glauben, bei ihnen ginge es ihm besser."
Ich sagte den Besitzern, daß sie nach einer gewissen Zeit eine Anzeige machen könnten. Da viele Fakten für sie sprächen, könnten sie sicher sein, die Katze zurückzubekommen. Zwei Wochen später war eine Nachricht auf dem Anrufbeantworter. Sie hatten den Dieb anhand meiner Beschreibung identifiziert, ihn angezeigt und den Kater zurückbekommen. Er war in der Tat von dem Dieb auf Diät gesetzt worden. Jetzt war der Kater wieder zu Hause.
Solche Bestätigungen tun gut. Aber ich weiß nicht, ob ich auch weiterhin gestohlene Tiere suche. Es ist harte Arbeit, und die Besitzer sind sehr emotional. Man wird ganz hineingezogen und reagiert ebenso emotional. Und in vielen Fällen kommt das Tier dennoch nicht zurück.
Andere Fälle machen mehr Spaß, weil dort weniger Emotionen beteiligt sind. Jemand ruft dich an und bittet dich, mit einer Katze zu arbeiten, die ihr Klo nicht benutzen will. Du sprichst mit dem Tier, und eine

Woche später ruft man dich an. Alle sind froh, weil die Katze nun ihr Klo wieder benutzt, weil die Besitzer die Anweisungen befolgt haben.
Tiere haben ihre eigene Sichtweise von den Dingen. Es gibt immer einen Grund, warum sie ihr Klo nicht benutzen wollen. Vielleicht wird es nicht regelmäßig sauber gemacht. In einem Fall stand das Katzenklo auf einer Waschmaschine, und die Katze war schon recht alt. Sie schaffte es nicht mehr, dort hinaufzuspringen. Ich wußte nicht, daß das Klo auf der Waschmaschine stand. Die Katze hatte mir nur erzählt, es stehe zu hoch. Ich sagte der Frau: „Ihre Katze möchte, daß das Klo tiefer steht, so kann sie es leichter erreichen. Dann wird sie es wieder benutzen.“ Genau das tat sie auch.

Tim erzählte mir auch von einem Kriminalfall in Houston, an dem er beteiligt war:

Damals dachten sie, der Hund sei der einzige Zeuge. Es ging um Mord. Ich glaubte, es gebe auch einen menschlichen Zeugen. Sowohl der Detektiv wie der Bruder des Opfers riefen mich an. Ich beschrieb über den Hund alle möglichen Einzelheiten, die sich als korrekt herausstellten. Ehe sie mir glaubten, mußte ich viele Beweise liefern. So fragten sie mich, worin die Leiche eingewickelt war. Ich sagte, es müsse ein schweres Material sein, vielleicht ein Teppichstück oder eine Brücke. Tatsächlich war es ein Teppich. Sie fragten mich, wo die Leiche lag, und ich meinte, in der Nähe liege viel Müll. Tatsächlich lag sie auf einer Müllkippe.
Sie suchten nach der Waffe, einer Pistole. Ein Medium hatte ihnen erzählt, sie sei im Flughafen in Beton eingegossen, wo man auch den Wagen des Opfers gefunden hatte. Meine Informationen waren anders; die Waffe schien mir unter Wasser zu liegen. Damals wußte ich noch nicht, daß es um Houston ging, ich wußte nur, es war in Texas. Also fragte ich Adele Tate und andere Freunde, und sie bestätigten mir, die Waffe liege unter Wasser. Es war eine große Wasserfläche, möglicherweise ein See. Dann fand ich heraus, daß der Mord am Golf von Mexiko geschehen war. Kein Wunder, daß sie die Waffe niemals fanden.

Ich fragte Tim, was dies alles mit Kommunikation zu tun habe. „Wegen des Hundes", sagte er. „Ursprünglich sollte ich mit dem Hund reden. Sie brauchten eine Beschreibung des Mörders. Sie hatten einen Verdächtigen bereits zweimal inhaftiert, und ich glaube, sie hatten den Richtigen. Andererseits sah ich Dinge, die nicht von dem Hund, sondern nur von dem Opfer kommen konnten. Ich erzählte ihnen viele richtige Fakten, z.B. wo er erschossen worden war, wie viele Einschüsse es gab – alles Dinge, die der Hund nicht wissen konnte."

Kriminalfälle verwirren mich oft, aber ich mag sie. Tims Beteiligung machte mich etwas nachdenklich. „Glaubst du", fragte ich ihn, „daß die einzigen beiden Zeugen nur der Hund und das Opfer waren?"

„Mit diesen beiden habe ich gearbeitet", antwortete er. „Ich glaube aber, es gibt einen weiteren Zeugen. Er wollte nicht, daß ich ihn sah, daher erschien er mir immer nur von hinten. Vielleicht war es sogar eine Frau."

Ich fragte Tim: „Wußtest du über den Hund von dem zweiten Zeugen?"

„Möglicherweise. Vielleicht kam die Information aber auch von anderer Seite", antwortete er.

„Soll das bedeuten, du hattest Kontakt zum Geist des ermordeten Opfers, und er hätte dir das erzählt?", fragte ich.

„Ich glaube schon", meinte Tim.

„Hast du öfter Kontakt zu Menschen, die nicht mehr leben?", fragte ich.

„Das nicht", sagte er, „wohl aber zu Tieren. Es macht keinen Unterschied, ob sie leben oder schon in einer anderen Welt sind. Manchmal ist es so sogar einfacher. Ich kann den Besitzern Dinge erzählen, die nur sie selbst wissen können. Dann sind sie stets total verblüfft. Was bei der Arbeit mit Tieren solchen Spaß macht – dadurch wird es sogar einfacher –, ist die Tatsache, daß sie nicht lügen. Für sie gibt es nur schwarz oder weiß, sie haben kein Notizbuch. Sie sagen immer die Wahrheit, wählen aber aus, was sie uns sagen. Wenn man das mit dem Geist von Menschen versucht, sagen sie dies oder das, genau als würden sie noch leben. Menschen können sehr unaufrichtig sein, Tiere sind sehr ehrlich."

Laura Simpson kam in Fairfield (Iowa) zur Welt – in der vierten Generation – und wuchs auch dort auf. Das Städtchen hat 9700 Einwohner und liegt in der Südostecke des Staates. Bis auf ihre Collegejahre an der University of Wisconsin hat sie immer hier gelebt. Sie stammt aus einer alten Familie. Allerdings ist sie ganz anders, als man von einer landwirtschaftlich geprägten Gegend erwarten würde, wo der Mais so hoch wie ein Pferd wächst. Mit ihrer New-Age-Einstellung würde sie auch in das ausgeflippte Greenwich Village oder nach Berkeley passen.

Offenbar war Laura seit ihrer Geburt übersinnlich. Sie sagte mir: „Meine Mutter bemerkte früh, daß ich mit Tieren reden und sie verstehen konnte. Sie hatte dieselbe Fähigkeit und förderte mich nach Kräften. Schon meine Großmutter war übersinnlich veranlagt und unterstützte diese Gabe bei mir."

Ihr Vater war Rechtsanwalt und dachte mit der linken Gehirnhälfte, er befaßte sich mit den nüchternen Dingen der Welt. Was für ein Leben muß er mit den drei exotischen Frauen geführt haben!

Laura machte einen Abschluß in Kindererziehung und kehrte als Sozialarbeiterin nach Fairfield zurück. Bei ihrer Arbeit wurde sie häufig mit dem Mißbrauch von Kindern konfrontiert. „Es war eine sehr erschöpfende Arbeit", sagte sie.

Nach einigen Jahren suchte sie eine Beschäftigung, die besser zu ihr paßte, und wurde die Sekretärin eines bekannten Mediums. Nach kurzer Zeit meinte diese, Laura könne diese Arbeit ebensogut tun. „Sie bestärkte mich darin, mein eigenes Ding zu machen", sagte Laura. Sie dachte darüber nach und entschied sich, nicht mit Menschen arbeiten zu wollen. „Ich war sicher, auch Tiere bräuchten eine Stimme", meinte sie. Da sie bei ihrer Sozialarbeit die weniger erfreulichen Seiten der Menschen kennengelernt hatte, hoffte sie, die Arbeit mit Tieren würde erfrischender sein. „Die Menschen

Laura Simpson mit Albert; Foto von Rick Donhauser

laden all ihren Dreck bei ihnen ab", sagte sie. „Tiere sind sehr geradeheraus."

Sie erzählte mir, daß sie zu Beginn ihrer Arbeit acht von zehn verschwundenen Tieren gefunden hatte – ein außerordentlicher Schnitt. „Ich werde von anderen Animal Communicator immer als Beispiel zitiert, denn meine Erfolgsquote liegt bei 80%."

In der Tat hatten mich mehrere Animal Communicator an Laura verwiesen, als ich etwas über das Aufspüren verschwundener Tiere wissen wollte.

Laura glaubt, daß ihr die Zeit als Sozialarbeiterin geholfen hat. „Ich habe sehr viel Krisenbewältigung mit Menschen erarbeitet", sagte sie. „Ich kann mit den Emotionen umgehen und so zu den Tieren vorstoßen."

Ich stellte Laura die obligatorischen Fragen nach ihrem Hintergrund. Verheiratet? Kinder? Ich liebe ihre Antwort: „Nein, ich war nie verheiratet. Fünfmal stand ich kurz davor, doch immer, wenn mich die Männer fragten, hatte ich sie bereits so satt, daß ich ablehnte. Weil ich nicht verheiratet bin, kann ich so spirituell sein, wie ich will. Ich habe keine Kinder, aber ich habe mich immer um die Kinder anderer gekümmert."

„Das erste, was man tun muß, wenn ein Haustier verschwindet", erzählte mir Laura, „ist, Rescue Remedy zu nehmen. Das ist eine Bachblütenessenz. Es hilft, den Streß zu bewältigen."

(Ich sollte erwähnen, daß ich vor einigen Jahren in Florida total gestreßt und aus dem Gleichgewicht war. Damals versuchte ich es mit Rescue Remedy, bemerkte aber keine Veränderung meines Verhaltens. Vermutlich liegt das aber daran, daß ich kaum zu retten bin.)

Wie Laura sagte:

Wenn man neben sich steht, hat man keine Chance, seinem Haustier oder sich selbst zu helfen. Das Tier versucht, über Telepathie mit dir in Kontakt zu bleiben, und wenn es all diese Emotionen auffängt, die geballte Angst, dann ist dies nicht sehr hilfreich. Man sollte entspannt und ruhig bleiben.

Ich denke, es ist wichtig, daß die Menschen sich selbst vertrauen. Auch die Meditation kann helfen. Umgib dein Haustier mit einem weißen Licht. Dann mußt du aus deinem und dem Bauchnabel des Tieres eine imaginäre Schnur aus weißem Licht ziehen und die beiden verknoten. Damit hilft man dem Tier zurückzufinden. Während des Tages ist es hilfreich, sich einmal ruhig zurückzuziehen, an die Schnur aus weißem Licht zu denken und nachzusehen, ob der Knoten noch intakt ist.

Die Menschen müssen ihrer Intuition vertrauen. Wir tendieren dazu, alles zu rationalisieren. Wir müssen entscheiden, ob etwas logisch ist oder nicht. Was man wirklich braucht, ist das Vertrauen in die leise, sanfte Stimme. Sie spricht sehr leise, und sie spricht nur einmal, dann gewinnt die Logik die Überhand.

Erst wenn du selbst keinen Erfolg hast, solltest du einen Animal Communicator rufen, der sich darauf spezialisiert hat, verschwundene Tiere zu finden.

Ich bat Laura, mir einige Beispiele für ihre Arbeit zu geben. Sie erzählte mir von zwei Fällen. Der Leser muß selbst entscheiden, was er davon hält. Ich persönlich glaube ihr, denn ich bin von Lauras Persönlichkeit fasziniert, von ihrer Art, mit den Widrigkeiten unseres Lebens umzugehen. Hier kommt ihre Geschichte:

Ich kannte einen Mann, Bill Crain, der für das Department of Natural Resources in einem Nationalpark bei Vermont arbeitet und sich niemals mit Esoterik befaßt hat. Er hatte seinen Hund Cashew verloren, einen Deutschen Kurzhaardackel. Er rief mich in Panik an. Ich empfahl ihm Bachblüten, Rescue Remedy, was ihm sehr half. Für einen Animal Communicator ist es äußerst hilfreich, wenn der Besitzer des Haustieres ruhig ist.

Ich begann zu meditieren und suchte nach dem Hund. Ich fand heraus, welchen Seelenkontakt das Tier und sein Besitzer hatten. Sie wollten sich gegenseitig retten. Sie hatten diese Krisendynamik während ihrer gesamten Lebenszeit aufgebaut und konnten sich somit gegenseitig die Rettun-

gen aus der Vergangenheit vergelten. Also fragte ich Gott und Jesus um Erlaubnis, ob sie ihren Lebensvertrag neu schreiben dürften. Außerdem kontaktierte ich das höhere Selbst von Bill Crain und Cashew, um zu erfahren, ob sie mit dem neuen Kontrakt einverstanden waren. Beide waren einverstanden, sie wollten die Dynamik aus ihrer Beziehung entfernen. In dem neuen Vertrag hieß es, sie würden stets füreinander dasein.

Damit hatte ich sehr viel Streß aus Cashews Abwesenheit herausgenommen, aber er blieb noch eine Woche oder zehn Tage verschollen. Dann empfing ich telepathisch, daß er sich auf einer Farm in der Nähe des Parks aufhielt. Bill hatte mir eine topographische Karte des Parks geschickt. Ich sagte ihm, in welcher Gegend die Farm lag, und er fuhr sie ab. Schließlich fand er ein altes Ehepaar, das Cashew aufgenommen hatte, und die beiden waren wieder vereint.

„Manchmal", erzählte mir Laura, „reißen Haustiere aus, weil sich Gesindel im Haus herumtreibt. Das können Wesen, Geister – wie immer man sie nennen will – sein, die sich von Tieren oder Menschen angezogen fühlen. Und Tiere sehen solche Geister gewöhnlich früher als Menschen. Also wird sich ein Geist eher mit einem Tier abgeben, denn dort findet er mehr Aufmerksamkeit. Mit ihm kann er spielen. Einen solchen Fall hatte ich einmal in Fairfield."

Ich war fasziniert und bat Laura, über diesen Fall zu berichten. Hier kommt, was sie mir erzählte:

Eine kleine Sheltiehündin wich ihren Besitzern normalerweise nicht von der Seite. An diesem Tag hatten sie mit ihr einige Freunde auf einer Farm besucht. Sie rannte weg, und sie konnten die Hündin nicht wiederfinden. Ich sollte ihnen helfen, das Tier zu finden. Ich fand heraus, daß der Hund mit dem Geist eines Rehs verschmolzen war – es starb bei einem Unfall auf dem Highway. Wenn Tiere auf dem Highway getötet werden, wissen sie meist nicht, was geschehen ist. Dann ahnen sie nicht, daß sie in das weiße Licht gehen müssen, in die höheren spirituellen Ebenen. Das gleiche geschieht mit Menschen, die plötzlich sterben. Sie hängen einfach herum. Der kleine Hund hatte den Geist des Rehs in sich aufgenommen, als die Familie mit dem Wagen an der Stelle vorbeifuhr, wo das Reh gerade getötet worden war. Wie ich erfuhr, hatte der Sheltie aus dem Fenster geblickt, als sie an dem toten Reh vorbeifuhren, und plötzlich hatte sich das Verhalten des Hundes geändert. Das Reh hatte vom Denken des Hundes Besitz genommen.

Ich erwähnte Laura gegenüber, daß ich solche Geschichten kenne. Als ich über Geister schrieb, war ich auf Fälle gestoßen, in denen Menschen auf der Straße bei Unfällen starben. Sie wurden zu Geistern, die per Anhalter reisten. Manchmal, so berichtete man mir, nahmen Fahrer scheinbar normale Menschen mit, die dann auf merkwürdige Art und Weise verschwanden. In Südafrika verschwand ein Beifahrer vom Rücksitz eines Motorrades.
Laura antwortete: „Ich hatte auch schon Mitfahrer, als ich zum Friedhof fuhr. Ich werde sie aber wieder los. Ich bitte Gott, mir einen Engel zu senden und diese Seelen ins Licht zu führen. Wenn ein Geist Besitz von einem Tier ergreift, beginnt normalerweise dessen Energie zu schwinden. Das Tier muß mit seiner physischen Energie etwas unterhalten, das keinen Körper besitzt. Der kleine Sheltie rannte mit dem Geist des Rehs draußen in den Wäldern herum. Man fand die Spuren des Hundes, als man den Spuren der Rehe folgte, mit denen das tote Reh normalerweise herumzog."
Laura meinte, sie hätte den Kontakt mit dem Sheltie über Reiki, einer Form der energetischen Heilung, aufgenommen.
„Und dann", sagte sie, „habe ich den Geist des Rehs erhoben und ins Licht gesandt. Ich sagte der Familie, sie würden ihren Hund in der Ecke eines Feldes nahe der Straße finden. Innerhalb einer halben Stunde sah eine Frau aus ihrem Auto heraus den Hund. Sie hatte im Radio von der Geschichte gehört und brachte den Hund zu der Familie zurück."

„Häufig“, sagte Laura, „verläßt ein Tier sein Heim, um ein spirituelles Problem zu lösen. Typischerweise kommen Tiere zu uns, um uns bei unserer spirituellen Entwicklung zu helfen. Es gehört zu ihrem Vertrag mit den Menschen. Manchmal aus spirituellen Gründen, häufig um unsere emotionalen Probleme zu lösen. Oder es geht um ein medizinisches Problem, wenn etwa der Besitzer Krebs oder Diabetes hat und das Tier die Krankheit auf sich zieht.“

„Ich kenne eine ältere Dame, die Medikamente wegen ihrer Schilddrüse nehmen mußte, und plötzlich brauchte auch das Tier ein solches Medikament. Man hatte ihr gesagt, sie müsse mehr Ballaststoffe essen, und plötzlich erfuhr sie, daß auch ihr Hund mehr Ballaststoffe brauche. Ich glaube, der Hund trug die Last der Dame, damit sie ihre körperlichen Probleme leichter ertragen konnte.“

Diese These tauchte während meiner Interviews immer wieder auf. Ich bin schon mehrmals darauf zu sprechen gekommen. Folgende Geschichte stammt von Kate Reilly aus Shelby, North Carolina:

Es kommt sehr häufig vor, daß ein Tier dieselbe Krankheit hat wie sein Besitzer, um ihm etwas von der Last abzunehmen. Tiere in unserem Leben sind unsere Lehrer, Führer oder Heiler. Indem sie uns eine Last abnehmen, heilen sie uns. Häufig kommt dies bei einer Kolik oder bei Rückenschmerzen vor.

Ich erzählte Kate von einem Fall, den Nancy Regalmuto übernommen hatte – ich habe darüber schon ausführlich berichtet –, als ein Pferd gefährlich krank wurde. Nancy fand heraus, daß das Pferd die Depressionen eines Teenagers auf sich gezogen hatte.

„Das kommt häufig vor“, sagte Kate.

Laura Simpson sprach auch ein weiteres Phänomen an, das mir immer wieder bei den Interviews mit Animal Communicator begegnete. Viele Tiere sind viel mehr, als sie scheinen; sie sind die

Morgan Jurdan mit Freund; Foto von Marcie A. Bomarito

spirituellen Führer ihrer Besitzer. Morgan Jurdan aus Amboy (Washington) arbeitet seit vier Jahren als professionelles Tier-Medium. Wie sie mir sagte, redete sie aber schon als Kind mit Tieren. Sie hat an Kursen von Penelope Smith teilgenommen und hält nun selber Workshops ab. Sie sagte:

Während meines ersten Kurses fragte ich viele Tiere nach ihrem Lebenszweck. Manche Hunde und Katzen waren einfach gerne Hunde und Katzen, sie waren gerne bei den Menschen und hatten gerne diesen Körper. Ein Hund sagte jedoch, er sei ein spiritueller Führer. Ich fragte ihn nach einem Rat, und er antwortete: „Erinnerst du dich an dein Problem aus dem letzten Jahr?" Damals hatte ich Schwierigkeiten, emotional zu wachsen. Der Hund klärte mich über den Grund meines Problems auf und gab mir Ratschläge für die Lösung. Meine Schwierigkeiten waren wie weggeblasen, und das nur, weil ich diesem Hund begegnet war. Wie konnte er mich kennen und wissen, was ich durchgemacht hatte?
Daraus leitete ich ab, daß wir alle in einem großen Universum verbunden sind, Menschen, Tiere und alles andere. Der Hund gehörte einem Teilnehmer des Kurses. Er war ein gelber Labrador und trug ein rotes Taschentuch um den Kopf. Am zweiten Tag brachten alle ihre Haustiere mit und redeten mit ihnen. Dieser Hund erzählte mir, sein Lebenszweck sei es, drei Menschen als spiritueller Führer zu dienen, seinem Besitzer und zwei weiteren.
Viele Tiere leben aus einem bestimmten Grund mit uns zusammen – eigentlich die meisten. Aber alle sind Individuen. Manche wollen uns nur aufheitern. Manche sind Lehrer oder Gurus. Sie lehren uns auf vielerlei Weise.
Wir hatten einen Hund namens Duke. Er spielte immer dasselbe Spiel mit uns. Wenn wir ihm einen Ball zuwarfen, brachte er ihn nicht zurück. Er wollte, daß wir ihn jagten, das war sein Spiel. Man mußte ihn ums Haus hetzen und ihm den Ball aus dem Maul ziehen. Eines Tages kam ein dreijähriges Kind aus einem Wohnwagen zu uns und warf Duke seinen Ball zu. Duke fing ihn und legte ihn vor den Füßen des Kindes ab. Ich war genauso überrascht wie die Mutter, denn sie kannte Duke und seine Eigenheiten. Sie sagte: „Mein Junge ist von einem Hund angefallen

worden, er hat sich nie mehr einem Hund genähert. Er fürchtete sich zu Tode vor ihnen.“
Wir sahen den beiden 15 Minuten lang beim Spiel zu. Der Hund tat es wieder und wieder. Er verhielt sich ganz untypisch und das Kind ebenso, aber ich spürte ihre Kommunikation. Der Hund hatte dem Kind gesagt, es könne sich sicher fühlen, und der Junge wußte, er war sicher bei diesem Hund. Wir sahen ihnen sprachlos zu, wir spürten diesen wunderbaren Tanz der Liebe, wie das Kind mit dem Hund kommunizierte. Wir hatten Tränen in den Augen.

Kommunikation mit wilden Tieren, Bäumen, Büschen, Schnecken und Felsen

In den 70er Jahren entstand eine kuriose Sitte: Liebe einen Felsen. Sie breitete sich zwar nicht über das ganze Land aus, hatte aber viele Anhänger. Damals gab ich eine Zeitschrift in New England heraus und hielt es für eine witzige Idee, einen Felsen auf dem Titel abzubilden. Ein Typ mit Namen Bob Cudmore, der Gastgeber einer örtlichen Radio-Talkshow, hatte einen Felsen, den er sehr hoch schätzte. Also erschien Bob in der Zeitschrift mit dem Felsen an einer Leine, mit ihm ein paar Mädchen, ebenfalls mit Felsen an der Leine.

Ich hatte keine Ahnung, daß rund 20 Jahre später, als sich die Jahrhundertwende näherte, Tausende von Menschen ihre Beziehung zu Felsen sehr ernst nahmen. Es war nicht mehr der Scherz, für den wir es in den 70er Jahren hielten. Und das waren gut ausgebildete, gestandene Menschen mit wichtigen Aufgaben in unserer nüchternen Gesellschaft.

Kate Solisti ist ein gutes Beispiel, eine professionelle Animal Communicator aus Santa Fe (New Mexico). Kate hat 1980 das Smith College absolviert. Sie wuchs in einer konventionellen Familie in New Jersey auf. „Ich bin das schwarze Schaf der Familie", kicherte sie, „obwohl meine Mutter damit ganz gut zurechtkommt. Sie erzählt es sogar ihren Freundinnen."

„Ich wurde mit der Fähigkeit geboren, Tiere und Pflanzen zu hören", sagte sie. „Aber als Kind, etwa im Alter von acht Jahren, wollte ich nichts mehr davon wissen. Nach dem College wuchs jedoch meine Lust, mich wieder mit dem Planeten zu befassen." Sie nahm eine Stellung bei einer Umweltorganisation in Washington, D.C. an.

„Ich hatte viele meiner Kindheitserinnerungen an Bäume, wilde Tiere und Felsen verdrängt. Vieles kam zurück, als ich begann, diese Verdrängung aufzuarbeiten. Als ich wieder hören konnte, waren es die Bäume, die zuerst mit mir sprachen."

Bob Cudmore und zwei junge Felsliebhaber, die ihre Lieblingsfelsen an der Leine führen; Foto von Berkshire Sampler

Kate Solisti und William; Foto von Carolyn Wright

Sie verbrachte viel ihrer Zeit in einem kleinen Park in Washington. „Dort gab es einen speziellen Felsen, auf dem ich gerne saß“, fuhr sie fort. „Ich nannte ihn Großmutterfelsen, da ich seine Liebe spürte. Irgendwie hatte er eine sehr feminine Natur. Wenn ich auf dem Felsen saß, fühlte ich mich akzeptiert und sehr sicher.“

Einmal, so erzählte sie mir, hörte sie ein Lachen. Es war niemand in der Nähe, und ihr wurde klar, daß sie das Wesen des Felsens gehört hatte.

„Ich fragte: ‚Was ist denn so lustig?‘ Und der Felsen antwortete: ‚Menschen sind so lustig. Sie rennen wie verrückt herum und verpassen dabei fast alles.‘ Ich lachte, als ich das hörte, und sagte: ‚Ich glaube, du hast recht.‘“

Bevor Kate jedoch mit dem Felsen sprach, gab es zuerst einen Baum. Kate erzählte es so:

Eines Tages saß ich auf dem Großmutterfelsen, war ruhig und lauschte auf das Geräusch der Bäume; und ich hörte – keine richtige Stimme, sondern eher einen Gedanken in meinem Kopf: „Komm zu mir."
Ich sah mich um und fragte: „Wer hat das gesagt?"
Fast magnetisch wurden meine Augen von einem kleinen Baum angezogen. Er war weder besonders auffällig, noch schön oder außerordentlich groß, er war nur einer von vielen Bäumen dieses kleinen Wäldchens.
Ich sagte: „Baum, hast du mit mir geredet?"
Er begann zu strahlen. Ich spürte seine außerordentliche Energie. Plötzlich wurde ich Teil des Baumes, ich fühlte, wie die Energie aus der Erde kam, ich fühlte, wie er sich gen Himmel streckte, und ich spürte den mächtigen Energiefluß, der ihn durchströmte.
Gleichzeitig sprach er zu mir: „Wir beobachten dich."
Ich sagte: „Wirklich?"
Er antwortete: „Genau, und du machst es gut."
Ich war außer mir vor Freude, ich konnte es nicht fassen. Dann dachte ich: „Oh, mein Gott, was geschieht hier?" Ich erinnerte mich an meine Kindheit, als meine Katze mit mir redete und andere Tiere, aber niemals Bäume. Ich war etwas geschockt. Danach begann ich, mich mit dem Glauben der amerikanischen Indianer zu befassen, denn nur von ihnen wußte ich, daß sie mit Pflanzen oder Tieren redeten. Ich erzählte niemandem davon, nicht einmal meinem Mann.
Später ging ich regelmäßig in den Wald, vor allem, wenn ich depressiv war, und bat die Bäume, mit mir zu reden. Nichts geschah, es war schrecklich frustrierend. Aber es war eine gute Lektion, denn ich lernte, daß ich zuviel erwartete. Ich bemühte mich zu sehr, und damit schreckte ich sie ab. Ich hatte durch meine herausströmende Energie eine Blockade um mich aufgebaut.
Ich mußte lernen, daß ich die Bäume immer dann hörte, wenn ich besonders ruhig und zentriert war, wenn mich nichts ablenkte, wenn ich weder müde noch gestreßt, noch wütend war. War ich starken Emotionen ausgesetzt, hörte ich die Bäume nicht. Bei meinen Veranstal-

tungen bringe ich den Leuten bei, ihren Geist zu beruhigen. Unser Geist ist zu beschäftigt. Wie kann man zuhören, wenn man dauernd selbst redet?

In der Einleitung zu diesem Buch habe ich darauf hingewiesen, daß einige Thesen sicher schwer zu akzeptieren sind. Hier ist eine gute Stelle, um die Ungläubigen zum Weiterlesen anzuhalten. In diesem Kapitel wird die Idee vertreten, daß Bäume ein Bewußtsein haben und kommunizieren können – sicher ein total abwegiger Gedanke. Aber was ist mit Felsen? Das wäre dann total abwegig im Quadrat, meinetwegen auch in der dritten Potenz.
Als dieses Kapitel fertig war, habe ich es meinem Freund David Fine vorgelesen, einem pensionierten Geschäftsmann, den ich manchmal als Lackmustest benutze. An die Bäume konnte er sich gerade noch gewöhnen, aber bei den Felsen gab er auf. Felsen, da war er sich sicher, haben kein Bewußtsein. Und dann so etwas! Am nächsten Tag besuchte ich ihn mit einem Buch unter dem Arm, *Behaving as if the God in All Life Mattered*, von Machaelle Small Wright. Die Autorin hat das Perelanda Naturforschungszentrum in Jeffersonton (Virginia) mitbegründet. In dem Buch beschreibt sie einiges, was ich zur Widerlegung meines Freundes anführen konnte:

Ich habe eine Freundin, die manche Menschen als Betonköpfe bezeichnet, wenn sie deren geistige Unbeweglichkeit kennzeichnen möchte – hart wie ein Fels. Lustig, aber falsch. Die Dichte mineralischer Stoffe beruht auf ihrer Kraft, nicht darauf, daß sie außerhalb der lebendigen Welt stehen. Mineralien überbrücken die Zeit. Sie behalten ihre Form über Jahrhunderte, Äonen, und wenn es uns gelingt, in ihren Intellekt einzudringen, dann können wir aus dem „Gedächtnis" dieses spezifischen Minerals eine bestimmte historische Periode oder ein Ereignis abrufen. Ein Beispiel: Eine Frau, die an einem meiner Workshops teilnahm, wollte in Kontakt mit dem Bewußtsein eines Steins treten, den sie an einem Strand in Irland aufgehoben hatte. Während der Meditation schenkte ihr der Stein etwas – er schenkte ihr Freude. Er tat dies, indem er der Frau das Bild eines idyllischen Strandes bescherte, an dem viele Kinder spielten und die Frau mit einem Gefühl von Freude umhüllten. Die Szene war aber keineswegs zufällig. Es handelte sich um eine holländische Strandszene des späten 19. Jahrhunderts – hier lag der Stein, bis er an die Küste Irlands gewaschen wurde.

Während meiner Recherchen für dieses Buch stieß ich immer wieder darauf, daß ein großer Anteil der Animal Communicator eine unglückliche Kindheit gehabt hat. Eigentlich war auch meine Kindheit ziemlich unglücklich. Vielleicht schreibe ich deshalb so viele Bücher über andere Dimensionen – unsere habe ich nie besonders gemocht.

Besonders zwei Menschen haben diesen Aspekt ihres spirituellen Lebens – die Kommunikation – sehr vielsagend, gefühlvoll und poetisch ausgedrückt: Denise Kinch aus Groveland (Massachusetts) und Nancy Regalmuto aus New York City und Long Island.

Denise sagte:

Als Kind erzählte man mir immer wieder, Tiere, Vögel und Bäume könnten nicht mit mir reden. Also verschloß ich diese Fähigkeit während meiner Kindheit. Aber ich habe immer viel Zeit im Wald und mit Tieren verbracht, mehr als mit Menschen. Die Natur war immer gut zu mir. Meine Eltern nannten mich rebellisch, weil ich gegen das System kämpfte. Ich habe mich immer gefragt, warum. Ich wurde in katholischen Schulen erzogen. Das war ihr Leben, und das ist gut so, aber das war nicht mein Leben, ich war nicht ich selbst. Mein Bruder und meine Schwester waren der perfekte Sohn und die perfekte Tochter, und ich stand dazwischen. Ich trug keine Kleider, kletterte auf Bäume, brachte die meiste Zeit mit Tieren zu. Ich war anders, als meine Eltern mich wollten, und auf diese Weise sorgte ich durch mein Sein für eine Mißstimmung in der Familie. Ich war unwürdig und empfing keine Liebe. Sie waren nie zufrieden mit dem, was ich machte, und ich war nicht

zufrieden mit dem, was ich war. Aber ich wußte, da draußen gab es mehr. Ich suchte und suchte.
Mein Mann arbeitet als Gutachter bei einer Versicherung. Er denkt mit der linken Gehirnhälfte, aber er hält zu mir. Zum Ausgleich fährt er Motorrad, das ist gut. Meine Kinder sind offen für die Kommunikation, sie sehen mehr, als ich sehe, und sie hören mehr, als ich höre. Sie wurden niemals gezwungen, ihre Fähigkeiten zu unterdrücken, man hat ihnen niemals gesagt, Tiere könnten nicht sprechen. In unserer Kultur wird man gewöhnlich direkt nach der Geburt eingeschränkt. Man sagt uns, man kann nicht mit der Natur leben.

Denise Kinch

Wir haben immer mit der Natur gelebt. Ich sehe die Aura der Bäume, sie scheinen zu tanzen. Als ich heute morgen die Blätter zusammenrechte, sah ich kräftige Farben um sie. Wenn man mit Steinen redet, geht man in ihnen auf, kann sie fühlen. Sie haben so viel Wissen, eine solche Macht, denn sie waren schon immer hier. Sie waren vor den Bäumen da und können uns so viel geben.

In der Welt gibt es so viel Gewalt, Zorn, Wut, Mißbrauch, Trauer und Ungerechtigkeit, aber wenn man sie als Ganzes betrachtet, bemerkt man eine Veränderung. Ich glaube, daß sich die Welt zum Besseren verändert. Die Menschen glauben, die Welt wird enden, aber ich denke, das Ende ist in uns selbst, nicht auf physikalischer Ebene. Ich glaube, wir besinnen uns stärker auf unsere Energie, wir transformieren unsere eigenen Körper und den Geist.

Nancy Regalmuto ist ein Medium von Weltrang, eine Hellseherin, die in andere Dimensionen gelangen kann, sie vollbringt Heldentaten des Mystizismus. Ich kenne sie seit mehreren Jahren und habe einige dieser Heldentaten miterlebt. Manche sind sehr bodenständig, so weiß sie, welches Rennpferd oder Sportteam gewinnen wird. Nancy hat mehrere Jahre lang eine Kolumne in der *Metro Turf*, einer Publikation des *Daily Racing Form* geschrieben, in der sie Rennergebnisse vorhersagte. Ihre Prognosen waren so präzise, daß die Herausgeber sie in Form von Rätseln formulierten, etwa: „Die Frau des Trainers, Vera, wird sich freuen." Eine Zeitlang war Nancy professionelle Spielerin. Ihre eigentliche Berufung ist jedoch, Tieren und Menschen bei ihren emotionalen und physischen Problemen zu helfen.

Als Kind hatte sie die üblichen Schwierigkeiten, denen eine junge Übersinnliche ausgesetzt ist. Am ersten Schultag sorgte sie für Aufregung, weil sie meinte, man müsse unbedingt etwas tun, der Präsident würde ermordet werden. Als sie sich weigerte, still zu sein, schickte man sie in das Büro des Direktors. Am selben Nachmittag wurde John F. Kennedy ermordet.

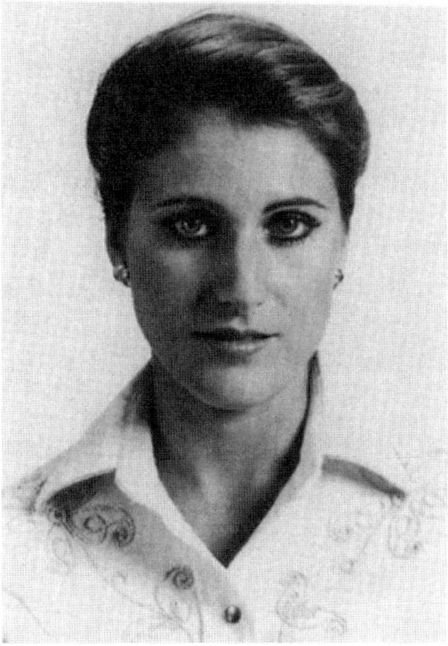

Nancy Regalmuto

„Es kam über Lautsprecher“, sagte Nancy, „daß der Präsident erschossen worden war. Der Lehrer sah mich an, jeder starrte mich an. Wir wurden nach Hause geschickt. Niemand sagte etwas zu mir, sie sahen mich nur an, als wäre ich verrückt. Ich verstand das nicht. Sie behandelten mich, als hätte ich etwas Schlechtes getan, und ich wußte nicht, was.“
Nancy hatte bereits traumatische Erlebnisse. Keiner verstand sie. Ein Schlüsselerlebnis sorgte jedoch dafür, daß sie sich von den Menschen ab- und der Natur zuwandte. Sie erzählte es mir so:

Ich war ungefähr fünf, etwa so alt wie mein bester Freund Stevie. Wir hatten eine Schildkröte gefunden und zogen sie auf. Wir taten alles für diese Schildkröte. Wir fütterten und wuschen sie. Wir bauten ihr einen kleinen Tunnel. Wir nahmen sie überallhin mit. Sie war unser wertvollster Besitz, und wir liebten sie. Das Ganze ging etwa sechs Monate lang. Sie war unser Haustier.

Eines Tages baute ein Nachbarssohn – Jimmy, er war etwa 13 – draußen etwas. Er schaute über die Hecke zwischen unseren Gärten und sagte: „Zeigt mir eure Schildkröte.“
Stevie und ich waren stolz wie Eltern. Die Schildkröte schien sich zu sträuben, zu Jimmy zu gehen, aber ich dachte, es wäre o.k. Also gab ich ihm die Schildkröte, und er spielte mit ihr. Im Garten gab es einen Baumstumpf, und Jimmy setzte die Schildkröte darauf. Wir sahen von der anderen Seite der Hecke zu. Plötzlich nahm Jimmy einen Hammer in die Hand und zerschmetterte die Schildkröte vor unseren Augen. Er zerschmetterte sie. Überall war Blut. Von da an war mir klar, ich würde nie wieder einem Menschen trauen. Ich fühlte mich schuldig: Ich hatte gefühlt, daß die Schildkröte nicht zu Jimmy wollte, aber ich hatte sie ihm gegeben. Ich fühlte, man dürfe Menschen nicht trauen, Menschen sind grausam. Für ein kleines Kind war dies eine unglaublich schreckliche Erfahrung. Jemand betrügt dich und verletzt dich unglaublich.
Wegen solcher Dinge hielt ich mich vom Leben der Menschen fern. Ich wurde sehr ruhig, sehr still und zog mich in mich selbst zurück. Ich wurde zum Beobachter allen Lebens. Ich lernte, meinen Mund zu halten. Ich wuchs auf, ohne viel zu sagen. Ich gab einfach auf, mich mit Menschen zu befassen, ich kapselte mich ab.
Und während ich immer stiller wurde, lernte ich zu hören. Ich hörte Dinge, die andere Menschen nicht wahrnahmen, weil sie zuviel redeten, zuviel dachten. Ich machte Spaziergänge, saß in den Feldern, und meine Ruhe zog die Stimmen des Unsichtbaren, des Unhörbaren an. Wesen suchten meine Nähe, meine Gesellschaft, sie waren meine Freunde und leiteten mich. Sie lehrten mich, mich selbst zu erkennen.
Wenn du ruhig bist, kommt Gott zu dir. Wenn du dich dauernd bewegst, kann er nicht zu dir kommen. Ich meine nicht nur die physische Bewegung. Manchmal kommen Menschen zu mir und bitten um Hilfe. Sie sagen: „Ich war da und dort, ich war überall, aber niemand kann mir helfen.“ Dann antworte ich: „Warum bleibst du nicht eine Weile lang ruhig? Hör auf zu reden. Bleib sitzen, zieh dich zurück und bete. Keine Kommunikation mit der Außenwelt, kein Fernsehen, kein Radio, kein Telefon, keine Menschen. Nur Schweigen und Ruhe. Gib Gott eine Chance, zu dir zu kommen.“

Sei wie ein Chamäleon. Ein Reptil erstarrt. Es sitzt auf einem Baum, seine Farbe ist wie der Baum. Es wird zur Schwingung des Baumes und wird Teil von ihm. Wenn es alles um sich aufnimmt, weil es absolut ruhig ist, ist es Teil von etwas anderem geworden. Ich habe als Kind gelernt, wie ein Chamäleon zu sein, einem Baum nahe zu sein und seine Schwingungen zu spüren. Ich verwandelte mich in das Wesen, mit dem ich kommunizieren wollte, so konnte ich es verstehen. Ich verwandelte meine Energie in die Energie eines Baumes. Ich war ruhig, ging in mich und versuchte, das Wesen des Baumes mit all meinen Sinnen zu spüren. Ich ahmte seine Schwingungen in mir nach. Ich wurde wie ein Baum und konnte ihn hören.

Adele Tate aus Byron (Illinois) arbeitet meist mit Tieren. Während eines Kurses bei Linda Tellington-Jones erfuhr sie jedoch, daß es sich lohnt, auch mit Bäumen zu reden.

Linda Tellington-Jones ist eine international bekannte Tierheilerin. Sie hat eine Heilmethode entwickelt, die sie den Tellington TTouch nennt. Die Methode geht auf eine Zusammenarbeit mit Moshe Feldenkrais zurück, der Menschen mit Bewegungsübungen hilft, ein höheres physisches, emotionales und intellektuelles Potential zu erreichen. Tellington-Jones, die in Santa Fe lebt, hat viele dieser Methoden für Tiere adaptiert.

„In Lindas Kurs habe ich gelernt, Bäume zu umarmen", erzählte mir Adele. „Sie sagte: ‚O.k., heute nachmittag gehen wir raus und reden mit den Bäumen.'"

„Ich dachte, hat sie wirklich gesagt, wir reden mit Bäumen? Genau das. Aber die Leute hatten verblüffende Erlebnisse. An diesem Tag bekam ich tatsächlich ein Wort zur Antwort, nachdem ich mir einen Baum ausgesucht hatte."

„Was für eine Art Antwort?" fragte ich.

„Meine erste Frage lautete: ‚Wer bin ich?', und der Baum sagte: ‚Alt.'"

„Hast du diese Stimme im Kopf gehört?" fragte ich.

„Ja ... oder nein ... nun, ja. Es war aber nicht meine Stimme. Ich hörte die Stimme eines Mannes, und das hat mich überzeugt. Sie klang mürrisch, aber nicht ärgerlich."

„Was war das für ein Baum?" fragte ich.

„Es war eine sehr alte Eiche, und ich liebte sie. Ich dachte, Donnerwetter, da steht mein Baum."

„Hast du ihn umarmt?" fragte ich.

Sie lachte. „Ja, man legt seine Arme um den Baum, um ihm mit dem Herzen ganz nah zu sein."

Ich muß etwas bekennen. Als ich mit diesem Buch begann, habe ich selbst Bäume umarmt. Ich wollte mich in den Geist dieser Sache versetzen. Aufgrund meines analytischen Denkens natürlich ohne Erfolg. Ich erzählte Adele: „Nahe meinem Haus gibt es einen wunderschönen öffentlichen Weg, der von prächtigen Bäumen gesäumt wird. Aber es kommen dauernd Jogger, Spaziergänger oder Radfahrer vorbei. Also habe ich mich mit dem Rücken angelehnt, damit sie mich nicht für verrückt halten."

„Siehst du", gab Adele zurück, „wir denken eher über andere Dinge nach, als uns in sie zu vertiefen und in den Baum einzudringen."

Sie erzählte mir von ihrem eigenen, privaten Baum bei ihrem Haus, den sie Großmutterbaum nennt. „Mein Großmutterbaum ist deswegen so perfekt", sagte sie, „weil uns niemand sehen kann. Ich schlafe unter ihm, sitze dort und klettere auf ihm herum. Ich fühle die Schwingungen des Baumes. Du mußt nur danach fragen, dann kannst du sie fühlen. Sie dehnen sich aus und schrumpfen wieder. Egal, wie groß der Baum ist, man fühlt seine Wellen."

„Was hat dir der erste Baum, den du umarmt hast, noch erzählt?" fragte ich.

Adele antwortete: „Ich fragte ihn: ‚Warum bin ich gekommen?' Und er sagte: ‚Tiere.' Ich fragte: ‚Wo gehe ich hin?' Und er sagte: ‚Universum.' Ich fragte: ‚ Woher komme ich?' Und er sagte: ‚Fort.'"

Ich wollte mehr über Adeles Hausbaum wissen. „Erzähl mir mehr über deine Erfahrungen mit dem Großmutterbaum", bat ich. Sie antwortete:

Es ist ein riesiger Baum, und gleich neben ihm wächst ein kleinerer

Baum. Zwei Äste des kleinen Baumes sind um den großen Baum geschlungen, als ob er ihn umarmte. Außerdem stehen vor dem großen Baum noch sieben andere in einer Reihe. Ich sagte ihm einmal, er sei wie ein Mutterbaum.
„Kein Mutterbaum", sagte er, „Großmutterbaum".
Einmal bat mich der Baum, mich hinzulegen und mit ihm zu meditieren. Er ließ mich in sein Innerstes. Er erzählte mir, mein Körper sei in seinem Kern, direkt unter der Erde. Er nahm mich mit in seine Wurzeln. Ich konnte den Staub riechen, die Kühle und die Dunkelheit. Dann bewegte ich mich durch den Stamm bis in seine Zweige. Ich fühlte, wie er sich hin und her wiegte. Dann ließ er mich wieder herunter, und ich war wie ein Fötus, der die pulsierenden Ströme von Nahrung spürt.

Ich erzählte Adele, daß ich es nochmals mit den Bäumen nahe meines Hauses versuchen würde.
„Das ist gut", sagte sie, „gehe hin und lege deinen Rücken gegen den Baum. Laß dich von ihm wegtragen, laß dich gehen, werde zum Baum und versuche, mit ihm zusammen in einen meditativen Zustand zu gelangen."

Laura Silva lebt in Petersham (Massachusetts), etwa 30 Meilen von mir entfernt, und ich weiß seit Jahren von ihren mystischen Erfahrungen. Ihr organischer Garten ist in unserer Gegend berühmt. Dort baut sie Pflanzen an, die niemand sonst hier in diesem nordischen Klima hat, wie z.B. Melonen. Ihr Garten wird kaum von Wildtieren zerstört. In die Gärten der Nachbarn kommen regelmäßig Rehe und andere Tiere und fressen alles auf. Sie erzählte mir: „Die Wildtiere lassen meinen Garten in Ruhe, weil ich mit ihnen arbeite."
Laura hat einen Abschluß in Psychologie und mehr als zehn Jahre klinisch gearbeitet. Als ich sie fragte, ob ich sie als praktizierende Psychologin vorstellen solle, lachte sie und meinte: „Ich bezeichne mich als schamanische, transpersonale Psychotherapeutin."

Laura Silva

Sie hat bei buddhistischen Lehrern gelernt, bei Schamanen und Indianern. Laura meint: „Ich habe mit weisen Lehrern des Ostens und Westens gearbeitet. Sie halfen mir, mich an das zu erinnern, was ich schon immer über das Selbst und die Seele und über andere Realitäten wußte."

Laura war ein Einzelkind, das auf dem Lande aufwuchs. Sie erzählte mir:

Ich fühlte mich sehr allein und irgendwie anders. Ich war immer von der Natur umgeben. Ich stand in Kontakt mit wilden und mit Haustieren. Ich sah nie einen Unterschied zwischen mir und der Natur. Ich war stets offen, wie Tiere, die eine natürliche Fähigkeit haben, durch Welten zu gehen – man ist in unserer Welt, ist aber offen, in andere Welten einzutreten.

Diese Offenheit habe ich nie aufgegeben, es gab nie eine Teilung oder

Trennung, wie sonst oft, wenn man heranwächst, erzogen und unterrichtet wird. Ich behielt meine Fähigkeit, in die Natur einzugehen und telepathisch, nicht verbal zu kommunizieren.
Meine Mutter war offen für meine übersinnlichen Fähigkeiten, es gab diese Veranlagung mütterlicherseits. Meine italienische Großmutter war unglaublich telepathisch veranlagt, und das wußte ich bereits als kleines Kind. Allerdings war mein Verhältnis zu anderen Menschen stets schwierig, weil ich die Fähigkeit hatte, mich in Tiere, Bäume, Pflanzen usw. einzufühlen. Die meisten Menschen reden nicht darüber, also fühlte ich mich anders.
Ich ging in den Wald, an verborgene Orte oder kletterte auf einen bestimmten Baum. Dort konnte ich unsere Realität verlassen und war offen, mit dem Baum zu sprechen. Ich hatte teil an einem intuitiven Bewußtsein. Ich konnte mit dem Baum verschmelzen und hörte, was er sagte. Ich spürte auch die Gegenwart von Tieren, ehe sie sich zeigten. Ich konnte mich mit wilden Tieren anfreunden – mit Kaninchen, Schildkröten. Sie wurden meine Freunde. Also hatte ich diese Orte, an die ich gehen konnte, und Bäume, die ich erkletterte. Sie waren meine Lehrer und meine Freunde.

Ich fragte Laura, was ihr die Bäume erzählten.
„Ich empfing immer sehr beruhigende Botschaften“, sagte sie. „Du fühlst dich gut, du bist o.k., du wirst geliebt, wir lieben dich, du bist etwas Besonderes, du bist wunderbar. Ich fühlte mich geborgen und hatte das Gefühl, wir wären trotz unserer unterschiedlichen Gestalt miteinander verbunden, und wir hätten uns schon immer gekannt. Egal ob Baum, Strauch oder Tier, die Botschaft lautete, wir hätten die gleichen inneren Schwingungen. Ich wußte davon, obwohl ich noch sehr jung war. Es war ein unglaubliches Gefühl der Gemeinschaft. Ich empfing immer dieselbe Botschaft: Es wird dir gutgehen, du wirst etwas Besonderes werden – daß ich eine Mission im Leben hätte.“
Ich fragte Laura, wie sie diese Botschaften empfangen hatte. „Nicht als Worte, nehme ich an?“
Ihre Antwort verblüffte mich:

Es kam aus mir selbst. Ich fühlte, wie sich mein Herz weitete. Es war ein Gefühl von Liebe, von Wissen. Durch einen Kanal des Wissens kommunizierte eine tiefere Wahrnehmung mit mir. Häufig sollte ich nur sitzen und zuhören. Es konnte ein Baum oder eine Meise sein. Hier leben viele Meisen. Ich sitze einfach da, höre zu, und mein Geist öffnet sich. Eine Meise erklärte es so: „Sieh mich nicht als kleinen, hilflosen Vogel, denn ich habe dir eine großartige Botschaft mitzuteilen. In meinem Geist gibt es einen Punkt, an dem sich meine und deine Welt berühren, wir sind Brüder und Schwestern. Wir sind gleich, eins und dieselben. Es gibt keine Unterschiede, wir sind nicht getrennt. Nur die Augen und der Geist dahinter sehen einen Unterschied. Du verstehst, was ich dir sagen möchte, obwohl wir keine gesprochenen Worte austauschen."

Ich fragte Laura, wie normale Menschen diese mächtige Kraft der Kommunikation entwickeln könnten.

„Das Wichtigste ist der Wunsch, es zu können", antwortete sie. „Dann braucht man einen ruhigen Ort, an dem man nicht von anderen Seelen gestört oder abgelenkt wird. Drittens das Bewußtsein, daß alles, mit dem man kommunizieren möchte, lebt. Nimm soviel auf, wie du kannst. Wenn es um einen Vogel geht, dann fühle ihn, fühle seine Federn, fühle sein Leben, fühle seine Verbundenheit mit der Luft. Wenn es eine Blume ist, dann spüre die Wärme der Sonne, rieche den Duft. Erlaube deinen Sinnen, andere Realitäten wahrzunehmen. Öffne deinen Geist für alles, was er empfangen könnte, werte nicht und analysiere nicht, sei offen für alles. Nimm dir Block und Bleistift und schreibe auf, was dich durchströmt."

Ich fragte Laura: „Welche Reaktionen erwartest du, wenn du mit einem Baum arbeitest?"

Sie antwortete: „Bäume teilen mir oft mit, was ich gerade durchmache und warum ich es durchmache. Vielleicht bin ich im Augenblick emotional stark erregt. Dann werde ich eine sehr beruhigende, helfende Botschaft erhalten. Möglicherweise erzählt der Baum mir, daß ich gerade diese Erfahrung mache, um mich auf etwas vorzubereiten, oder ich empfange eine Botschaft von Kraft oder eine neue Erfahrung, für die ich eine Initiation brauche."

„Ich habe häufig die Erfahrung gemacht, daß mich ein Baum auf eine Reise mitnimmt. Ich reise durch seinen hohlen Stamm, treffe andere Wesen oder gelange in andere Sphären. Es kommt darauf an, sein Bewußtsein für andere Realitäten zu öffnen. Man öffnet sich für andere Lebensformen. Man erfährt nicht nur die Realität des Baumes, sondern auch anderer Intelligenzen, die in dem Baum leben oder in seinen Wurzeln. Ich rede über Dinge, von denen wir gehört haben – Zauberer, Elfen und Gnome."

„Es geht nicht nur um den Baum, den Felsen oder die Blume, sondern sie nehmen mich mit in eine Welt jenseits der physischen, menschlichen Form. Ich spüre die Intelligenz hinter den Blumen. Ich treffe Naturgeister. Es gibt andere Lebensformen, von denen wir Menschen nichts ahnen, Wesen, die ein heiliges Wissen haben."

Was für ein faszinierendes Leben, dachte ich. Ich beneidete Laura. Dann erzählte ich ihr etwas, was ich von Nancy Regalmuto erfahren hatte. Vor etwa fünf Jahren hatte sich Nancy bei einem schweren Autounfall eine Kopfverletzung zugezogen. Für eine Weile verschwanden ihre übersinnlichen Fähigkeiten. Zum Glück kehrten sie zurück. Sie erzählte mir: „Für einen Monat erfuhr ich nur die physische Realität. All meine mystischen Erfahrungen schienen blockiert. Ich dachte, wenn dies das Leben normaler Menschen ist, muß es sehr langweilig sein."

„Das stimmt", antwortete Laura. „Ich würde mich auch nicht auf die physische Ebene beschränken. Ich bin begeistert und gespannt, daß ich in andere Realitäten vordringen kann."

Was mir Laura erzählte, fand ich in Penelope Smiths Buch *Animals ... Our Return to Wholeness* bestätigt. Darin faßt sie ihre Erfahrung mit den Naturgeistern zusammen. Sie schreibt:

Lebewesen sind aus vielen Formen zusammengesetzt, aus einer Vielfalt von Geistern. Für jeden Körper ist ein Geist zuständig, die Identität oder das Ich, dem wir Menschen gewöhnlich einen Namen geben. Jede Zelle, jedes Teilchen, selbst die kleinste Lebensform ist von Geist belebt. Die Naturgeister helfen allen Lebewesen und der Natur, um Form und Funktion wachsen zu lassen und sich zu verändern.
Naturgeister erscheinen in unterschiedlichen ätherischen Formen. Man kennt sie unter verschiedenen Namen oder Identitäten, je nach dem kulturellen Hintergrund, in dem man lebt. Dazu gehören Pflanzengeister, Blumenfeen, Geister, Elfen, Gnome, Kobolde, Berggeister und Engel. Sie leben im Wald, am Meer, in Wüsten, Flüssen, Gärten, in der Erde und in der Luft, überall dort, wo der Mensch die Natur noch nicht vergiftet hat. Man kann mit dem einzelnen Geist eines Baumes, einer Blume, eines Felsens, eines Berges kommunizieren oder mit helfenden Geistern, die für die physischen Formen oder Landschaften verantwortlich sind.

Carol Gurney aus Agoura (Kalifornien) sagte folgendes über das wachsende Interesse an der Kommunikation mit Tieren:

Die Bewegung findet immer mehr Anhänger, und ich glaube, einer der Gründe ist die zunehmende Rückbesinnung auf die Natur. Die Menschen wollen mehr über Tiere wissen, und dieser Wunsch ist so stark, weil Tiere und Natur unsere Spiritualität repräsentieren. Bislang haben wir nur mit einem Teil von uns gehandelt – mit dem Denken, mit dem Intellekt. Und das ist nur ein kleiner Teil von uns selbst. Nur mit diesem geringen Anteil von uns können wir nicht länger überleben. Es ist Zeit, daß wir beginnen, uns als Ganzes zu betrachten.
Anfänge gibt es überall. Worüber redet Deepak Chopra in der Medizin? Er redet über den Geist, über den geistigen Körper und daß wir die Tür zu unserem wahren Sein öffnen müssen. Er redet über Meditation und wie wir uns auf spiritueller Ebene kennenlernen. Von dort kommt die Heilung, und Tiere repräsentieren diese Ebene, denn Tiere und Natur sind die spirituellen Aspekte von dem, was wir sind. Sie sind einfach da

und warten, bis wir es erkennen. Wir sind hier, um aufzuwachen – es wird Zeit, daß wir endlich aufwachen. Die Menschen wachen auf. Sie wollen wissen, wer ihre Tiere wirklich sind. Grundsätzlich wollen sie jedoch wissen, wer sie selbst sind, denn Tiere sind Reflexionen unserer selbst.

Sean Ebnet aus Ferndale (Washington) ist Animal Communicator, in erster Linie jedoch Wissenschaftler. Er ist Wildbiologe und wendet seine telepathischen Fähigkeiten auch bei seiner wissenschaftlichen Arbeit an. „Ich konzentriere mich darauf, meine Arbeit als Biologe zu tun", erzählte er mir. „Ich bekomme Botschaften von Tieren, aber es ist schwierig, diese Informationen in meinen Veröffentlichungen unterzubringen, denn ich bin Wissenschaftler und habe mit Wissenschaftlern zu tun."
Dennoch passen seine beiden Berufe ganz gut zusammen. Manchmal nutzt er die Kommunikation mit Tieren, um seine wissenschaftlichen Beobachtungen und Daten zu bestätigen.
„Manchmal höre ich Worte von Wildtieren", erzählte er mir. „Aber mit Wildtieren Kontakt aufzunehmen, ist eine ganz andere Art der Kommunikation. Man hat es nicht mit Tieren zu tun, die an Menschen gewöhnt sind oder ihnen dienen. Sie hatten kaum Kontakt mit Menschen, und meist waren diese Begegnungen wenig erfreulich. Daher ist es schwierig, eine Bestätigung zu bekommen. Man kann dem Tier Informationen zukommen lassen, aber unter Umständen antwortet es nicht, und für ein Gespräch braucht man nun einmal zwei. Sie haben eine andere Art zu leben."
Ich fragte Sean, ob er bereits Kontakt mit Bäumen hatte.
„Nein", sagte er, „mit Bäumen habe ich es noch nicht versucht. Aber ich weiß es von Leuten, die ich sehr schätze. Alles hat Schwingungen und Energie. Daher tragen Menschen Kristalle um ihren Hals, darum umarmen sie Bäume und reden mit Pflanzen. Ich selbst empfange keine Bilder oder Worte von Pflanzen. Aber Pflanzen senden eine Art Licht aus, eine Energie oder Schwingung, mit der

manche Menschen kommunizieren können. Sie setzen sich zwar nicht hin und reden mit einem Felsen, aber sie spüren die Schwingungen und werden von der Energie beeinflußt. Mit Tieren kann man über die Schwingungen visuell kommunizieren, eine andere Schwingung erlaubt die emotionale und wieder eine andere die physische Kommunikation. Das gleiche gilt natürlich auch für Menschen, die miteinander kommunizieren."

Da er in Zoos gearbeitet hat, ist Sean eine wichtige Informationsquelle über Zootiere: Tiere, die gleichzeitig wild und nicht wild sind. „Viele dieser wilden Tiere, die in einer haustierhaften Umgebung leben, sind voller Wut", sagte er. „Andere haben gelernt, es zu genießen. Es ist ganz individuell. Viele Zootiere haben sich daran gewöhnt, nonverbal zu kommunizieren. Manchmal bemerkt man auch mit der Zeit eine Veränderung. So beginnen Tümmler und Menschenaffen beispielsweise mit Bildersprache und gehen dann zu Worten über. Sie entwickeln sich und stellen sich mehr und mehr auf Menschen ein. Man empfängt Worte, Bilder und Gefühle von diesen Tieren."

Sean mag zwar ein Wissenschaftler sein, aber er hat eine erfrischende mystische Erklärung für die Übersetzung von Worten aus dem Geist von Tieren in das Bewußtsein von Menschen, nämlich durch Engel.

„Man empfängt Worte, Bilder und Gefühle von den Tieren", sagte er. „Wenn es Worte sind, glaube ich, ein Engel sitzt auf meiner Schulter und übersetzt. Der Engel empfängt die Information und überträgt sie für mich. Natürlich erzähle ich das nicht, die Menschen würden denken, ich wäre verrückt. Aber es ist wahr, genauso ist es."

Von Morgan Jurdan erfuhr ich erstmals von dem berühmten Geschlechtsleben der Schnecken. Sie ist Medium in Amboy (Washington). Wäre die Geschichte nicht wahr, sollte man sie erfinden. Morgan hatte ihren ersten Kontakt mit leidenschaftlichen

Schnecken während eines Workshops mit der unvergleichlichen Penelope Smith.

„Die anderen Schüler“, sagte Morgan, „hatten Tiere mitgebracht, ich nicht. Also schickte mich Penelope nach draußen und sagte, ich solle mit dem ersten Tier kommunizieren, das ich treffe – und ich kontaktierte eine Schnecke. Die Menschen im Nordwesten ekeln sich vor Schnecken. Sie gehören jedoch zu den empfindsamsten Geschöpfen, zu denen ich jemals Kontakt hatte. Sie sind eins mit ihrem Körper und ihren Gefühlen, sie nehmen die gesamte Umgebung wahr. Sie fühlen die Temperatur, das Gefühl von allem – den Wind, Düfte. Es war einfach wunderbar.“

„Ich hatte Angst, den anderen davon zu erzählen, denn sie hatten mit Hunden und Katzen geredet. Als ich von meinen Schnecken erzählte, lachten sie. Aber Penelope liebt Schnecken, sie hat über sie in einem ihrer Bücher geschrieben. Darin handelt sie das großartige Geschlechtsleben ab. Sie weiß alles über sie, z.B. über die verschiedenen Farben. Es sind sehr interessante, faszinierende Geschöpfe.“

Ich hatte mit Penelope geredet, und sie hatte mir zwei ihrer Bücher geschickt. In *Animals ... Our Return to Wholeness* fand ich folgenden faszinierenden Absatz über Schnecken. So beschreibt sie Penelope, die wahrscheinlich in das Bewußtsein aller Dinge eindringen kann:

Als ich eines Sommers wöchentlich 100 Schnecken aufsammeln mußte, kam ich ihrer Lebensweise sehr nahe. Ich erfuhr sie als edle, sensible Geschöpfe, die die Welt fließend und voller Ästhetik wahrnahmen. Als ich mich in ihre Sichtweise versetzte, sah ich eine Welt, deren Energie pulsierte. Offenbar sehen sie die Welt anders als wir. Sie nehmen Energiewellen, Auren wahr, sie sehen andere Geschöpfe nicht nur in Form ihrer Körper, sondern erkennen zusätzlich die Energie, die von den Körpern ausgesandt wird. Für Schnecken wirken wir eher amorph als fest – wie Wärmebänder und farbige Muster mit scharfen oder weichen Energieprojektionen, die durch unsere Bewegung und Einstellungen entstehen.

Schnecken hören oder fühlen Bewegungen mit ihrem ganzen Körper. Jede Pore ihrer beweglichen Form ist geeignet, ein fühlendes Bild der Welt zu vermitteln. Sie sind ungeheuer empfänglich: sozusagen die Gourmets in der Tierwelt und die ultimativen Lehrer, wie man Essen und Sexualität vollständig genießen kann. Sie werden eins mit ihrer Nahrung, umhüllen sie sanft und liebend mit ihrem Wesen, egal ob es sich um ein Blatt oder Hundekot handelt.

Ich grub den Garten um und fand zwei sich paarende Schnecken unter einem Blätterhaufen. Schnecken sind Zwitter, daher finden sie leicht einen Geschlechtspartner! (Der Autor: Mich erinnert das an Woody Allens unsterblichen Spruch: „Als Zwitter verdoppelt man seine Chancen, am Wochenende einen Partner zu finden.") *Während die meisten Menschen glauben, Sex sei für Tiere eine mechanische Angelegenheit, waren diese beiden so sehr umschlungen, daß ich ihre Ekstase spürte. Ich deckte sie respektvoll wieder zu. Als ich ein paar Tage später den Mulch wieder aufrechte, waren sie immer noch mit der Paarung beschäftigt – offenbar eine vergnügliche Beschäftigung, die sie nicht übereilen wollten. Wieder spürte ich ihre Intimität, ihre lustvolle Vereinigung, ihre orgiastische Einheit.*

Wir billigen Schnecken und anderen Tieren, die uns Menschen physisch und mental sehr fremd sind, kaum Intelligenz und Bewußtsein zu. Man muß Klischees und Vorurteile überwinden, mit ihnen kommunizieren, eins mit ihren Gefühlen, ihrem Verständnis werden, um die Schönheit ihrer Lebensführung zu begreifen. Wenn wir die Art, wie andere Geschöpfe fühlen und denken, umfassen, werden wir selbst wachsen.

Patty Breed aus Stuart (Florida) kommuniziert mit Tieren und Bäumen, seit sie ein Kind war. Aber erst in den letzten Jahren ist sie sich ihrer Fähigkeit wirklich bewußt geworden. Diese bewußte Wahrnehmung geht auf ein Weihnachtsgeschenk ihrer Schwiegertochter zurück.

„Ich war drei Stunden bei einem Tier-Medium, Kate Reilly", meinte Patty, „und eine flüchtige Bekannte aus Hawaii hatte mir eben ein

Buch von Penelope Smith gegeben. Mir erschienen diese beiden Ereignisse nicht nur zufällig. Es hat lange gedauert, bis ich mir meines Talentes bewußt wurde."

Patty ist kein Landkind, noch nicht einmal eines der Vororte. Sie stammt mitten aus New York, dem Big Apple aus Glas und Beton. Sie hat an der University of Houston Medienwissenschaften studiert und eine Fernsehkarriere gemacht. Sie erzählte mir folgendes:

Ich machte den Wetterbericht und eine Nachrichtensendung für Frauen. Dabei hätte ich bleiben und viel Geld verdienen können. Dann habe ich im Einzelhandel und im Gaststättengewerbe gearbeitet. Hätte, hätte ... – ich hätte früher mit Tieren arbeiten sollen.

Ich war ein einsames Kind und kam aus einer einsamen Familie. Aber ich redete mit den Bäumen, ich habe Bäume immer geliebt. Wir wohnten in der Bronx, in der Nähe des botanischen Gartens, und dort nahm mich meine Mutter am liebsten mit hin. Mir war damals nicht klar, daß ich manchmal mit den Bäumen redete, heute weiß ich es.

Ich ging im Geist auf den Baum zu, berührte ihn und streichelte seine

Patty Breed mit einem Freund

Borke. Der Baum schien sich beinahe zu bewegen und ein Gesicht zu haben. Und es machte mir Spaß.
Einmal sollte ich für eine Prüfung lernen, hatte aber keine Lust. Ich saß einfach unter einem Baum und verschob das Üben. Da schickte mir der Baum eine Botschaft: „Alles, was du tun mußt, ist ruhig zu sitzen, zu schweigen, dann wirst du dich konzentrieren können. Nimm eines meiner Blätter, das wird dir helfen."
Das war ein männlicher Baum. Ich kenne mich bei Baumgeschlechtern nicht aus, aber das war ein Mann. Im Garten gab es noch einen Baum, den ich sehr mochte. Ich wollte einen Hund, aber wir hatten keinen, weil wir in der Stadt lebten. Ich erzählte dem Baum, wie einsam ich sei, ich brauchte jemanden, den ich umarmen konnte. Dieser Baum war nicht ganz so groß wie der andere, und er war – wie soll ich sagen? – eine Art fetter Baum. Ich glaube, er war eine Frau, und sie sagte: „Habe Geduld, wenn du wartest, kommt, was du dir wünschst."
Ich wollte es nicht glauben, aber ich kehrte immer wieder zu diesem Baum zurück. Kurz danach bekam ich einen Hund. Bei einer Pferdeshow lief mir ein kleiner Hund zu. Er sollte Junge bekommen, und meine Mutter versprach mir einen der Welpen. So wurde es wahr.
Als Kind redete ich mit den Möbeln in unserer Wohnung. Sie waren aus hellem Ahorn. Ich war sehr einsam, redete mit den Möbeln und streichelte das Holz. Sie redeten beruhigend mit mir: „Du bist nicht allein, du kannst dich an mich schmiegen." Es gab einen stoffbezogenen Stuhl, allerdings mit viel Holz. Alle Botschaften, die ich je von einem Baum erhielt, waren sehr ruhig, still und solide.

Ich fragte Patty: „Bist du sicher, daß dies nicht nur die Einbildungen eines einsamen Kindes waren?"
„Das glaube ich nicht", antwortete sie, „nicht mehr, nachdem ich an Workshops über Kommunikation mit Tieren bei Kate Reilly teilgenommen und mit den Tieren anderer Menschen gesprochen habe. Ich schreibe alles auf, was ich höre, und vieles davon erscheint mir sehr sinnvoll. Dann erzähle ich alles dem Besitzer des Tieres und bekomme zur Antwort: ‚Genauso ist es! Woher wußten Sie das?'"

„Zuerst war ich skeptisch und dachte, es wäre nur Einbildung. Heute weiß ich, es ist real."

Patty verbringt einige Zeit des Jahres in Maine. Sie ist mit Phil Roberts und seiner Frau Dinny Thorndike befreundet. Bei ihnen steht auch ihr Pferd. Sie erzählte mir von einem Ausritt, als sie mit Dinny einen Waldweg entlangritt und mit einer Krähe sprach. Ich habe mit Dinny und Patty einen Nachmittag in Florida verbracht und bat sie, über dieses Erlebnis zu sprechen.
„Wir ritten den Weg entlang", sagte Dinny, „als diese Krähe auftauchte. Sie war uns so nahe, daß wir sie hätten berühren können. Ich war vor Patty und sagte: ‚Schau dir diese Krähe auf dem Zweig an.'"
„Diese Krähe saß auf einem Zweig", meinte Patty, „etwa in der Höhe des Pferdekopfes. Als wir vorbeiritten, hörte ich sie sagen: ‚Ich brauche keine Hilfe.'"
„Hörtest du das im Kopf?" fragte ich.
„Ganz genau", antwortete Patty. „Genau so. Ich sagte zu Dinny: ‚Ich frage mich, ob sie o.k. ist.' Dinny meinte: ‚Rede weiter.'"
„Ich sagte: ‚Wir helfen dir gerne, wenn du Hilfe brauchst.' Und die Krähe meinte: ‚Nein, Menschen mischen sich zu oft ein. Ich helfe mir selbst.'"
„Also sagte ich, daß ich ihre Meinung respektiere. Wir würden aber auf dem Rückweg wieder hier vorbeikommen und ihr helfen, wenn sie ihre Meinung geändert hätte."
„Dann ritten wir weiter. Später sahen wir die Krähe erneut. Sie sagte: ‚Mir geht es gut. Ich brauchte nur etwas Ruhe. Ich war sehr müde und hatte mich verirrt.' Das habe ich gehört."
„Sie hatte den Kontakt mit mir gesucht. Mir sind viele Tiere begegnet, die das wollten. Wahrscheinlich liegt das an meiner Aura. In einem der Workshops, die ich besucht habe, lernte ich eine Art Rezept kennen, wie man Kontakt mit Tieren aufnimmt. Aber eigentlich braucht man sich nicht anzustrengen: Wenn du erst

einmal die Fähigkeit hast, bieten sie den Kontakt von sich aus an."
Ich fragte Patty nach dem Rezept, das sie gelernt hatte.
„Man wird sehr ruhig", sagte sie. „Dann ruft man den Namen des Tieres oder etwas Kennzeichnendes. Man sendet ein Bild von sich selbst und sagt etwa: ‚Ich möchte gerne mit dir reden, ich habe ein paar Fragen.' Dann stellt man die Fragen. Und schließlich, wenn man fertig ist, muß man sich unbedingt bedanken, vielleicht mit einem ‚Du warst sehr hilfreich, du bist wunderbar, ich bewundere dich'. Damit ehrt man das Tier."

Patty und Dinny erzählten mir auch von einer Erfahrung mit Robben in Maine.
„Wir waren mit einem Boot draußen", sagte Patty. „Wir waren in der Nähe eines Riffs, auf dem sehr viele Robben lagen, eine ganze Kolonie. Sie sandten uns die Nachricht, daß sie das Boot kennen und immer gerne mit Menschen reden. Ich notierte, was sie sagten. Eine meinte: ‚Ich bin der Anführer. Wenn das Boot langsamer wird, springen wir ins Wasser, denn wir wissen nicht, was passiert. Wir passen auf.'"
„Er sagte, es sei eine Person an Bord, die telepathische Kommunikation mit Tieren für etwas Schlechtes halte. Diese Person halte es für Teufelswerk. In der Tat war ein religiöser Fundamentalist mit an Bord. Die Leitrobbe sagte: ‚Mit der Energie stimmt etwas nicht.'"
Die Schlußfolgerung der Robbe schien zu sein, daß die Kommunikation schwierig sei.

Ich bin seit 30 Jahren an dem Psychischen interessiert, dem Intuitiven, Spirituellen – wie immer man es nennen mag –, und bin häufig darauf gestoßen. Einmal wurde etwa der berühmte israelische Übersinnliche Uri Geller zusammen mit einem Skeptiker, einem Zauberer, im Fernsehen interviewt. Angeblich sorgte die negative

Einstellung des Zauberers dafür, daß Gellers außerordentliche Fähigkeiten versagten.
Schon bei meinen ersten Erfahrungen mit Übersinnlichen stieß ich auf diese Meinung. Ich hatte Charlotte Clarke getroffen, ein hervorragendes Medium. Für mich war all das neu. Während einer spiritistischen Sitzung mit einem halben Dutzend Teilnehmern bog sich eine sitzende Frau zurück, bis sie fast parallel zum Boden war. Charlotte begann zu schreien: „Geh weg, geh weg, du bist nicht willkommen!“ Und die Frau streckte sich wieder. Anschließend fragte ich Charlotte, was da passiert sei. Sie meinte, die Frau sei ein natürliches Medium und ein Geist habe von ihr Besitz genommen. Später rief Charlotte die Frau zu Hause an und meinte, sie sei ein begabtes Medium und solle ihre Fähigkeiten weiterentwickeln. Charlotte bot ihr sogar an, ihr kostenlose Stunden zu geben. Sie verabredeten sich, und Charlotte lud mich ebenfalls ein.
Die Frau traf zur verabredeten Zeit ein, sie hatte jedoch ihren Ehemann mitgebracht. Er war Ingenieur oder Manager, wenn ich mich recht erinnere. Er achtete genau auf alles, was geschah. Während dieser Séance passierte jedoch gar nichts, das war sogar mir klar. Als die beiden gehen wollten, fragte der Mann nach dem Honorar. Charlotte nannte einen Preis. Ich erinnerte sie daran, daß sie versprochen hatte, die Stunde kostenlos abzuhalten.
„Nicht für ihn“, sagte Charlotte. „Er hat sich selbst eingeladen. Er versuchte, etwas aufzudecken. Ohne es zu merken, hat er die ganze Prozedur an der einen oder anderen Stelle behindert. Er wollte nicht mitarbeiten, und er hat nicht mitgearbeitet. Er hatte Angst, seine Frau könne lernen, seine Gedanken lesen – er hat eine Affäre. Er soll ruhig für meine verlorene Zeit bezahlen.“

Zurück nach Maine. Die Robben schienen trotz des Passagiers mit der negativen Einstellung keine Probleme zu haben, mit den anderen Leuten auf dem Boot zu kommunizieren.
Der Seehund sagte, so Patty: „Kommt ruhig öfters. Wir sehen euch

ebensogern zu wie ihr uns. Jeder sollte lernen, wie man sonnenbadet."
Darauf antwortete Patty: „Aber wir bekommen Sonnenbrand."
„Was heißt Sonnenbrand?" fragte die Robbe.
An diesem Punkt unterbrach Patty jedoch, da die Leute auf dem Boot nun etwas essen mußten.
Die Robbe antwortete: „In Ordnung. Ich gehe ins Wasser, um mich abzukühlen. Ich mache mich naß. Ihr solltet das auch machen, dann bekommt ihr vielleicht keinen Sonnenbrand."
Später sagte eine andere Robbe, die neben dem Boot herschwamm, zu Patty: „Ich möchte dir noch etwas über das Sonnenbaden erzählen. Die Sonne wärmt unsere Seelen. Jeder sollte wärmer zu dem anderen sein. Baden ist nur ein Symbol. Ich meine es nicht so ernst. Ich möchte nur, daß ihr wärmer miteinander umgeht."
Patty sagte, daß auch diese Robbe davon sprach, etwas sei mit der Energie nicht in Ordnung. „Sie fühlte sich in der Gegenwart des Menschen auf dem Boot nicht wohl."
Obwohl sich die Robbe offenbar unwohl fühlte, führten sie ihren seltsamen Dialog weiter:

Patty: Ich finde eure Gesichter so niedlich.
Robbe: Wir sehen uns auch eure Gesichter gerne an, aber wir finden sie nicht niedlich. Vielleicht sind sie etwas komisch, etwas löst sich ab.
Patty: Meinst du die Hüte?
Robbe: Du meinst, ein Teil des Kopfes löst sich ab?
Patty: Nicht wirklich.
Robbe: Das ist lustig, kommt wieder.

Am Tag bevor ich Patty und Dinny besuchte, waren sie im Sea World Aquarium in Orlando gewesen. Dort hatten sie einiges erlebt. Das erzählte Patty über Delphine:

Es waren viele Menschen dort, und lange Zeit bekam ich keinen Kontakt.

Dann kam ein Delphin und sagte: „Kannst du mit dem Bauch nach oben schwimmen? Paß auf."
Sie waren immer im Kreis geschwommen. Ich fragte: „Könnt ihr die Richtung ändern?" Und drei oder vier schwammen andersherum. Ich fragte: „Fühlt ihr euch wohl hier?" Einer meinte: „Es wäre schön, wenn wir tiefer tauchen könnten. Das Wasser ist kühl genug, aber manchmal kann man nicht gut ausruhen."
Einer von ihnen meinte: „Wir haben Nummern, willst du meine Nummer sehen?"
Er hatte die Nummer 105. Es gibt dort viel Gerede um die Nummern, denn die Pfleger erkennen sie beim Füttern und anderen Dingen daran. Dinny fügte hinzu, daß sich auch andere Tiere über Nummern unterhielten. „Die Flamingos redeten über Nummern. Sie wußten, daß sie Nummern hatten und daß diese Nummern wichtig waren."
Ich fragte, wie sich die Delphine in Gefangenschaft fühlten, und Patty meinte, sie schienen nicht unglücklich. Sie hatte mit einem Delphin über das Meer vor Maine geredet.
„Aber es ist sehr weit", sagte Patty.
„Wir können sehr weit schwimmen", antwortete der Delphin.
„Ihr würdet frei sein", meinte Patty.
„Und wer würde uns kratzen?" fragte der Delphin.
Ein Delphin schwamm vorbei und meinte: „Hier bin ich wieder, mit dem Bauch nach oben."

Als ich die bekannte Animal Communicator Carol Gurney interviewte, kam sie gerade aus Florida zurück. Sie hatte dort eine Gruppe geleitet, die mit Delphinen geschwommen war. Sie erzählte:

Vorher hatte ich nur telepathisch mit Delphinen gearbeitet, nicht im Wasser. Alle fragten sich, worüber sich Delphine unterhielten. Thema war, daß sich die meisten darüber freuten, daß wir sie als Lehrer, als hochentwickelte Wesen anerkennen. Und sie hofften, wir würden sie nicht vergessen, wenn wir wieder gingen. Wenn man mit Delphinen zusammen ist, öffnen sie das Chakra unserer Herzen. Man fühlt ihre Freude, Liebe und ihre Verspieltheit. Die Delphine wollten uns daran erinnern, daß wir Kindern ähnlich sind. Wir werden so schrecklich ernst und denken zuviel nach. Wir vergessen zu spielen. Sie wollten, daß wir erkennen, wie sehr die Schönheit, Liebe und Verspieltheit, die wir in den Delphinen sehen, auch in uns Menschen steckt. Sie sagten, wir hätten vergessen, wie man spielt. Und daß wir und unsere Tiere vermutlich irgendwann einmal Delphine gewesen sind. „Wenn ihr nach Hause kommt", so die Delphine, „dann denkt daran, eure Katze, Pferd oder was auch immer, mit Dankbarkeit und Liebe in eurem Herzen zu behandeln. Seht dieselbe Größe auch in euren Hunden und Katzen."

Die Delphine baten uns, im Kreis zu schwimmen, in einer Formation, und in jedem von uns die Schönheit zu sehen: Wir sollten uns mit den Herzen berühren, so wie sie es tun. Das geschah draußen auf dem Meer. Meist kamen sie zweimal am Tag zu unserem Boot. Wenn sie kamen, sprangen wir ins Wasser. Sie schwammen direkt neben uns. Sie forderten uns zum Spiel auf, sie wirbelten herum und machten kehrt. Sie stießen Töne aus, und wir spürten die Schwingungen.

Ich glaube, als wir die Delphine verließen, war keiner mehr wie vorher. Jede Unausgewogenheit tauchte anschließend wieder auf: Man sah, daß es falsch war, sich an Dinge zu klammern, die nichts mehr bringen; an Dinge, die uns davon abhalten, wie Kinder zu werden; Dinge, die verhindern, daß man sein Gefühl, zu wachsen und Verantwortung zu tragen, auslebt.

Als Marta Williams aus Graton (Kalifornien) begann, die Kommunikation mit Tieren zu lernen, arbeitete sie mit Penelope Smith und Carol Gurney. „Ich habe viel von ihnen gelernt", meinte sie. „Die Grundlagen brachte mir Penelope bei. Ich verstehe mich als eine Art Lehrling oder Mitarbeiterin von Carol. Ich habe ihr so viel zu verdanken."

Als ich Marta befragte, war sie gerade von einem Ausflug zu den

Delphinen von Florida zurückgekehrt. Sie erzählte mir von ihren Eindrücken:

Carols Fahrt war wegen des schlechten Wetters sehr schwierig, wir hatten mehr Glück. Das Wetter war sehr gut, und wir trafen viele Delphine. Die Tour wurde von Rebecca Fitzgerald geleitet, die in Santa Fe wohnt.
Einmal waren 40 Delphine mit uns im Wasser. Wir waren mit dem Boot fünf Tage lang im Bermuda-Dreieck. Das Wetter war prachtvoll, es war wie im Paradies. Ich arbeitete mit Leuten, die über Telepathie lernen wollten. Nicht alle waren daran interessiert. Aber die Interessierten haben es alle gelernt. Sie konnten mit den Delphinen kommunizieren und wirklich persönliche Informationen von ihnen empfangen.
Ich glaube, daß Delphine perfekte Heiler sind. Sie haben sich entschieden, die Erde und die Menschen zu heilen. Das wollen sie als Gruppe auf diesem Planeten tun. Sie legen Energielinien im Ozean aus, um die Erde wieder neu einzustellen und auszubalancieren. Und sie heilen Menschen mit ihren Tönen und auch durch physische Berührungen.
Auf dem Boot wurde uns klar, daß viele von uns schwierige emotionale Probleme durchmachten. Die Delphine regten uns an, uns emotional zu verändern, und heilten uns damit. Das weiß ich sicher über Delphine. Es sind hochentwickelte Wesen, bemerkenswert kraftvolle Tiere.
Ich fragte sie, ob sie so weit entwickelt seien, daß sie Märtyrer sein könnten. Ich kenne Erzählungen, in denen sich Delphine nicht um den eigenen Tod kümmern, weil sie alles für den Planeten und zu höheren Zwecken tun. Also fragte ich sie, und sie antworteten: „Wir wollen nicht durch Schmerz oder Leid gehen. Was mit uns geschieht, ist eine Folge der Arbeit, die wir leisten.“ Aber Tiere wissen ohnehin besser als wir, daß der Tod nicht dauert, sondern daß man zurückkommen kann. Für sie ist Sterben kein traumatisches Erlebnis.
Ich glaube, daß jeder auf dem Boot eine persönliche Botschaft von den Delphinen erhalten hat. Ein oder zwei Delphine suchten sich je eine Person aus, zu der sie Tag für Tag zurückkehrten. Es war beeindruckend, einfach beeindruckend.

Als ich an meinen Büchern über Geister schrieb, habe ich alles mögliche versucht, um Zeugen oder Belege für jeden Fall zu finden. Ich wäre außerordentlich beeindruckt – sogar erfreut –, wenn Geister in mein Arbeitszimmer kämen und Objekte bewegten oder entfernten, eine Filmrolle, ein Bündel mit Recherchen, ein fertiges Kapitel im Manuskript. Sie könnten Tonbänder oder Anrufe unbrauchbar machen. Es scheint eine parapsychologische Weisheit – Spötter würden sagen, ein Widerspruch in sich – zu sein, daß Geister in der physischen Ebene danach streben, unsere Aufmerksamkeit zu erregen. Meine hatten sie über viele Jahre. Aber mir waren diese Erlebnisse nicht unwillkommen. Sie waren unmittelbar. Ich war nicht auf Hörensagen angewiesen, sie waren mir selbst zugestoßen. Mir reichte das als Beweis aus, daß es um uns unbewohnte Dimensionen gibt, obwohl ich nicht in der Lage war, zu sehen, was dort geschah.
Immer wieder stieß ich auf Fälle, wo es auf das subjektive Erleben – und das Wort – eines Menschen ankam. Gelegentlich, wenn die Geschichte eindrucksvoll genug war, nahm ich sie in eines meiner Bücher auf. Ich ließ dem Leser die Wahl, es zu glauben oder nicht. Auch die folgende Geschichte klingt unglaublich, jeder sollte sich selbst eine Meinung bilden. Sie stammt von Kate Solisti, über deren Abenteuer mit Felsen und Bäumen ich in diesem Kapitel bereits berichtet habe. Kate ist eine sehr überzeugende Person – gebildet, kultiviert, spirituell – und offensichtlich bei vollem Verstand. Ich fragte sie nach Erfahrungen mit wilden Tieren. Sie erwähnte einen telepathischen Kontakt mit Elefanten über eine sehr große Distanz. So geht ihre Geschichte:

Ich habe schon immer vermutet, daß Elefanten ganz besondere Tiere sind. Ich wollte versuchen, sie aus der Ferne zu erreichen, und sehen, was sie mir mitteilen würden. Ich wußte nicht, was ich fragen sollte. Also fragte ich, ob sie mir etwas mitteilen wollten. Folgende Antwort erreichte mich.
Der Elefant ist ein besonderes Wesen. Er ist mit den singenden Walen verbrüdert. Sie singen beständig zur Mutter Erde. Alle Elefanten singen.

Wissenschaftler haben erst vor kurzem entdeckt, daß Elefanten ständig Töne aussenden, allerdings in einer Frequenz, die Menschen nicht hören können – es ist Infraschall. Wichtig an dieser Information ist die Tatsache, daß wir den Walgesang zwar hören können, daß sie aber zusätzlich tiefere und höhere Töne erzeugen, die wir nicht hören. Mir erscheint dies sehr wichtig, denn die Elefanten sagten mir, sie und die Wale bestimmen den Basso continuo.

„Das heißt?" fragte ich.
„Im Barock", antwortete sie, „schrieb ein Komponist eine einfache Notenfolge, um die herum die Instrumentalisten improvisierten. Die Baßstimme wurde zu einer Konstanten in der Symphonie. Elefanten und Wale singen sehr reiche und vielfältige Lieder und Töne. Die Elefanten und Wale singen ihre Lieder, um den Planeten in der Waage zu halten. Alle anderen Arten auf der Erde singen ihre Lieder um diese Stimmen herum."
Das klang sehr geheimnisvoll, und ich bat Kate fortzufahren. Sie sagte:

Auch Menschen singen. Wir tun es nicht sehr oft, leider. Manche tun es, aber die meisten haben die Lieder vergessen. Es ist ein energetischer Gesang: Es sind Töne und geht doch über Töne hinaus.
Wichtig bei den Elefanten ist, daß sie zur Mutter Erde singen, und ohne sie gäbe es große Probleme. Wenn wir den Elefanten verlieren würden, käme es zu einer großen Unausgewogenheit auf dem Planeten. Die wichtigsten Sänger unter den Walen sind die Buckelwale: Sie weben einen Klangteppich im Ozean, der den Land-Gesang der Elefanten ausbalanciert.

Pat Wilson aus Beverly (Massachusetts) verehrt Elefanten und Wale und hat viele Bücher und Artikel über sie gesammelt. Obwohl in keinem davon etwas über den spirituellen, mystischen Aspekt steht, der uns hier interessiert, findet man dort wichtige Informationen. Zum Beispiel:

Aus *Friends of the Ocean,* einer Broschüre: „Untersuchungen haben ergeben, daß die Lieder der Buckelwale aus einer Abfolge geordneter Töne bestehen, etwa so wie der Gesang eines Vogels. Ihre Lieder bestehen aus bis zu sechs Themen, die immer wieder wiederholt werden. Jedes Lied dauert bis zu 35 Minuten, es hat einen definierten Anfang und ein Ende und kann Teil eines längeren Gesangs bilden."

Aus dem *National Geographic:* „Belugawale reisen in einer Kapsel aus Tönen, sie verbringen ihr Leben wie in einem Symphonieorchester, das seine Instrumente stimmt. Ein tiefer Tubaton ist zu hören, dann folgt ein langer, schwellender Ton, so als würde ein Anfänger Trompete blasen. Dann eine Folge hoher, zirpender Laute und das Zischen ausströmender Luft, ein Schnaufen, Schnarchen. Man hört eine Kaskade klickender Geräusche."

Eine erschreckende Notiz aus dem *National Geographic:* „Eine Untersuchung zeigt, wie Elefanten nur wegen ihrer Stoßzähne gewildert werden ... Wir entwickeln das Land und bringen das größte Landtier der Erde ... an den Rand des Aussterbens. Nachdem viele von Afrikas großen Elefanten mit mächtigen Stoßzähnen abgeschossen wurden, haben sich die Wilderer nun jüngeren Tieren mit kleineren Stoßzähnen zugewandt. Für jede Tonne Elfenbein schossen die Wilderer 1988 doppelt so viele Tiere ab wie 1979."

Ich sprach mit zwei Animal Communicator über die Informationen von Kate Solisti, und beide stimmten ihr zu. Eine ist Barbara Janelle aus London (Ontario). Sie hat einen Abschluß in medizinischer Geographie, einem Zweig, der sich unter anderem mit Epidemien befaßt. Sie hat an der University of Western Ontario und der University of Colorado Geographie unterrichtet. Sie sagte: „Ja, Tiere singen Lieder, Lieder, die man hören kann, und solche, die unsere Ohren nicht hören. Diese Lieder sorgen für Balance. Meine Erfahrung ist, daß alle Geschöpfe, vom Regenwurm aufwärts, Lieder haben. Sie tragen zur Gesundheit der Geschöpfe bei, gleichgültig ob Tiere oder Bäume, auch der Felsen. Es ist wie ein weltweites Netz. Ich stimme Kate Solisti zu und bewundere, wie sie es formuliert hat."

Barbara sprach auch über die unhörbaren Lieder der Menschen. „Menschen können mit dem Herz singen. Es ist kein Gesang mit Worten oder mit Tönen. Es ist mehr wie eine Welle. Mit diesen Liedern beeinflußt man nicht nur die Lebewesen seiner näheren Umgebung, sondern auch den ganzen Planeten. Wir singen Lieder für den Planeten. Die Erde öffnet ihr Herz."

Eine andere Animal Communicator, Sananjaleen aus Rectortown (Virginia), formulierte es so:

Die Lieder sind reiner Klang, eine Frequenz. So wie ich es verstehe, heilt dieser Klang die Erde. Es ist, als ob wir für uns selbst singen. Wenn wir die Elefanten verlieren, käme es zu einem großen Ungleichgewicht auf der Erde. In einer Meditation habe ich folgende Botschaft empfangen: Die Elefanten senden eine Warnung – achtet auf die Bedürfnisse eurer Brüder. Haltet ein, bevor Ihr die Elefanten vernichtet. Die Elefanten sind

Barbara Janelle mit Houdini

ein Geschenk an euch, wenn Ihr sie zerstört, zerstört Ihr das Verstehen. Wie Wale und Delphine die Bedingungen des Ozeans an die höheren Seinsebenen widerspiegeln, so reflektieren die Elefanten die Bedingungen der Erdoberfläche. Wenn der Mensch das Land der Elefanten für sich beansprucht, macht er den Planeten ärmer. Ihm wird Energie entzogen, es entsteht eine Lücke, und diese Lücke ist ungesund.

Ich fragte Kate Solisti, welche Menschen diese mystischen Lieder singen und sie antwortete: „Ich glaube, es gibt eingeborene Menschen auf unserem Planeten wie die Aborigines und verschiedene Stämme, die sich an das Lied erinnern und es als Teil ihrer Zeremonien singen. Die Hopi-, Zuni- und Navajo-Indianer üben ähnliche Zeremonien seit Jahrhunderten aus. Auch die Tibeter und die Eskimos, die Inuit. Es gehört zu ihrer Lebensweise. Wir westlichen Menschen suchen noch nach der Stimme."

Sind manche Tiere Dichter?

Dieses Kapitel habe ich bis zuletzt aufgehoben.
Es macht mich etwas nervös, denn ich fürchte, es ist genauso abwegig wie die vierte Kraft – möglicherweise die fünfte. Ich glaube aber, ich bin es den Tierliebhabern und den Anhängern des Übersinnlichen schuldig, auch diesen Teil meiner Recherchen darzustellen. Natürlich denke ich auch an die vielen Skeptiker, die nach Gründen für Spott suchen, und diverse Zeitungsschreiber.
Um gleich zum Peinlichen zu kommen: Bereits bei meinen ersten Interviews erfuhr ich, daß einige Tiere nicht nur Prosa sprechen, sondern manchmal auch in Versen. Das, was mir die Animal Communicator aus ihren Aufzeichnungen zur Verfügung stellten, waren jedoch keine Knittelverse, sondern wirkliche Dichtung.
Eine erste Einführung in poetische Tiere gab mir der Animal Communicator Phil Roberts, der ehemalige Milchbauer. Er berichtete davon, wie er telepathisch mit Katzen in einem Tierasyl nahe seiner Wohnung gesprochen hatte. Dabei erwähnte er beiläufig, daß eine Katze ein Gedicht gemacht hatte. Das fand ich wirklich bemerkenswert.
Meine Skepsis meldete sich. „Glaubst du wirklich, das Gedicht stammt von der Katze und nicht von dir selbst – unbewußt?“, fragte ich.
Er bestand darauf, er sei kein Dichter. „Die Ehre muß ich schon der Katze überlassen“, meinte er.
Er las mir das Gedicht der Katze vor:

Verharre und spüre, was der Granit dir sagt.
Achte auf uns, lerne die Schönheit in der Bewegung und der Ruhe zu sehen.
Bewege dich wie eine Katze,

Wie ich.
Erweiche den Granit, die Emotionen, den Fluß.
Denke wie eine Katze, Sanftheit in den Worten.
Sanft denke an mich,
Um den Körper zu entspannen, den Schmerz zu lindern.

Meine nächste Erfahrung mit einem Gedicht geht auf ein Interview mit Adele Tate aus Byron (Illinois) zurück. Adele, eine Animal Communicator, erzählte mir von Windstan, einem außergewöhnlichen Pferd, das eine schmerzhafte Krankheit hatte. Am Tage, bevor er eingeschläfert wurde, diktierte er Adele telepathisch einen Brief über sein Leben und seinen Tod. (In einem früheren Kapitel habe ich über Windstans Tod berichtet.)
„Außerdem schrieb er ein Gedicht", erzählte mir Adele. „Ich habe kein Talent für die Dichtkunst, daher weiß ich, es kommt nicht aus mir. Ich bin völlig unfähig, Prosa oder Poesie zu schreiben. Das Gedicht war einfach wunderbar."
Dieses Gedicht ist von Windstan für Adele:

Komm auf das Feld und spiele mit dem Wind
Fühle die Wärme der Sonne auf deinem Haar.
Ich werde dein Gesicht sanft umschmeicheln
und deine Wangen mit einer Träne netzen.
Lächle, wenn du siehst, wie der Mond die Sonne jagt
und das Dunkel über das Licht siegt.
Ich werde sanft deine Brauen streicheln
und die Träne von deinem Auge küssen.
Wenn der Morgen sanft über den Hügel kommt
und nun der Wind dein Gesicht liebkost
Dann wirst du mich tief in deinem Herzen fühlen
und wissen, daß wir nie getrennt sein werden.

Sharon Lunde aus Prince George (British Columbia) ist Reiterin und leitet eine Klinik für Dressurpferde. Sie hat ein Pferd, das Gedichte erschafft.

„Dieses Pferd Bonn Jovi ist unglaublich“, sagt sie. Sie erzählte mir dann, wie sie an das Gedicht gekommen war.

„Ich war in einer Meditation mit ihm zusammen“, sagte sie. „Ich saß zu Hause in meinem Lieblingsstuhl für Meditationen. Ich rede oft mit Bonn Jovi, wenn er im Stall oder auf der Weide ist. Es hatte ein Mißgeschick nach dem anderen gegeben, und wenn ich mich so mies fühle, rede ich gewöhnlich mit ihm. Als Animal Communicator verbraucht man eine ungeheure Energie; wenn ich zu Bonn Jovi gehe, hole ich mir Teile dieser Energie wieder zurück. Wir sprachen ganz allgemein über den Tag. Plötzlich sagte er: ‚Ich möchte dir ein Gedicht geben, um deinen Tag aufzuhellen.‘ Er gab es mir, und ich schrieb es auf.“

Ich fragte Sharon, ob sie wisse, wie ein Tier auf Poesie komme.

„Für Menschen scheint das unglaublich zu sein“, gab sie zur Antwort. „Für mich ist es einfach. Tiere kommen immer wieder, sie werden wiedergeboren. Vielleicht war Bonn Jovi in einem früheren Leben ein Mensch, ein Weiser möglicherweise.“

Ich fragte sie, ob sie sicher sei, ein Mensch könne als Tier wiedergeboren werden. „Ja“, meinte sie, „ich kann mit Tieren kommunizieren, in ihren Geist eindringen und ihre früheren Leben sehen – und manche waren Menschen.“

Hier kommt Bonn Jovis Gedicht, wie es mir Sharon gegeben hat:

Ticktack

Komm, reite mit mir
Fließende Bewegung
Einer auf einem
Verschmelzen von Raum und Zeit.
Wir beide spielen
Mit müheloser Anmut
ZEIT
Der lauernde Feind
Spring vor Freude!
Ich bin eine Uhr ohne Zeiger

Du, ein Lichtstrahl
Auf meinem Rücken
ZEIT

Rhythmus unserer Herzen
Sie schlagen wie eines
TICKTACK

Während ich meinen Weg durch die telepathische Gemeinde nahm, bezweifelte ich gelegentlich die Angaben der Animal Communicator zu Tieren und Poesie. Typisch ist die Antwort von Sue Goodrich aus Escondido (Kalifornien). „Tiere werden wiedergeboren. Manche waren Menschen. Daher dürfte die Poesie kommen.“ Als Winterhawk, eine Animal Communicator aus Hayward (Kalifornien), beschrieb, wie sie mit Tieren kommuniziert – visuell, emotional, über physische Empfindungen –, meinte sie: „Ich bin sehr ohrenbetont, daher höre ich Worte. Manchmal senden mir Tiere Gedichte.“

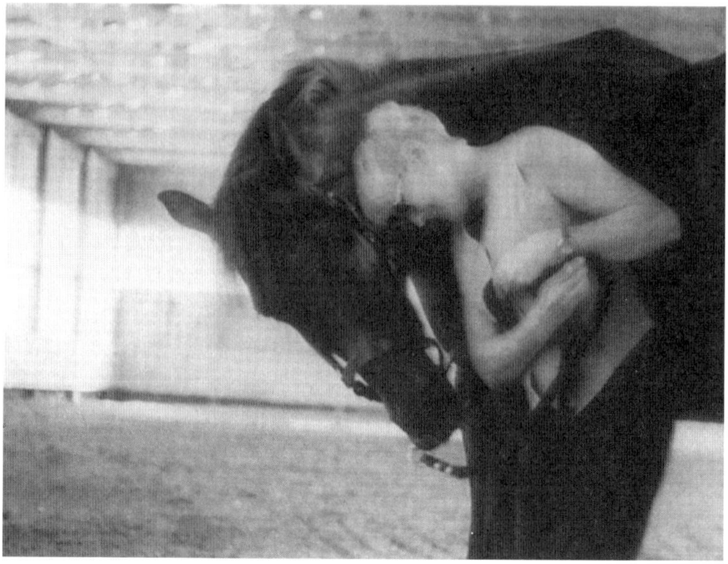

Sharon Lunde mit dem poetischen Pferd Bonn Jovi

Dr. Judith Shoemaker aus West Grove (Pennsylvania), eine sehr angesehene Tierärztin – sie ist in zwölf Staaten zugelassen und arbeitet mit vielen Animal Communicator zusammen –, erzählte mir, daß Tiere in der Tat poetisch sein können.
„Das stimmt", sagte sie, „es ist sehr real. Einige Pferde in unserer Gegend können das. Ich bin sehr zynisch, und ich bin eine Wissenschaftlerin, die an die Kraft der linken Gehirnhälfte glaubt. Die meisten Chirurgen tun das. Es ist aber zutreffend, daß es bestimmte Mechanismen gibt. Die Mechanismen des intuitiven Wissens sind sehr real. Wir haben es manchmal satt, unsere Arbeit zu tun, das Nervensystem ist am Ende. Wir alle sind uns so ähnlich, daher muß es in uns sein."
Ich fragte sie, was sie von der Idee halte, daß Tiere Poesie verfassen. „Der Gedanke ist sehr interessant", gab sie zur Antwort. „Ich weiß nicht, ob ich das glauben soll, obwohl ich einige sehr weise Tiere kenne, Tiere, die weiser sind als Menschen. Früher glaubte ich mal, daß Tiere eine parallele spirituelle Entwicklung durchgemacht haben, aber ich bin nicht sicher."

„Meine Gedichte stammen von Vögeln", erzählte mir die Animal Communicator Mary Esther Borie aus Santa Rosa (Kalifornien). „Eines habe ich aufgeschrieben. Es ist wirklich wunderschön. Es stammt von Franklin, eigentlich Franklin Roosevelt, denn er hält sich für sehr wichtig. Ein echter VIP. Er ist ein Graupapagei. Die sind sehr selbstsicher."
Hier ist das Gedicht:

Neue Flügel

Eines Nachts, als ich die Sterne aus meinem Kopf ließ
Und zu einer fernen Galaxie flog
Machte ich einen neuen Flug
Zum Leben ohne Last
Und meine Seele atmete mit neuer Tiefe.

„Wunderbar! Gib ihm einen goldenen Stern dafür!“ empfahl ich Mary Esther.

Von Sharon Lunde, die mir das Gedicht von Bonn Jovi gab, erhielt ich auch ein Gedicht von einem Hund namens Belle, der mit Brenda und John Colebrooke gelebt hatte. Sharon hat häufig mit den Hunden der Colebrookes gearbeitet. Sie wohnen in Prince George (British Columbia).

Brenda erzählte mir: „Belle, eine schwarze Labrador-Hündin, wurde alt. Sie fühlte sich unwohl, war schwach, fraß und trank nicht mehr. Sie erzählte Sharon, daß sie ihren Körper verlassen müsse. Es werde ihr aber schwerfallen, da ich mich zu der Zeit noch nicht trennen könne. Sharon heilte sie, und sie lebte noch ein paar Monate bei unserer Familie, bis wir ihren Tod zulassen konnten.

Brenda Colebrooke mit Belle, der Dichterin, in der Mitte und ihrer Schwester Sarah

„Du ahnst nicht, wie sehr mir Belles Gedicht half, mich vorzubereiten. So konnte ich akzeptieren, daß es Zeit für sie war, ihren Körper zu verlassen. Durch Sharon habe ich erfahren, was zu ihren letzten Worten gehörte: ‚Der Wind treibt das Leben vor sich her, die Sonne trocknet die Dinge und bläst sie fort. Alle Elemente der Natur verstärken den Kreis des Lebens.'"
Dies ist Belles Gedicht:

Sanft, langsam,
Hörst du's nicht?
Der Tod ist nah
Die Kraft ist so stark
Bren, ich kann nicht mehr.
Der Wind zerrt
Zieht mich fort
Die Kraft ist zu stark.
Sanft, langsam,
Hörst du's nicht?
Ein Sturm war einst mein Leben
Jetzt eine sanfte Brise.
Laß mich mit dem Wind gehen,
Laß mich segeln, laß mich fliegen
Ich sterbe nicht.

Penelope Smith ist sicher die zur Zeit bekannteste Animal Communicator und Lehrerin auf dem Gebiet. Sie ist selbst eine Dichterin und hat eigene Gedichte in ihrem Buch *Animals ... Our Return to Wholeness* abgedruckt. Doch sie empfängt ebenso Gedichte von Tieren, in einem Fall von ihrem Afghanen Popiya. Sie hatte mit Popiya nach deren Schlaganfall kommuniziert und herausgefunden, daß der Hund in einem früheren Leben ein jüdischer Junge in einem deutschen Konzentrationslager war. Penelope schreibt in ihrem Buch:

Während ich mit Popiya kommunizierte, erkannte ich, daß wir uns schon einmal begegnet waren. Damals war sie/er ein deutscher Junge und ich ein österreichischer Jude. Unsere Pfade hatten sich auf einem Zug gekreuzt, der unterwegs in ein Konzentrationslager war. Sie hatte mir einige ihrer Gedichte vorgetragen. In ihrer Gestalt als Afghane Popiya diktierte sie mir einige erschütternde Gedichte über ihre Gefühle, das Leben und ihre inneren Kämpfe, die ich die „Popiya Serie" nenne.

Das erste Gedicht datiert vom 23. Januar 1978 und lautet:

Ich bin allein mit meiner Vision
Und dem Wind der mich plagt
Von vergangenen Zeiten
Die Freunde tot
Die Gedichte vom Winde verweht.
Grausamkeit hat meine Kunst zerstört
Mein Geschenk an die Welt
Verse und sanfte Lieder.

Ich liebkose den Tag und die Sonne
In diesem warmen Land
Wo Trost und Liebe
Meinen Geist beruhigen und meiner Zunge schmeicheln
Wieder versuche ich das Wagnis
Ich selbst zu sein.

Durch meinen Freund
Der meine Worte schreibt
Bitte ich in Ruhe
In meinem Kummer
Gehört zu werden.

Ich bin wieder hier
Spähe vorsichtig aus meinem Versteck

Um Hallo zu sagen.
Meine Tränen sprechen
Meine Freude tief unter dem Kummer
Ist angerührt und schmerzt
Um auch dich zu berühren.

Hallo möchte ich sagen
Rede nicht zu laut
Liebkose mich sanft mit deiner Stimme
Und laß mich meinen Kopf
Auf deine Hand oder deinen Fuß legen
Ich bin wieder hier
Hallo.

Mit Marta Williams aus Graton (Kalifornien) habe ich gerne über die Themen dieses Buches geredet – sie ist Wissenschaftlerin. Sie hat einen Abschluß in Biologie und Ökologie von der University of California in Berkeley und der San Francisco State University. Obwohl sie als Animal Communicator praktiziert, arbeitet sie auch gelegentlich als Umweltschutzberaterin. Ich fragte sie nach einigen Grundlagen der sprachlichen Kommunikation mit Tieren. Dabei erwähnte ich, daß mir jemand gesagt hatte, Haustiere würden über einen gewissen Wortschatz verfügen. Vielleicht seien es diese Tiere – oder Reinkarnationen von ihnen –, die Gedichte schreiben. Marta antwortete:

Ich bin der Meinung, daß alle Tiere über ein Vokabular verfügen, sie müssen es nicht lernen. So wie ich Telepathie verstehe und wie ich sie betreibe, ist es eine universelle Sprache, deren Bedeutung sich unmittelbar erschließt. Es ist gleichgültig, wie man den Kontakt herstellt, man kann sie verstehen. Tiere sind genauso intelligent wie wir. Sie kommunizieren nur in einer anderen Sprache. Wir reden und hören verbal. Aber die universelle Sprache ist Telepathie. Ich glaube, vor vielen Jahren, viel-

Penelope Smith mit der Afghanin Reya; Foto von Marty Knapp

leicht vor Tausenden von Jahren, waren wir alle telepathisch, wir haben es nur verloren. Es ist wie die Reise in ein wiedergefundenes Paradies. Tiere können mit uns reden, weil sie völlig ruhige Wesen sind. Es gibt so etwas wie eine universelle Kraft, die ihre Gedanken und Gefühle sofort übersetzt, und sie wollen mit uns so kommunizieren, daß wir sie verstehen. Als Deutscher verstehe ich sie in Deutsch. Ich bin Deutscher und höre Deutsch; als Engländer höre ich englische Worte. Es geschieht einfach, es ist da, es ist ein großes Geschenk, und wir müssen es nicht fürchten.

Ich erzählte Marta, daß ich von einem Pferd und einer Katze gehört hatte, die sich in Poesie ausdrücken.

Marta: Es hört sich verrückt an, aber ich habe einen Molch, der das kann.

Marta Williams mit Brydie

Autor: Einen was?
Marta: Ich habe einige Molche aus Eiern gezüchtet. Ich bekam sie von jemandem aus einem Zoogeschäft.
Autor: Was sind Molche?
Marta: Sie sind so ähnlich wie Salamander, haben einen orangefarbenen Bauch und sind einfach niedlich. Einer von meinen hat ein Gedicht gemacht. Dann nie mehr, aber er hat eins gemacht.
Autor: Wie wußtest du, daß so etwas geschehen würde?
Marta: Nun, wir arbeiten sehr viel mit Tieren, wir reden telepathisch mit ihnen, finden etwas heraus ... und wir müssen unseren Geist für so etwas öffnen ...
Autor: Klar.
Marta: Religiöse Fundamentalisten würden es zwar bestreiten.
Autor: Na, wenn schon?
Marta: ... aber wir haben herausgefunden, daß Tiere wiedergeboren werden.
Autor: Das wollte ich auch gerade sagen.

Arthur Myers; Foto von Virginia Cutler

Marta: Daher glaube ich fest daran, daß dieser Wassermolch einst ein Mensch war, der dann und wann Gedichte geschrieben hat.
Autor: Ich habe mit einem Typen in Maine geredet, der sicher war, seine Katze habe ihm ein Gedicht mitgeteilt. Er hatte allerdings keine Idee, wie sie darauf gekommen war. Er wußte nur, es konnte nicht von ihm selbst stammen. Er schien mir ein wirklich guter Animal Communicator. Er ist ein Experte. Er kann es, weiß aber nicht, wie er es macht. Ich selbst bin ein typischer Journalist. Ich lerne zwar eine Menge über das Übersinnliche, habe aber selbst kein Talent dafür.
Marta: Arthur, du solltest endlich anfangen zu sagen: „Ich kann es!"

Das gilt auch für Dich, lieber Leser.

Service

Zum Weiterlesen

Fitzpatrick, Sonya und Patricia Burkhart Smith: „Was mir die Tiere erzählen." Spirituelle Verbindungen zwischen Mensch und Tier. Kosmos-Verlag, Stuttgart 1998.

Lydecker, Beatrice: What the Animals Tell Me. Harper & Row, New York 1977.

Schoen, Allen M. und Pam Proctor: Mit Tieren fühlen. Tiere ganzheitlich heilen. Kosmos-Verlag, Stuttgart 1998.

Smith, Penelope: Animal Talk. Pegasus Publications, Point Reyes, CA 1989.

Smith, Penelope: Animals ... Our Return to Wholeness. Pegasus Publications, Point Reyes, CA, 1993.

Solisti, Kathryn und Michael Tobias: „Ich spürte die Seele der Tiere." Außergewöhnliche Begegnungen und Erfahrungen von Jane Goodall, Penelope Smith, Dorit Feddersen-Petersen, Reinhart Brandau, Linda Tellington-Jones und vielen anderen. Kosmos-Verlag, Stuttgart 1997.

Sonnenschmidt, Rosina: Heilende Hände für Tiere. Positive Energien selbst entwickeln. Kosmos-Verlag, Stuttgart 1999.

Tellington-Jones, Linda und Sybil Taylor: Der neue Weg im Umgang mit Tieren. Die Tellington TTouch Methode. Kosmos-Verlag, Stuttgart 1993.

Tellington-Jones, Linda: Tellington-Training für Hunde. Das Praxisbuch zu TTouch und TTeam. Kosmos-Verlag, Stuttgart 1999.

Wright, Machaelle Small: Behaving as if the God in All Life Mattered. Perelanda, Ltd., Jeffersonton, VA, 1983.

Register